Kri

HANS ROTTER

GRUNDLAGEN DER MORAL

HANS ROTTER

GRUNDLAGEN DER MORAL

ÜBERLEGUNGEN ZU EINER MORALTHEOLOGISCHEN HERMENEUTIK

BENZIGER VERLAG

Imprimi potest
E. Coreth SJ
Praep. Prov. Austriae

Hergestellt im Graphischen Betrieb Benziger Einsiedeln
ISBN 3 545 24046 0

INHALT

Einleitung 7

Erster Hauptteil:
Anthropologie und Hermeneutik des Sittlichen

I. Sittliche Grundbegriffe und ihre hermeneutische Dimension .. 17

1. Der Begriff des Sittlichen 17
2. Zur Genese personaler Beziehungen 20
3. Die Objektivität des Erkennens 23
4. Personale Beziehung und Transzendenz 25
5. Die Exzentrizität der Person 28
6. Das Ziel menschlicher Hoffnung 30
7. Personale und sachliche Erkenntnis 32
8. Die personale Freiheit 35
   Wahlfreiheit 38
   Freiheit und Mitmenschlichkeit 39

Zusammenfassung 41

II. Wert und Werterkenntnis 42

1. Drei Wertebenen 43
   a) Der biologische Wert 44
   b) Der psychologische Wert 45
   c) Der personale Wert 47
2. Objektivität und Subjektivität der Werte 49
3. Das Wirken der Werte 51
4. Erfahrung und Deutung der Werte 53
   a) Lust und Freude 54
   b) Schmerz und Unheil 59
   c) Die Angst 61
5. Symbolik der Empfindungen im zwischenmenschlichen Handeln 62
   a) Freude bereiten 63
   b) Schmerz zufügen 64
   c) Warnung und Drohung 67
6. Die soziale Vermittlung von Werten 71
7. Die geschichtliche Dimension der Werte 74
8. Die Grundentscheidung 78
9. Der Sinn der Werte 81
10. Der Tod als hermeneutisches Problem 85
11. Sterben als personale Tat 92

12. Motivation und Freiheit 94
Zusammenfassung 99

III. Der Anspruch des sittlichen Aktes 100

1. Die Begründung des Anspruchs 100
2. Grenzen des Anspruchs 109
3. Der Zielcharakter des Anspruchs 110
4. Die Sünde 117
5. Die Vergebung 125

Zusammenfassung 128

Zweiter Hauptteil:
Einzelfragen einer moraltheologischen Hermeneutik 131

I. Hermeneutik biblischer Ethik 133

1. Die Eigenart biblischer Weisungen 133
2. Der Tod Jesu 137
3. Christliche Eschatologie 139
4. Folgerungen für die biblisch-moraltheologische Hermeneutik .. 140

II. Die christliche Tradition 141

Zusammenfassung 147

III. Kirchliches Lehramt und Ethik 149

1. Aspekte der sittlichen Verpflichtung 152
   a) Der naturhafte Aspekt 152
   b) Der geschichtliche Aspekt 153
   c) Der transzendentale Aspekt 156
2. Offenbarung und ethische Grundbegriffe 161
   a) Die Säkularisierung der Welt 162
   b) Das Verhältnis zum Schicksal 162
   c) Eigenverantwortlichkeit und Würde der Person 163
   d) Das christliche Freiheitsverständnis 163
   e) Bereitschaft zu Vertrauen und Versöhnung 164
3. Offenbarung und konkrete Handlungsnormen 166

Zusammenfassung 169

Schlußwort 171
Abkürzungen 172
Literaturverzeichnis 173
Namenregister 181
Sachregister 183

EINLEITUNG

Was heute eine breite Öffentlichkeit hinsichtlich der Moraltheologie interessiert, das sind Probleme wie Abtreibung, vorehelicher Verkehr, Pornographie, die Berechtigung von Gewalt usw. So legitim derartige Fragen auch sein mögen, für den Moraltheologen scheinen die eigentlich brennenden Probleme heute auf einer anderen Ebene zu liegen. Eine weit verbreitete Auffassung will nämlich der Theologie für Fragen der genannten Art überhaupt keine Kompetenz mehr zugestehen. Die Berufung des Theologen auf Bibel und Tradition ist angesichts der Erfahrung eines tiefgreifenden Wandels in unserer Zeit suspekt geworden. Hält man sich dagegen an die Ergebnisse empirischer Wissenschaften, dann ist einerseits zu bedenken, daß derartige Erkenntnisse vielfach umstritten sind, und daß anderseits der Theologe in diesen Bereichen wohl nur als Dilettant gelten kann. Der Fragende würde besser daran tun, sich gleich an einen Fachpsychologen, an einen Mediziner oder dergleichen zu wenden.

Wenn die Aussagen der Moraltheologie auf solche Weise in Frage gestellt sind, dann bleibt nichts anderes übrig, als daß man seine Aufmerksamkeit mehr als bisher den Voraussetzungen und Grundlagen moraltheologischen Denkens zuwendet. Es ist genauer zu untersuchen, in welchem Verhältnis die Moraltheologie zu den empirischen Wissenschaften, also zu Psychologie, Soziologie, Ethologie, aber auch zu Ethnologie, Pädagogik und den Rechtswissenschaften steht, und welche Funktion Glaube und Offenbarung für die Sittlichkeit haben. Es geht dabei natürlich nicht bloß um eine pragmatische Abgrenzung der Arbeitsbereiche, sondern um ein tieferes Verständnis des Sittlichen, der Begründung sittlichen Sollens, des Verhältnisses von objetiven empirischen Gegebenheiten zur Subjektivität des Menschen usw. Damit tritt die Frage nach der Methode moraltheologischen Denkens in die Mitte der heutigen Diskussion.

Die Bemühungen um das Methodenproblem machen sich in der Literatur der letzten Jahre zunehmend bemerkbar. Auffällig ist dabei die Vielfältigkeit der eingeschlagenen Wege. Manche Autoren setzen bei einer apriorisch-metaphysischen Methode[1] an. So grundsätzlich und tief derartige Reflexionen sein mögen, sie erweisen sich für den Moraltheologen als nicht ganz ausreichend, weil es auf diese Weise kaum möglich ist, Fragen aus dem Bereich des konkreten Lebens zu beantworten. – Auch die entgegengesetzte Methode, ein empirisch-induktiver Ansatz, hat ihre Vertreter.[2] Fraglich ist allerdings, ob dieser Ansatz, wenn man ihn wirklich konsequent durchführt und nicht plötzlich ein subjektives Prinzip, wie etwa die Liebe, einführt, überhaupt zu einer Ethik führen kann. Die Feststellung empirischer Gegebenheiten an sich scheint zwar für den Inhalt einer sittlichen Forderung maßgeblich zu sein, nicht aber für den Aspekt des Sollens.

Gegenüber solchen «monistischen» Ansätzen weisen offenbar jene Methoden bedeutende Vorzüge auf, die vom Phänomen der Beziehung ausgehen. Hierher gehört die sprachanalytische Methode.[3] Allerdings bleibt sie, jedenfalls in ihrer reinen Form, bloße Metaethik, die zwar ethische Begriffe und Systeme kritisch auf ihre Logik überprüfen, aber selber nicht zu konkreten sittlichen Entscheidungen führen kann. Sie wäre vielleicht überhaupt nicht so sehr als Ethik, sondern eher als ein Teil der Logik zu betrachten. – Von der Kategorie der Beziehung geht auch der personale Dialogismus[4] aus. Seine Schwäche scheint in einer gewöhnlich zu spiritualistischen Sicht der

[1] Als wohl bedeutendste Arbeit in dieser Richtung darf gelten: Klaus Demmer, Sein und Gebot. Die Bedeutsamkeit des transzendentalphilosophischen Denkansatzes in der Scholastik der Gegenwart für den formalen Aufriß der Fundamentalmoral, München 1971.

[2] Vgl. dazu Philipp Schmitz, Die Wirklichkeit fassen. Zur «induktiven» Normenfindung einer «Neuen Moral», Frankfurt/M. 1972. Bei den dort behandelten Autoren J. Fletcher, H. Cox, J. A. T. Robinson wird die empirische Methode durch das Prinzip der Liebe ergänzt.

[3] Aus der deutschsprachigen Literatur sind hier besonders die neueren Arbeiten von Bruno Schüller anzuführen, z. B. Zur Problematik allgemein verbindlicher ethischer Grundsätze, in: ThPh 45 (1970) 1–23; Typen ethischer Argumentation in der katholischen Moraltheologie, ebd. 526–550; Zum Problem ethischer Normierung, in: Orientierung 36 (1972) 81–84; Neuere Beiträge zum Thema «Begründung sittlicher Normen», in: Theologische Berichte 4, Zürich 1974, 109–181. Aus dem Bereich der philosophischen Ethik sei genannt: Wilhelm Kamlah, Philosophische Anthropologie. Sprachkritische Grundlegung und Ethik, Mannheim 1972.

[4] Paul L. Lehmann, Ethik als Antwort. Methodik einer Koinonia-Ethik, München 1966; Wilhelm van der Marck, Grundzüge einer christlichen Ethik, Düsseldorf 1967; Hans Rotter, Strukturen sittlichen Handelns. Liebe als Prinzip der Moral, Innsbruck-Mainz 1970; Johannes Heinrichs, Dialog – dialogisch, in: J. Ritter (Hrsg.), Historisches Wörterbuch der Philosophie 2, Darmstadt 1972, 226–229.

Wirklichkeit zu liegen, wobei die soziale, aber auch die geschichtliche Dimension nicht genügend zur Geltung kommen. – In dieser Hinsicht ist die Dialektik[5] überlegen, die statt einer Ich-Du-Beziehung die Ich-Es-Beziehung zum Grundmodell ihres Denkens macht. Damit ist aber auch eine Schwäche angedeutet, nämlich das Unvermögen, personale Kommunikation wirklichkeitsgerecht zu erfassen. – Zu nennen wäre schließlich der Strukturalismus,[6] der besonders in der Ethnologie Anwendung gefunden hat. Problematisch erscheint uns an ihm vor allem der Ausfall eines echten geschichtlichen Denkens, was besonders in einer theologischen Disziplin zu kaum erträglichen Folgerungen führt.

Wenn man diese Methoden betrachtet, dann zeigt sich, daß sie jeweils von einem ganz bestimmten Denkmodell ausgehen, das in gewisser Hinsicht Geltung und Berechtigung hat. Problematisch wird es aber dann, wenn man versucht, Momente der Wirklichkeit zu interpretieren, die von grundsätzlich anderer Art sind als das zugrundeliegende Denkmodell. Der apriorisch denkende Metaphysiker kommt mit seiner Methode ebensowenig an konkrete empirische Fragen heran wie etwa der Dialektiker an ein wirklichkeitsgemäßes Verständnis der interpersonalen Beziehung. Das ist nun kein Argument gegen die Metaphysik oder gegen die Dialektik überhaupt, sondern es weist auf die Grenzen dieser Methoden hin. Jede der genannten Methoden hat nur eine beschränkte Bedeutung. Sie erfaßt die Wirklichkeit nur unter einem bestimmten Aspekt oder ist überhaupt nur auf bestimmte Bereiche oder Beziehungen anwendbar. Es ist also jeweils zu prüfen, welcher Aspekt der Wirklichkeit von einer bestimmten Methode erfaßt werden kann oder welche Methode von einem bestimmten Objekt her gefordert ist. Methode und Gegenstand des Erkennens stehen in einem inneren Zusammenhang. Der Gegenstand prägt die

[5] Hier wäre besonders die ethische Literatur des dialektischen Marxismus anzuführen, z. B. Moral und Gesellschaft, Beiträge von Karel Kosik u. a., Frankfurt/M. 1968; A. Schischkin, Die Grundlagen der kommunistischen Moral, Berlin [3]1959; Mária Makai, The Dialectics of Moral Consciousness. A contribution to the theory of Marxist General Ethics, Budapest 1972; Peter Ehlen, Die philosophische Ethik in der Sowjetunion. Analyse und Diskussion, München 1972; sowie allgemein: W. Risse u. a., Dialektik, in: J. Ritter (Hrsg.), Historisches Wörterbuch, 164–226.

[6] Günther Schiwy, Strukturalismus und Christentum. Eine Herausforderung, Freiburg-Basel-Wien 1969, 50f., 70–72; Paul Ricœur, Le Volontaire et l'Involontaire, Paris 1963.

Methode und eine bestimmte Methode ist nur auf bestimmte Gegenstände oder ein bestimmtes Formalobjekt anwendbar.[7]

Damit stellt sich aber die Frage nach einer «Meta-Methode», denn offensichtlich kann es nicht dem Zufall überlassen bleiben, ob man zu einem bestimmten Gegenstand auch die passende Methode findet. Es ist vielmehr zu rechtfertigen, warum man eine bestimmte Methode anwendet, und zu zeigen, warum ein bestimmter Gegenstand diese oder jene Methode verlangt. Jenes höhere Prinzip aber, das die Anwendung einer bestimmten Einzelmethode rechtfertigt, kann nicht wieder nur ein abstraktes Denkmodell sein, sondern es muß die Wirklichkeit sein, wie sie der Mensch erfährt. Diese Wirklichkeit ist der Mensch mit seinen Strukturen, die Welt und Gott, auf die der Mensch bezogen ist. Man könnte eine solche «Meta-Methode» in Form einer Anthropologie darstellen, wenn man darunter nicht wieder nur einen einzelnen Gesichtspunkt – etwa im Sinne einer empirischen Anthropologie oder auch im Sinne einer überwiegend oder ausschließlich formalen theologischen Anthropologie – versteht.

Jedenfalls sind wir der Überzeugung, daß eine Methode wissenschaftlich nur so weit anwendbar ist, wie sie ihre Eignung immer wieder an der Erfahrung ausweist. Das ist leider keine Selbstverständlichkeit. Es hat in der Tradition Denksysteme gegeben, von denen her man glaubte, es sei um so schlimmer für die Wirklichkeit, wenn sie nicht mit dem Denken übereinstimme. Und es kommt heute auch vor, daß ganze Wissenschaften bzw. das Menschenbild einer Wissenschaft als bourgeois oder konservativ bezeichnet werden, weil sie auf Aspekte der Wirklichkeit hinweisen, die sich mit bestimmten Theorien nicht in Einklang bringen lassen. Dahrendorf hat die Meinung vertreten, daß es in der Wissenschaft grundsätzlich um ein Denksystem, nicht aber um die Wirklichkeit an sich gehe. Dieser Meinung kann man wohl zustimmen, allerdings mit der Einschränkung, daß die Wissenschaft ständig bemüht sein müsse, ihr Denksystem mit der erfahrenen Wirklichkeit in Übereinstimmung zu bringen.

Von diesen Überlegungen her ist die Eigenart der vorliegenden Studie zu verstehen. Wenn wir versuchen, die Methode der Herme-

[7] «Methoden hängen nicht vom methodologischen Ideal ab, sondern von der Sache.» – Theodor W. Adorno, Aufsätze zur Gesellschaftstheorie und Methodologie, Frankfurt 1970, 113.

neutik auf moraltheologische Grundfragen anzuwenden,[8] dann soll das nicht heißen, daß wir diese Methode für die einzig brauchbare und richtige halten. Wir glauben nur, daß hier bestimmte Aspekte sichtbar werden können, über die heute nachzudenken ist. Der Wert einer Methode hängt von ihrer Fruchtbarkeit ab[9] und kann dadurch nicht einfach in Frage gestellt werden, daß man auf ihre Grenzen hinweist.

Weiter scheint es uns wichtig, die Methode der Hermeneutik nicht einfach aus der Hermeneutik-Literatur[10] der Exegese, der Dogmatik oder auch der philosophischen Ethik unverändert zu übernehmen. Das andere Formalobjekt dieser Disziplinen schlägt sich auch in der genaueren Darstellung der hermeneutischen Methode nieder. Eine moraltheologische Hermeneutik muß eigene Wege gehen, weil der Moraltheologe ganz spezielle Probleme und Aufgaben hat. Im Gegensatz zum Bibelwissenschaftler oder zum Dogmatiker geht es ihm nicht so sehr um eine Deutung der Geschichte, sondern viel unmittelbarer um das gegenwärtige Handeln des Menschen. Im Gegensatz zum philosophischen Ethiker versucht der Moraltheologe die Beziehung zur Heilsgeschichte und zur Eschatologie in das Zentrum der Aufmerksamkeit zu rücken und möchte über abstrakte und formale

[8] Zur Hermeneutikdiskussion in der Moraltheologie siehe: Walter Kerber, Hermeneutik in der Moraltheologie: ThPh 44 (1969) 42–66; Theo Beemer, Von der moraltheologischen Hermeneutik, in: Concilium 5 (1969) 395–404.

[9] Zu beachten ist die Warnung Karl Rahners: «Sodann möchte ich noch mein entschiedenes und grundsätzliches Mißtrauen aussprechen gegenüber jedem Versuch, die Theologie adäquat zu reduzieren und zu transponieren auf ihre Methodologie. Theologie ist immer mehr als ihre Hermeneutik, auch in der Zukunft. Man muß gewiß immer auch reflektieren auf die zunächst nicht reflektierte Methode, die man angewendet hat, wenn man nach den eigentlichen Gegenständen des Glaubens fragte. Und insofern sind theologische Methodenlehre, Hermeneutik, fundamentale und formale Theologie usw. notwendige Themen der Theologie. Und es ist gewiß zu bedauern, daß diese Themen viel zu wenig Aufmerksamkeit im faktischen Betrieb der katholischen Theologie finden. Aber sowenig gewußt werden kann, was ‹fides qua› ist, ohne daß man sagt, was ‹fides quae› ist, sowenig kann man die Theologie auf eine theologische Hermeneutik oder eine formale Lehre vom Reden über Gott allein reduzieren. Es gilt natürlich auch das Umgekehrte... Die theologische Methode wird auf die Dauer nur da überzeugend sein, wo sie den Menschen in ein unmittelbares Verhältnis mit der Sache selbst bringt, und diese ist im allerletzten nun einmal nicht der Glaube und seine Theologie, sondern das Geglaubte, weil der Glaube selbst nur er selbst ist, wo er sich übergibt in das, was er selbst nicht ist, auch wenn er die Überzeugung hat, daß dieses unfaßbare Größere in ihm selber Ereignis werden kann.» – K. Rahner, Überlegungen zur Methode der Theologie, in: Schriften zur Theologie IX, Zürich ^{2}1973, 94.

[10] Vgl. Gerhard Ebeling, Hermeneutik, in: RGG^{3} III 242–262; über die neuere Entwicklung informiert: Ernst Feil, Zur hermeneutischen Diskussion in Philosophie und Theologie, in: HK 26 (1972) 293–301.

Fragestellungen hinaus, mehr als dieser es gewöhnlich tut, zu konkreten Problemen des menschlichen Lebens Stellung nehmen. Aus diesem Grunde knüpfen wir nicht so sehr an die Hermeneutikdiskussion Hans Georg Gadamers oder der Frankfurter Schule an, sondern mehr an die «philosophische Anthropologie»,[11] weil hier die Verbindung zu den empirischen Wissenschaften, auf die die Moraltheologie nicht verzichten kann, viel stärker entwickelt ist.

Der Begriff Hermeneutik kann in verschiedenstem Sinn verstanden werden. Am bekanntesten ist die Hermeneutik als Methode in den historischen Geisteswissenschaften. Dort geht es um die Aufgabe, einen historischen Sinnzusammenhang für den Menschen von heute verständlich zu machen. Das verlangt nicht nur die Übersetzung aus einer alten, fremden Sprache, sondern oft auch die Beiziehung der Geschichtswissenschaften, der Mythologie, der Geographie usw.

Aus einem solchen Vorgehen wird erst dann eine genuin theologogische Methode, wenn man – etwa bei der Deutung der Bibel – versucht, einen theologischen Sinngehalt als solchen herauszuarbeiten. Theologisch ist eine Methode nicht insofern, als es sich um eine Interpretation der *Bibel* handelt. Auch ein Profanhistoriker könnte, ohne die Grenzen seiner Wissenschaft zu überschreiten, die Bibel als historisches Dokument heranziehen und interpretieren. Von einer theologischen Hermeneutik ist dagegen zu sprechen, insofern der Exeget die biblische Glaubensbotschaft als solche deutet; denn der hermeneutische Zirkel, die unaufhebbare gegenseitige Bedingtheit von Vor-Urteil, bzw. subjektiver Stellungnahme und Erkenntnisgegenstand, macht es unmöglich, einen eigentlich theologischen Sinnzusammenhang ohne persönliche Stellungnahme zu verstehen und zu interpretieren.

Eine moraltheologische Hermeneutik weist gegenüber der exegetischen insofern eine Besonderheit auf, als in der Moraltheologie der Schwerpunkt auf normativen Sinngehalten liegt. Dabei stellt sich nicht nur die Aufgabe, die konkreten ethischen Normen der Bibel auf unsere Zeit zu übertragen. Das wäre noch keine eigentlich theologische Methode. Es geht vielmehr darum, die spezifisch theologische Begründung solcher Normen und damit auch den Grund ihrer Gel-

[11] Hier ist zu denken an M. Scheler, H. Pleßner, A. Gehlen, H. E. Hengstenberg, E. Rothacker usw.

tung für die heutige Zeit zu begreifen. Das fordert auf der einen Seite die Frage nach der theologischen Autorität, auf der eine solche Weisung beruht, und auf der anderen Seite die Frage nach dem theologischen Sinn, d.h. nach der Heilsbedeutung des Gehorsams gegenüber jener Weisung.

Eine moraltheologische Hermeneutik kann sich aber nicht auf die Interpretation ethischer Sätze des Alten und Neuen Testamentes beschränken. Quellen der Moraltheologie sind ja auch die Tradition und das lebendige Lehramt der Kirche. Auch hier bedarf es der Auslegung, und auch hier geht es nicht bloß um eine historische und philologische, sondern um eine im strengen Sinn theologische Methode. Die Kirche hat als eine irdische Gesellschaft selbstverständlich das Recht, ihr soziales Leben zu ordnen. Insbesondere das Kirchenrecht beschäftigt sich mit dieser Aufgabe. Die Moraltheologie betrachtet dagegen die kirchlichen Weisungen unter einer anderen Rücksicht. Sie fragt nach ihrer Verbindlichkeit im Gewissen und nach der Heilsbedeutung des Gehorsams gegenüber der Kirche. Sie fragt nach dem eigentlich theologischen Anspruch kirchlicher Weisungen. Auch hier genügt es also nicht, die Existenz von Vorschriften oder Gesetzen zur Kenntnis zu nehmen, sondern es geht um eine Deutung des theologischen Sinngehaltes, um eine theologische Hermeneutik.

Die Moraltheologie hat sich auch gegenüber der Dogmatik, insbesondere gegenüber der Lehre von der Rechtfertigung, von der Gnade, von der Erlösung, von den Letzten Dingen und von den Sakramenten abzugrenzen. Eine solche Grenzziehung ist zwar kaum von systematischen Erwägungen her zu rechtfertigen, wohl aber von praktischen Notwendigkeiten her.[12] Wir werden also eigentlich dogmatische Themen höchstens streifen können und werden uns vor allem mit jenen Fragen und jenen Phänomenen zu befassen haben, die herkömmlicherweise in den Bereich der Moraltheologie gehören.[13]

Die Moraltheologie als Kunst des Verstehens und der Interpretation empfängt ihre nähere Ausgestaltung von dem jeweils zu behan-

[12] K. Rahner, Über den Versuch eines Aufrisses einer Dogmatik, in: Schriften I, Zürich ^{8}1967, 25–27.

[13] Eine umfassende Darstellung der einschlägigen Themen bietet Rudolf Hofmann, Moraltheologische Erkenntnis- und Methodenlehre, München 1963.

delnden Sinngebilde her. Die hermeneutischen Prinzipien sind in der Konfrontation mit ihrem Gegenstand zu entwickeln. Die Hermeneutik innerhalb der Moraltheologie steht deshalb immer in einem anthropologischen Zusammenhang. Ein besonderes Problem besteht nun darin, daß der Moraltheologe das ganz konkrete Handeln unter normativen Aspekten zu sehen hat. Das verlangt auf der einen Seite eine große Nähe zum empirischen Phänomen und somit auch zu den empirischen Wissenschaften. Auf der anderen Seite geht es aber gerade nicht um positive Feststellungen, sondern um die Einbeziehung des subjektiven und absoluten Momentes einer personalen Entscheidung. In der wissenschaftlichen Durchführung scheinen diese beiden Aspekte fast unvereinbar zu sein. Ernsthafte spekulative Durchdringung führt gewöhnlich zu letzten metaphysischen und erkenntnistheoretischen Fragestellungen und geht dann sowohl raummäßig wie methodisch auf Kosten der wünschenswerten Konkretheit. Versucht man aber, diese zu wahren, dann ist dadurch meist eine tiefere philosophische und theologische Reflexion ausgeschlossen. Im folgenden soll versucht werden, diesem Dilemma durch anschauliche Beispiele einigermaßen zu entgehen. Diese Beispiele sollen es dem Leser erleichtern, die spekulativen Überlegungen zu überprüfen und zu verifizieren, ohne daß jeweils alle hier gemachten philosophischen und theologischen Voraussetzungen expliziert werden müßten. Gleichzeitig soll dadurch die Nähe zum konkreten Phänomen gewahrt werden.

Dem heutigen Denken entsprechend soll nicht unmittelbar bei metaphysischen oder dogmatischen Aussagen angesetzt werden, sondern bei empirischen Aspekten, die dann erst die metaphysische und theologische Fragestellung eröffnen sollen. Der Mensch ist eine Einheit, und es scheint uns deshalb weder möglich noch notwendig, zwischen einer empirischen und einer spekulativen Anthropologie eine grundsätzliche Grenzziehung vorzunehmen. So verschieden auch eine induktive und eine deduktive Methode sein mögen, so fordern sie sich doch gegenseitig als Ergänzung, sobald man das Phänomen Mensch verstehen will.

ERSTER HAUPTTEIL

ANTHROPOLOGIE UND HERMENEUTIK DES SITTLICHEN

I. SITTLICHE GRUNDBEGRIFFE UND IHRE HERMENEUTISCHE DIMENSION

Eine theologische Untersuchung kann sich nicht damit begnügen, die Begriffe aus der Alltagssprache ohne näheres Zusehen zu übernehmen. In der Weise, wie man einen theologischen Begriff versteht, verbirgt sich ja immer schon eine bestimmte Theologie oder Philosophie. Ebensowenig kann der Theologe aber jedes Vorverständnis ausklammern und bei einem gedanklichen Nullpunkt ansetzen. Er ist vielmehr gezwungen, zunächst von einem durchschnittlichen Verständnis der Begriffe auszugehen und es im Verlaufe seiner Reflexion zu kritisieren und zu klären. Auch wenn es nicht unsere Absicht ist, eine Geschichte bestimmter Begriffe zu schreiben, ist doch zunächst etwas über jenes Verständnis von Sittlichkeit zu sagen, das in der neueren Literatur vorherrscht.

1. Der Begriff des Sittlichen

Die Definitionen, die die traditionelle Ethik vom Begriff des Sittlichen gibt, betrachten das Phänomen nicht immer von der gleichen Seite. Man kann drei Gruppen von Wesensbestimmungen unterscheiden. Ein personaler Vollzug wird vielfach insofern sittlich genannt, als er die Person als solche vervollkommnet. Es geht dabei nicht um irgendein einzelnes Moment am Menschen, sondern um die Selbstvervollkommnung der Person überhaupt. – Eine zweite Wesensbestimmung erfaßt das Phänomen des Sittlichen von der Beziehung zum Mitmenschen her. Hierher gehören alle jene Definitionen, die das Sittliche als Akt der (Nächsten-)Liebe beschreiben, die also Gut und Böse als Mitmenschlichkeit und Humanität bzw. deren Negation verstehen. – Schließlich gibt es eine dritte Gruppe von Definitionen, die vom Moment des Absoluten am personalen Akt des Menschen ausgehen. Hier geht es um die Transzendenzbeziehung. Sittlich ist menschliches Handeln, insofern es nicht auf etwas Endliches, sondern auf das Absolute, d.h. auf Gott, hinzielt. – In diesen Definitionen des Sittlichen geht es also um drei Aspekte, um die Beziehung des handelnden Subjekts zu sich selbst, zum menschlichen Du und zu Gott.

Dabei sind allerdings im einzelnen noch recht verschiedene Auffassungen möglich. Selbstverwirklichung könnte etwa verstanden werden als das Bemühen des Menschen, für sich selber zu sorgen, seine eigenen Anlagen zu entfalten usw. Wo dieser Gesichtspunkt isoliert genommen würde, ergäbe sich daraus eine egoistische Selbstbezogenheit, die nach allgemeinem Verständnis dem Begriff des Sittlichen widerspricht. Die Nächstenliebe könnte, für sich genommen, als bloße Leerformel erscheinen; man könnte darunter einfach eine gute Intention dem Mitmenschen gegenüber verstehen, wobei allerdings offenbliebe, in welchem Handeln sich diese Intention ausdrücken müßte. Auch die Beziehung zu Gott ist Mißverständnissen nicht entzogen. Man könnte sie als Gehorsam gegenüber jenen buchstäblichen Gesetzen verstehen, die in Schrift und Tradition ihren Niederschlag gefunden haben und als Wille Gottes betrachtet werden. – Alle diese Deutungen wären anfechtbar und ungenügend. Wir müssen also über die bloße Aufzählung von Definitionen hinaus nach ihrem richtigen Verständnis suchen. Dabei sollen alle drei Beziehungen in ihrer Eigenart und vor allem in ihrer gegenseitigen Bedingtheit vor den Blick treten. Auf diese Weise lassen sich Einseitigkeiten vermeiden und zugleich Ansätze für erkenntnistheoretische Überlegungen gewinnen.

Es scheint uns eine eindeutige Schwäche vieler traditioneller Darstellungen zu sein, wenn sie versuchen, das Sittliche von einem einzigen der genannten Aspekte her zu begreifen. So hat es der Philosoph vielfach als seine Aufgabe betrachtet, das Sittliche als jenen Wert darzustellen, in dem die Person sich selber als solche verwirklicht, während man dem Theologen die Aufgabe zuwies, das Gute als Erfüllung des Willens Gottes darzustellen. Wenn man diese beiden Aspekte so trennen kann, dann leugnet man entweder praktisch ihre reale Einheit im sittlichen Akt, so daß man den einen Aspekt angemessen behandeln kann, ohne auch vom anderen zu sprechen, oder man ist mindestens der Meinung, daß eine dieser Beziehungen für die Sittlichkeit nicht wirklich konstitutiv ist. Wäre das aber nicht der Fall, dann verfehlten entweder die Philosophie oder die Theologie oder beide Wissenschaften das eigentliche Wesen der Sittlichkeit. Ein angemessenes Verständnis verlangt, daß alle wesentlichen Elemente, in unserem Fall alle wesentlichen Beziehungen, gesehen werden.

Den Unterschied zwischen philosophischer und theologischer Methode kann man auch nicht einfach in der Verschiedenheit der Ausgangspunkte sehen. Wie der Naturphilosoph bei mehr spekulativen Überlegungen ansetzen kann, um sie dann ständig an der Empirie zu kontrollieren und zu differenzieren, oder aber umgekehrt beim empirischen Befund, um daraus mehr und mehr zu theoretischen und philosophischen Fragestellungen zu kommen, so auch hier. Der Theologe kann mehr von der Wortoffenbarung ausgehen und sie in einem zweiten Schritt auf das heutige Verständnis und die heutige Welt hin interpretieren oder er kann, ohne daß er dadurch zum bloßen Philosophen wird, mehr bei der unmittelbaren Erfahrung einsetzen, um von daher jenes Problembewußtsein und jenen Fragehorizont zu eröffnen, in den dann die Wortoffenbarung als Antwort eintreten kann. Es gibt keine Theologie, in der nicht Philosophie eingeschlossen wäre. Der theologische Charakter einer Ethik kann nicht davon abhängen, daß man über die philosophischen Implikationen stillschweigend hinweggeht oder sie nur am Rande oder am Schluß behandelt. Entscheidend muß vielmehr sein, ob die Beziehung des Menschen zu jenem Gott ins Auge gefaßt wird, der sich im freien Handeln in der Geschichte offenbart hat.

Die philosophische Methode unterscheidet sich von der theologischen also nicht dadurch, daß sie gewöhnlich dem unmittelbar gegebenen Selbstbewußtsein den Vorrang gibt bzw. anthropologisch orientiert ist, sondern dadurch, daß der Philosoph die Frage nach dem Sinn menschlicher Existenz nicht im Rückgriff auf die Faktizität konkreter geschichtlicher Ereignisse zu beantworten sucht und daß er insbesondere nicht einer bestimmten Geschichte eine Bedeutung zuschreibt, die nur in einer freien, subjektiven Stellungnahme des Glaubens erfaßt werden kann. Die philosophische Methode ist also gegenüber der theologischen entscheidend dadurch gekennzeichnet, daß sie einen geschichtlich begründeten und auf konkrete Geschichte bezogenen Glauben auszuklammern sucht. Wo Philosophen eine derartige Beziehung zur Geschichte dennoch aufnehmen, ist wohl die unterscheidende Grenze zur Theologie eingeebnet bzw. überschritten.

Wenn wir nun darangehen, das Phänomen des Sittlichen von der Anthropologie her aufzuzeigen, dann ist zunächst die Beziehung des Menschen zu sich selber und zum Mitmenschen zu untersuchen. Insofern sich bei näherer Betrachtung zeigt, daß diese Beziehungen durch die Vermittlung von Mitmenschlichkeit und Geschichte auf ein unendliches Du ausgerichtet sind, kommt dann auch die eigentlich theologische Dimension der Sittlichkeit in den Blick.

Das spezifisch menschliche Verhalten des Individuums zu sich selber, zum Nächsten und zur Welt ist nicht schon vom Anfang des menschlichen Lebens an voll gegeben. Es muß sich vielmehr in einem langen Reifeprozeß erst entfalten, und die Betrachtung dieses Prozesses ist wohl auch eine geeignete Methode, um die Struktur und das Wesen des Sittlichen tiefer zu erfassen.

2. *Zur Genese personaler Beziehungen*

Der Säugling und das Kleinkind sind noch nicht in der Lage, ihre Beziehungen zu menschlichen Personen und zur Umwelt [1] in Vernunft und Freiheit zu gestalten. Das Kind besitzt bereits bei der Geburt eine Reihe von angeborenen Verhaltensweisen,[2] die ein sinnvolles Reagieren auf äußere Reize und eigene Bedürfnisse hin ermöglichen. Diese Verhaltensmuster sind also von Anfang an festgelegt. Im Laufe der weiteren Entwicklung bekommen aber Lernprozesse eine große Bedeutung. Sie führen zu einem immer differenzierteren Verhalten, durch das sich der Mensch an die Umwelt anpaßt und insbesondere in den sozialen Zusammenhang mit seinem komplizierten Kommunikationssystem und in die zahllosen Formen der Kultur hineinwächst.[3]

Auf einen Aspekt soll hier aber besonders hingewiesen werden: Das Kind entwickelt allmählich ein spezifisch menschliches Verhältnis zur Zeit.[4] Zunächst lernt das Kind, soweit das nicht in ihm selber

[1] Josef Rattner, Psychologie der zwischenmenschlichen Beziehungen. Eine Einführung in die neopsychoanalytische Sozialpsychologie von H. S. Sullivan, Olten 1969.

[2] Vgl. Irenäus Eibl-Eibesfeldt, Grundriß der vergleichenden Verhaltensforschung, München ²1969, 411–419.

[3] Hans G. Furth, Intelligenz und Erkennen. Die Grundlagen der genetischen Erkenntnistheorie Piagets, Frankfurt/M. 1972; R. A. Spitz, Die Entstehung der ersten Objektbeziehungen, Stuttgart 1957; ders., Vom Säugling zum Kleinkind. Naturgeschichte der Mutter-Kind-Beziehungen im ersten Lebensjahr, Stuttgart ³1972, 357.

[4] «Kleinkindliches Dasein ist Dasein in Gegenwärtigkeit.» – W. Behler (Hrsg.), Das Kind. Eine Anthropologie des Kindes, Freiburg 1971, 23 (vgl. 23–25); vgl.

bereits angelegt ist, sich einer bestimmten zeitlichen Ordnung zu fügen. Es wird in einem bestimmten zeitlichen Rhythmus genährt und gepflegt; es muß sich dem Lebensrhythmus der Mutter in mancher Hinsicht anpassen. Wenn das Kind solche Ordnungsmuster einmal gelernt hat, ist es im Verhältnis zu diesen relativ unelastisch. Es ist für das Kind dann sehr schmerzhaft, wenn die einmal entwickelten Erwartungen enttäuscht werden. Die Beziehungen des Kindes, sein Handeln und seine Erwartungen, sind hier noch nicht von Vernunft und Freiheit bestimmt.

Im Laufe der Entwicklung wird nun aber dieses deterministische Verhältnis allmählich elastischer. Der Zusammenhang zwischen Erwartung und zeitlich festgelegter Erfüllung kann sich lockern. Das Kind wird allmählich fähig, eine Verzögerung der Erfüllung seiner Erwartungen hinzunehmen, wenn es dafür einen Grund erkennt. Bei der Dressur eines Tieres müssen Lohn und Strafe unmittelbar auf die gewünschten oder verbotenen Verhaltensweisen folgen. Nur so kann das Tier den Zusammenhang erfassen und sich darauf einstellen. Der Mensch aber ist in der Lage, diesen Zusammenhang immer mehr auszuweiten.[5] Es genügt dem Kind, wenn man ihm sagt, daß es den Lohn für sein lobenswertes Verhalten zu einem späteren Zeitpunkt bekommen wird. Das Kind lernt allmählich auch von sich aus, Handlungen vorzunehmen, die ihren Lohn erst in der Zukunft finden.

Ch. Bühler, Der menschliche Lebenslauf als psychologisches Problem, Göttingen [2]1959, 31; Kurt Fina, Das Zeiterleben des Kindes, in: W. Behler, a.a.O. (Lit.); ders., Kind und Geschichtlichkeit, ebd. 243–258 (Lit.); J. Piaget, Die Bildung des Zeitbegriffes beim Kinde, Zürich 1954.

[5] «Man hat gesagt, dasjenige, was den Menschen von Tieren unterscheidet, sei die Länge der Zeitspanne, über die sich sein Bewußtsein ausdehne. Bei Tieren ist diese Spanne schmal und erstreckt sich nur eine kurze Strecke in die Vergangenheit und Zukunft. Beim Menschen dagegen hat sie sowohl qualitativ als auch quantitativ zugenommen. Die Evolution begrifflichen Denkens verleiht dem Menschen ein gesteigertes Vermögen, in der Vergangenheit und in der Zukunft zu leben.» – Paul Overhage, Der Affe in Dir. Vom tierischen zum menschlichen Verhalten, Frankfurt 1972, 275. – Es ist leicht einzusehen, daß ein erweitertes Zukunftsbewußtsein und die entsprechende Fähigkeit, auf diese Zukunft Einfluß zu nehmen, auch ein klareres Bewußtsein von der Bedeutung des eigenen Tuns einschließt. Dem stärkeren Heraustreten des Handelnden in die Zukunft hinein entspricht notwendig eine stärkere Zurückwendung (Reflexion) des Handlungssubjektes auf sich selbst. – Zum ganzen Problem vgl. auch: Bernhard Stoeckle, Verabredung mit der Zeit. Einige Überlegungen zu der Frage nach der sittlichen Bedeutsamkeit der Zeitperspektiven und des Zeitverhaltens, in: J. Gründel u.a. (Hrsg.), Humanum. Moraltheologie im Dienst des Menschen, Düsseldorf 1972, 249–263.

Mit diesem Verhältnis zur Zeit steht auch ein ganz spezifisches Verhältnis zu menschlichen Personen in Zusammenhang. Am Anfang kommt es sehr darauf an, daß der Säugling oder das Kleinkind Erfahrungen macht, die sich im gleichen Sinn wiederholen. Nur so kann sich das Kind an eine andere Person gewöhnen und stabile Beziehungen entwickeln. Das ist allerdings nur dort voll möglich, wo die Partner des Kindes nicht wechseln. Das Kind kann sich nur dann auf die Mutter oder eine Pflegeperson einstellen, wenn es von dieser regelmäßig versorgt wird. Umgekehrt kann aber auch die Mutter den Eigenarten und speziellen Erwartungen des Kindes nur voll entsprechen, wenn sie sich regelmäßig um das Kind sorgt.[6]

Mit der zeitlichen Erstreckung der Beziehung zwischen Kind und Mutter ist auch der *Werdecharakter* dieser Beziehung gegeben. Die Erwartungen, die das Kind an die Mutter richtet, sind nicht von irgendeinem Punkt der Entwicklung an unverändert gegeben, sondern sie verfestigen und vertiefen sich in dem Maße, wie sie erfüllt werden. Das Kind wird dadurch abhängiger, eine Enttäuschung wird immer schmerzlicher, aber auf der anderen Seite wächst auch das Bewußtsein der Sicherheit und Geborgenheit, das Bewußtsein des Angenommenseins.

Das Verhältnis zu Mutter, Vater und anderen Personen erfährt im Laufe der weiteren Entwicklung einen Wandel. Während das Kind anfangs Lohn und Strafe nur dann mit einer Handlung in Verbindung bringen kann, wenn sie ihr unmittelbar folgen, wird im Laufe der Zeit die Autorität der Eltern internalisiert. Um eine verbotene Handlung zu unterlassen, genügt es dem Kind zu wissen, daß es vom Vater gestraft werden würde, sobald er nach Hause kommt. Der reifende Mensch lernt immer mehr, die Folgen seines Tuns vorauszusehen und sich von den denkbaren guten oder schlimmen Wirkungen leiten zu lassen. Dadurch wird es ihm möglich, im Umgang mit den Mitmenschen nicht einfach Gleiches mit Gleichem zu vergelten. Er weiß, daß sich der Mensch als geschichtliches Wesen in seinem Verhalten und seiner Einstellung ändern kann und daß es nicht immer zweckmäßig ist, das augenblickliche Verhalten des anderen zum entscheidenden Kriterium für das eigene Handeln zu machen.

[6] R. A. Spitz, Vom Säugling zum Kleinkind 279–295; E. H. Erikson, Wachstum und Krise der gesunden Persönlichkeit, Stuttgart 1953.

3. Die Objektivität des Erkennens

Nicht nur in der Beziehung zu menschlichen Personen spielt der Zeitfaktor eine große Rolle; auch die unterpersonalen Gegenstände werden in ihrer zeitlichen Kontinuität erfaßt. Für den Menschen ist ein Gegenstand nicht einfach ein augenblicklicher Sinneseindruck, sondern die verschiedenen Eindrücke, die davon herrühren, werden in ihrem zeitlichen Zusammenhang gesehen. Der Gegenstand ist also nicht bloß dasjenige, was im Augenblick davon wahrzunehmen ist, sondern zu ihm gehört auch, was man früher davon wahrgenommen hat. Diese Eigenart der Erkenntnis, die sich im Laufe der menschlichen Entwicklung immer stärker ausprägt, ermöglicht mehr und mehr eine Objektivität des Erkennens.[7] Die Objekte werden dadurch immehr mehr in ihrer Eigenständigkeit gegenüber dem Subjekt, aber auch gegenüber anderen Realitäten erfaßt.

Ein Erkenntnisakt ist nicht nur vom Objekt bestimmt; er setzt ein Vorverständnis auf seiten des Subjekts voraus und ist außerdem in vielfältiger Weise gesellschaftlich bedingt. Uns geht es hier aber um die Frage, ob menschliche Erkenntnis auf seiten des Gegenstandes tatsächlich die Wirklichkeit erfaßt oder ob ihm diese grundsätzlich entzogen bleibt. Man denke etwa an die kantianische Auffassung, daß menschliche Erkenntnis nur die Erscheinung der Dinge erfasse, daß ihr aber das eigentliche Wesen prinzipiell unzugänglich bleibe. Nach dieser Auffassung gäbe es neben der Erscheinung des Dinges noch eine metaphysische, geheimnisvolle Wirklichkeit, die in der Erscheinung selber nicht faßbar wird.

Jede Wirklichkeit bringt sich in ihrem Wirken zum Ausdruck. Und dieser Ausdruck ist eben das Phänomen, das der menschlichen Erkenntnis gegeben ist. Allerdings kann die Wirklichkeit eines Dinges nicht mit ihrer augenblicklichen Erscheinung identisch sein, sondern sie bezieht die früheren Formen der Erscheinung («das Gewesene») und die in dieser Wirklichkeit angelegte Zukunft mit ein. So gesehen ergibt sich dann allerdings eine sinnvolle Unterscheidung zwischen der augenblicklichen Erscheinung eines Gegenstandes und

[7] H.-E. Hengstenberg, Philosophische Anthropologie, Stuttgart [3]1966, 9–50; 131–136; J. Moltmann, Exegese und Eschatologie der Geschichte, in: Ev. Theol. 22 (1962) 31–66.

dem «Wesen», das als das Bleibende in den verschiedenen Erscheinungsformen zu denken ist. Jedoch darf dieses Bleibende nicht wieder grundsätzlich vom Wandel der äußeren Form getrennt werden, sondern es ist eine Kontinuität, die auch im Wirken des Gegenstandes, also in seiner äußeren Erscheinung, faßbar wird.

Die Fähigkeit des Menschen, hinter den verschiedenen Erscheinungen eines Objektes die Identität zu sehen, setzt neben der zeitlichen Erstreckung der menschlichen Erkenntnis auch eine Fähigkeit zur Abstraktion voraus. In den wechselnden Erscheinungsformen eines Gegenstandes dessen Identität zu erkennen, ist nur möglich, wenn der Mensch in der Lage ist, von wandelbaren Elementen in der Erscheinung abzusehen. Diese Abstraktionsfähigkeit menschlicher Erkenntnis ermöglicht dann auch die Bildung von Allgemeinbegriffen, die z.B. verschiedene Individuen trotz mancher Unterschiede in der Erscheinungsform als Repräsentanten einer einzigen Art erfassen.

Zur menschlichen Erkenntnis gehört neben der Vergangenheit wesentlich auch die Dimension der *Zukunft*. Die Gegenstände sind für den Menschen nicht schlechthin durch jene Erfahrungen definiert, die er in der Vergangenheit mit ihnen gemacht hat, sondern er ist in seiner Erkenntnis offen für neuartige Erfahrungen, die seinen jeweiligen Erkenntnishorizont in bezug auf den betreffenden Gegenstand und auf seine Welt überhaupt erweitern.[8] Deshalb ist für den Menschen das Wesen der Dinge nicht etwas, das er bis ins letzte durchschaut, sondern dieses Wesen enthält Möglichkeiten, die sich erst in immer neuen Erfahrungen zeigen. Die menschliche Erkenntnis bleibt prinzipiell fragmentarisch.

Selbstverständlich kann die Aussage, das Wesen sei das Bleibende im Wandel der Erscheinungen, nicht bedeuten, daß das Wesen eines Dinges dem Werden der Geschichte völlig entzogen ist. Besonders deutlich läßt sich das am Menschen selber zeigen, denn zu seinem Wesen gehört die Geschichtlichkeit. Es ist ja auch zu bedenken, daß

[8] W. Pannenberg, Grundfragen systematischer Theologie, Göttingen 1967, S. 147 meint, «daß die Wesensaussagen und damit doch wohl alle Sachbenennungen überhaupt auf Antizipationen einer noch nicht erschienenen Zukunft beruhen. Weit davon entfernt, nur das Vorhandene zu bezeichnen, benennt dann die Sprache das Wesen des Erscheinenden im Vorgriff auf seine Zukunft.» – Vgl. ders., Erscheinung als Ankunft des Zukünftigen, in: Studia Philosophica, Basel 26 (1966) 192–207.

sich das Wesen eines Gegenstandes in seiner Erscheinung nicht nur aktiv wirkend darstellt, sondern daß es auch durch das Wirken anderer Gegenstände betroffen ist.

Die Zeitdimension, die der Mensch auch im Objekt seines Erkennens sieht, ist noch unter einem anderen Aspekt heranzuziehen. Für den Menschen sind die Dinge nicht bloß insofern interessant, als sie ihn unmittelbar berühren oder gar augenblickliche Bedürfnisse befriedigen. Der Mensch interessiert sich für die Dinge «an sich». Diese Fähigkeit ist wohl auch von daher zu verstehen, daß der Mensch in den Gegenständen immer potentiell Wichtiges sehen kann. Dadurch, daß er sich der Dinge bedient, können sie für ihn eine Bedeutung bekommen. So ist das Erkenntnisstreben des Menschen keine bloße Hinwendung zu den Dingen, sondern letztlich eine sublime Beherrschung der Gegenstände, die deren Indienststellung für den Menschen ermöglicht.

Allerdings ist damit das Phänomen der Sachlichkeit der menschlichen Erkenntnis wohl noch nicht angemessen erklärt. Das erforderte vor allem, auch die Transzendenz menschlicher Zukunftserwartung und überhaupt menschlicher Erkenntnis miteinzubeziehen. So käme gerade in der Sachlichkeit des menschlichen Weltverhältnisses das Transzendieren personaler Akte über die Welt hinaus zum Ausdruck. Darauf ist später noch einzugehen.

4. Personale Beziehung und Transzendenz

Die genetische Betrachtung ist einseitig und unvollständig, denn sie fragt nur nach der Herkunft, nicht aber nach der letzten Finalität. Um die personale Beziehung tiefer zu verstehen, ist sie in ihrer vollen Entfaltung und auch in ihrer finalen Ausrichtung zu sehen. Dabei läßt sich nun nicht mehr auf die individuelle Erfahrung des einzelnen Subjektes verzichten.

Das kleine Kind strebt in seinem Verhalten nach Identifikation mit der Mutter und anderen Personen. Es kann sich selber nur annehmen, wenn es angenommen wird. Es findet sich nur in der Begegnung mit dem Du. Diese Feststellung gilt prinzipiell auch für den reifen Menschen. Auch er kann sich als Person nur entfalten, wenn er sich angenommen weiß. Das Streben nach Anerkennung und Liebe ist also ein wesentliches Motiv menschlichen Verhaltens. Man ginge freilich zu weit, wenn man dieses Streben nach Selbstentfaltung als das entscheidende und einzige Motiv der Person auffassen wollte. Es ist mindestens die Möglichkeit nicht auszuschließen, daß es auch ein natürliches Interesse am Wohl des Mitmenschen gibt. Dieses Interesse könnte für menschliches Verhalten ähnlich grundlegend sein wie die Sorge um das eigene Wohl. Wäre das nicht der Fall, dann wäre schwer zu verstehen, wie man sich in seinem eigenen Personsein vom anderen «gemeint» und angenommen fühlen könnte, es sei denn, man würde hier personale Akte voraussetzen, die keine psychologische Basis haben.

Aber bleiben wir zunächst bei der Feststellung, daß das Streben nach Annahme durch den Mitmenschen und somit nach Selbstentfaltung ein Motiv personalen Verhaltens darstellt. Das bedeutet zunächst, daß der Mensch, wenn er dem Nächsten etwas Gutes tut, die Absicht verfolgt, auch vom anderen Gutes zu empfangen. Was ist nun, wenn der andere eine solche Antwort verweigert? Wäre der Mensch ohne Zeitbewußtsein, wäre er nur von der augenblicklichen Situation in seinem Handeln bestimmt, dann müßte ihm nun sein eigenes Tun sinnlos erscheinen, weil er ja das Ziel nicht erreicht, den anderen zu einer Erwiderung der Liebe zu bringen. Damit würde ein entscheidendes Motiv personalen Handelns wegfallen, und insofern könnte auch diese Handlung nicht mehr begründet und motiviert werden. Sie würde nicht aufrechterhalten bzw. überhaupt nicht gesetzt werden.

Nun ist aber der Mensch nicht bloß von der augenblicklichen Situation bestimmt. Er erinnert sich an die Vergangenheit und weiß, daß Menschen ihr Verhalten ändern können. Er sieht sich mit der Zukunft konfrontiert und hofft, daß bei seinem Partner eine Änderung der Reaktion eintreten wird. Diese Hoffnung gibt der augenblicklichen Handlung einen Sinn, auch wenn ihre Absicht nicht in der Gegenwart verwirklicht wird. Freilich hat der Hoffende keine Sicherheit, daß er das Ziel seines Handelns auch tatsächlich erreichen wird. Vielleicht wird der Mitmensch, dem man Gutes tut, das Wohlwollen nie erwidern. Will man aber dieses Risiko ausschließen und diese vertrauende und hoffende Hinwendung zum anderen verweigern, dann schließt man damit auch eine Möglichkeit der Selbstverwirklichung aus. Man handelt somit auch gegen sein eigenes Interesse. Das Wissen um die Zukunft bringt also eine eigenartige Motivation in das menschliche Handeln. Man läßt sich durch eine Möglichkeit motivieren, deren Verwirklichung einstweilen noch offen ist. Der Mensch muß sich gegenüber seiner Zukunft entscheiden. Die Möglichkeit, daß der Mitmensch das ihm geschenkte Wohlwollen nie erwidern wird, rechtfertigt dessen Unterlassung, die Möglichkeit, daß es erwidert wird, rechtfertigt seine Setzung. Beide Möglichkeiten sind gegeben und fordern deshalb vom Menschen selber eine Entscheidung. Hier liegt der Grund menschlicher Freiheit. Das Wissen um die Zukunft, und zwar um eine offene Zukunft, die gegensätzliche Möglichkeiten enthält, gibt dem Menschen die Freiheit der Wahl.

Läge nun der ganze Sinn des menschlichen Handelns in diesen zwischenmenschlichen Beziehungen, dann müßte auch die Freiheit gegenüber der Zukunft völlig indifferent sein. Die Entscheidung, keinem Mitmenschen einen Vertrauensvorschuß zu leisten, keine Hoffnung auf ihn zu setzen und ihm auch das augenblickliche Wohlwollen zu verweigern, wäre ebenso gerechtfertigt wie die entgegengesetzte Möglichkeit. Das widerspricht nun allerdings der menschlichen Erfahrung. Die Entscheidung, Liebe zu schenken oder zu versagen, ergibt sich nicht einfach aus dem Kalkül der Aussichten auf einen in absehbarer Zeit zu erwartenden Erfolg. Der Mensch findet in der Ablehnung des anderen nie die gleiche innere Sinnerfahrung wie im Vertrauen und in der Liebe. Das Wohlwollen gegenüber dem anderen erscheint ihm sogar dann noch richtig, wenn er nachträglich feststellen muß, daß es enttäuscht wurde. In dieser Erfahrung bekundet sich die Transzendenz der menschlichen Person. Es zeigt sich hier, daß der Sinn menschlichen Handelns nicht in der zwischenmenschlichen Beziehung aufgeht, sondern darüber hinaus liegt und deshalb durch ein Scheitern zwischenmenschlicher Beziehungen noch nicht notwendig zerstört ist.

Damit ergibt sich ein zweifacher Begriff von Zukunft. Diese kann innergeschichtlich gemeint sein als Gegensatz zur Vergangenheit. Die transzendente Zukunft ist dagegen nicht in dieser Linie zu sehen, auch nicht als endlose Verlängerung innerweltlicher Zukunft über den Tod hinaus, sondern sie meint etwas Übergeschichtliches, Absolutes. Wir bezeichnen auch das als Zukunft, insofern es innerhalb der Geschichte zwar «beginnt», aber im Vollsinn noch ausständig ist und dem Menschen erst noch zukommen soll.

Der alternde Mensch richtet im Gegensatz zum jugendlichen seinen Blick mehr und mehr auf die Vergangenheit. Aber auch er hat eine Hoffnung, insofern er sein Leben nicht als etwas sich selber genügendes betrachtet, sondern als etwas, das seinen tieferen Sinn nur von Gott empfangen kann. Dem doppelten Begriff von Zukunft entspricht also ein zweifacher Sinn von Hoffnung.

Die Verknüpfung der genannten Dimensionen geschieht in einem hermeneutischen Vorgang. Darin wird die innergeschichtliche Zukunft, Gegenwart oder Vergangenheit als Symbol der absoluten Zukunft gedeutet.

5. Die Exzentrizität der Person

Die Dimension der Zeit hat für das Verständnis des Personalen eine ganz entscheidende Bedeutung.[9] Der Mensch kann durch das Zeitbewußtsein zu sich selber in Distanz treten. Er erfährt sich nicht bloß als das im Augenblick gegenwärtige Subjekt, sondern er weiß um seine zeitliche Kontinuität. Die Distanz zu seiner Vergangenheit ermöglicht es ihm, frühere Erfahrungen als seine eigenen anzuerkennen und dennoch zu ihnen neu Stellung zu nehmen. Er hat aber auch die Möglichkeit, sich gleichsam geistig in die Vergangenheit hineinzuversetzen und von da aus der Gegenwart kritisch gegenüberzutreten. Er kann von seiner Gegenwart her bereits über seine Zukunft verfügen. Alle diese Möglichkeiten führen zu dem Phänomen, das man als *Exzentrizität*[10] der menschlichen Person bezeichnet hat.

Diese Überlegung läßt sich auf das Verhältnis zum Mitmenschen übertragen. Es gibt kein abschließendes objektives Urteil über den anderen, weil seine Vergangenheit und seine Gegenwart auf Zukunft hin offenbleiben, und diese Zukunft ist eben noch nicht objektiv er-

[9] O. Köhler, Erinnerung und Erwartung, in: H. Rombach (Hrsg.), Die Frage nach dem Menschen, Aufriß einer philosophischen Anthropologie, Freiburg 1966, 105–129.

[10] H. Pleßner, Die Stufen des Organischen und der Mensch, Berlin ²1965, s. Index; M. Scheler, Die Stellung des Menschen im Kosmos, Bern, München ⁷1966.

faßbar. Allerdings ist das Urteil über einen Menschen auf diesen nicht ohne Einfluß. Gerade weil er auf seinen Mitmenschen, auf dessen Vertrauen und Wohlwollen angewiesen ist, wird die zukünftige Entwicklung auch davon abhängen, ob man jemanden positiv oder negativ beurteilt, ob man ihm Vertrauen verweigert oder einen Vertrauensvorschuß leistet. Entzieht man dem anderen sein Vertrauen, dann wird das negative Auswirkungen auf sein zukünftiges Verhalten haben und umgekehrt.

Hoffnung ergibt sich noch nicht logisch aus der Tatsache, daß der Mensch um Zukunft weiß. Daraus ergäbe sich das Wissen um Wandelbarkeit und Wandel der Welt. Der Zukunft gegenüber könnte der Mensch ebenso Angst empfinden, weil diese Zukunft die Sicherheit der Gegenwart in Frage stellt. Aber nicht die Unsicherheit ist für den Menschen charakteristisch, sondern die Hoffnung. Der Mensch erwartet sich von der Zukunft eine weitere Erfüllung seines Lebens. Und gerade deshalb steht er der Gegenwart in Distanz gegenüber. Zukunft ist nicht bloß ein vager, dämmriger Bereich des menschlichen Bewußtseins, sondern das Ziel menschlichen Lebens, auf das man hinstrebt. Die Zukunft verhält sich deshalb auch nicht symmetrisch zur Vergangenheit, sondern sie hat ihr gegenüber das Übergewicht. Die Vergangenheit ist vorbei, man kann sie vergessen oder auch in der Erinnerung genießen. Aber was erwartet sich der Mensch von der Zukunft? Wird sie mehr bringen als die Vergangenheit? Die gemachte Erfahrung scheint das nicht nahezulegen. Wenn dem Menschen Hoffnung mehr bedeutet als Erinnerung, dann hängt das offenbar gerade mit der Offenheit und mit der Transzendenz der Zukunft zusammen.

Es wäre irreführend, sich die Transzendenz der personalen Vollzüge in einem räumlichen Modell vorzustellen, wie das etwa das Bild vom Horizont, den der Mensch mit seinem Geiste immer schon übersteigt, nahelegen könnte. Es scheint uns sachgemäßer zu sein, an die Stelle eines räumlichen ein zeitliches Denkmodell zu setzen, denn der Raum, in dem wir leben, hat einen Horizont, d.h. eine Grenze. Erst wenn man sich auf den Horizont zu bewegt, wird man die Erfahrung machen, daß diese Grenze ständig zurückweicht und in die Ferne rückt. Aber dieser Eindruck entsteht nur deshalb, weil man sich hier in Bewegung setzt, weil also ein zeitlicher Prozeß stattfindet.

Die Zeit hat im menschlichen Bewußtsein keine Grenze, keinen Horizont. Je ausgeprägter das Zeitbewußtsein des Menschen ist, desto mehr steht er über dem Augenblick der Gegenwart und sieht sich mit einer grenzenlosen Zukunft konfrontiert. Diese Zukunft hat auch da keine Grenzen, wo das menschliche Leben zu Ende geht. Dabei handelt es sich hier nie bloß um theoretisches Wissen, sondern immer auch um eine Zukunft, die Motivation des menschlichen Handelns ist. Der Mensch kann sich für ein Ziel einsetzen, von dem er weiß, daß er es bis zum Augenblick seines Todes nie erreichen wird. Ein solches Verhalten ist für den Menschen nicht sinnlos wie etwa der Einsatz für ein Ziel, das prinzipiell nicht zu verwirklichen ist. Der Mensch erblickt offenbar den Sinn seines Daseins nicht ausschließlich darin, daß er die Ziele seines Handelns tatsächlich im Laufe seines irdischen Lebens erreicht. Er transzendiert geistig von vorneherein die Grenze seines eigenen Todes.

6. Das Ziel menschlicher Hoffnung

Menschliche Hoffnung setzt voraus, daß man an ihre Erfüllung glaubt. Man muß daran glauben, daß Liebe nicht sinnlos ist, auch wenn sie vom anderen nicht erwidert wird. Hoffnung setzt also voraus, daß Liebe absolut sinnhaft ist, und das bedeutet, daß sie ein absolutes Motiv hat. Das ist nun nicht bloß ein theoretisches Postulat, sondern es bestätigt sich in der Erfahrung, die der Mensch ständig macht. Er findet im Wohlwollen, in der Nächstenliebe einen inneren Frieden. Er ist sich der Richtigkeit und Sinnhaftigkeit dieser Entscheidung bewußt, auch dann, wenn ihn der Mitmensch ablehnt. In dieser Erfahrung des Menschen bekundet sich ein absoluter Partner, ein absolutes Du, dem der Mensch gegenübersteht. Und dieses Du deuten wir im Glauben als Gott.

Wenn wir sagen müssen, daß eine nicht erwiderte Liebe zum Mitmenschen nur durch die Existenz Gottes und die Gottbezogenheit des menschlichen Aktes sinnvoll sein kann, dann soll das natürlich nicht heißen, daß die Beziehung zu Gott nur in einem solchen Fall von Bedeutung ist, daß Gott also die Funktion eines Lückenbüßers übernimmt, indem er jenen menschlichen Akten Sinnhaftigkeit verleiht, die innerweltlich keine haben. Vielmehr gibt die Beziehung zu Gott dem personalen Akt des Menschen eine grundlegende und wesentliche Eigenart: Der Mensch sucht in der Liebe zum Mitmenschen immer auch eine Verwirklichung seiner eigenen Person. Weil aber diese Person zeitlich nicht eingegrenzt und eingrenzbar ist, sondern jeden Horizont übersteigt, deshalb kann auch die Selbstverwirklichung dieser Person in den Grenzen des irdischen Lebens nicht erfolgen. Die Hoffnung des Menschen zielt nach einer Erfüllung, die innerweltlich prinzipiell nicht möglich ist, weil sie jede Begrenzung ausschließt. Deshalb kann der Mensch seine volle Erfüllung in der Beziehung zum Mitmenschen von vorneherein nicht finden. Eine solche Erfüllung ist nur in der Begegnung mit dem Absoluten und Transzendenten möglich. Dabei ist klar, daß ein personales Wesen seine Erfüllung nicht von unterpersonalen Gegenständen erhalten kann, denn die ungeschichtliche Seinsweise solcher Objekte schließt die Möglichkeit aus, daß sie den Menschen als geschichtliche Existenz erfüllen. Der Mensch kann sich nur in einem Gegenüber finden, das ihn mit seiner ganzen Geschichte annimmt, und das ist eben nur in der Kommunikation mit einem personalen Du möglich. Insofern aber ein menschliches Du mit aller seiner Endlichkeit nicht genügt, insofern die Hoffnung des Menschen über alles Endliche hinausgreift, kann sie ihr Ziel nur in einer personalen Transzendenz finden, die wir Gott nennen.

Gerade weil Gott absolut und transzendent ist, kann ihm der Mensch aber nicht unvermittelt gegenübertreten, sondern nur im Übersteigen des Innerweltlichen. Er braucht also die innerweltliche Begegnung als Vermittlung seiner Gottesbegegnung. Und von daher erklärt sich die eigenartige Gebrochenheit der mitmenschlichen Beziehung. Auf der einen Seite vermittelt sich dadurch für den Menschen seine Begegnung mit Gott. Weil er diese Begegnung erfährt, erscheint ihm jedes Wohlwollen gegenüber dem Mitmenschen sinnvoll, auch wenn es von diesem nicht erwidert wird. Insofern läßt er dem Mitmenschen seine Freiheit. Auf der anderen Seite ist der Nächste aber nicht ein bloßes Mittel der Gottesbegegnung, das selber überflüssig würde, sobald man Gott gefunden hat. Insofern muß es dem Menschen unbedingt um seinen Mitmenschen gehen. Von daher erhält Mitmenschlichkeit ihren vollen Ernst.

Wieder ist analog zum interpersonalen Verhältnis auch die Beziehung des Menschen zu unterpersonalen Gegenständen zu verstehen. Der Erkenntnisakt transzendiert jeden endlichen Gegenstand, er greift über diesen Gegenstand hinaus und bezieht sich durch dessen Vermittlung auf die transzendente Wahrheit Gottes. Daher kann der Mensch dem Gegenstand als Hilfsmittel seiner Transzendenzbeziehung distanziert und sachlich gegenüberstehen. Er braucht keinen unmittelbaren Nutzen daraus zu ziehen. Auf der anderen Seite ist aber diese Vermittlung für den Menschen und seine Transzendenzbeziehung unentbehrlich und von bleibender Bedeutung. Insofern sind die Dinge für ihn nicht gleichgültig und die Beschäftigung mit ihnen ist keine bloße Spielerei. Sie ist vielmehr sachlich, d. h. der Wirklichkeit der Dinge und ihrer Bedeutung für die Zukunft des Menschen angemessen.

7. Personale und sachliche Erkenntnis

Das kleine Kind unterscheidet noch nicht zwischen Personen und Sachen. Es behandelt auch Sachen, als wären sie Personen. Erst im Laufe der Zeit lernt es deutlicher zu unterscheiden. Schon diese Beobachtung läßt zweifeln, ob die Erkenntnis der Person ein intuitiver Vorgang ist. Die Unterscheidung ergibt sich schließlich daraus, daß man mit einer Person andere Erfahrungen macht als mit Sachen. Die Andersartigkeit dieser Erfahrung besteht einmal in der geschichtlichen Aktivität der Person. Die Mutter setzt nacheinander die verschiedensten Handlungen und entspricht dadurch den Bedürfnissen des Kindes. Ein toter Gegenstand reagiert überhaupt nicht oder immer nur auf die gleiche Weise. Die Person kann sich den Bedürfnissen des Kindes viel mehr anpassen, als es das Kind etwa im Umgang mit Tieren erfährt. Die Person kann auch immer neue Handlungen setzen, die über augenblickliches Reagieren hinaus der Vergangenheit und der Zukunft Rechnung tragen. Das Kind erfährt zuerst im Umgang mit den Eltern, daß sich diese sachlich verhalten. Ein solches Verhalten ist für die Person spezifisch und ermöglicht es dem Kind, Personen und Sachen zu unterscheiden.

Wir verstehen unter Person eine Wirklichkeit, die geschichtlich existiert, die um ihre Geschichtlichkeit weiß und in diesem Wissen alle Grenzen der Zeit und damit auch des Raumes überschreitet. Mit einer solchen Umschreibung ist uns nun auch die Möglichkeit gegeben, Kriterien für die Erkenntnis der Person aufzustellen. Es scheint uns nicht notwendig, eine solche Erkenntnis einfach als eine Intuition zu begreifen,[11] die sich einer näheren Charakterisierung entzieht. Person wird eben dadurch erkannt, daß eine Wirklichkeit als geschichtlich, als geschichtsbewußt und als geschichtstranszendierend erkannt wird.

Menschliches Verhalten ist nicht nur wandelbar. Der Mensch wird nicht bloß durch eine sich ständig wandelnde Situation zu einem sich ebenso wandelnden Verhalten veranlaßt, sondern in seiner Geschichte gibt es auch Kontinuität. Er reagiert nicht bloß auf die gegenwärtige Situation, sondern er lebt auch aus früheren Erfahrungen. Das zeigen besonders Phänomene wie Gewohnheit oder Kultur. Im Gegensatz zu Verhaltensweisen, die einfach angelernt sind, wie wir sie ja auch bei Tieren kennen, ist der Mensch aber nicht nur durch dressurähnliche Reaktionen an die Vergangenheit gebunden, sondern er kann sich auch in Einzelsituationen auf frühere Einzelerfahrungen besinnen und aus ihnen lernen. – Noch deutlicher wird das Zeitbewußtsein aber dadurch, daß der Mensch sich auf Zukunft beziehen kann. Er kann seine Zukunft planen und sein Verhalten von diesen Plänen her bestimmen. Er kann um zukünftiger Ziele willen Mühen auf sich nehmen, die – allein von der Vergangenheit oder von der Gegenwart her gesehen – unverständlich wären.

Die Geschichtlichkeit des Menschen ist nicht nur ihm selber bewußt, sondern ist auch in seinem äußeren Verhalten zu erkennen. Das ist insofern möglich, als das menschliche Handeln oft erst im Hinblick auf zukünftige Ziele verständlich wird. Daß jemand z.B. die Entbehrungen und Mühen einer schwierigen Berufsausbildung auf sich nimmt, wird für den Außenstehenden sofort erklärlich, wenn dieser hypothetisch ein derartiges Ziel annimmt oder natürlich auch, wenn ihm das sprachlich mitgeteilt wird.

Auf ähnliche Weise ist schließlich auch die Transzendenz des menschlichen Hoffens aus dem äußerlichen Verhalten zu erkennen. Der Mensch braucht für seine Handlungen immer Motive. Aus der

[11] So z.B. B.Welte, Zum Begriff der Person, in: H.Rombach (Hrsg.), Die Frage nach dem Menschen 11–22.

Art des äußeren Verhaltens ist deshalb auch auf die Art der inneren Motivation zu schließen. Wenn es Feindesliebe gibt, dann beweist ein solches Phänomen, daß der Mensch in seinem Wohlwollen nicht unmittelbar davon abhängig ist, wie der andere darauf reagiert. Daß der Mensch auch im Wissen um seinen Tod noch in einer Weise Selbstlosigkeit üben kann, die ihm, solange er lebt, voraussichtlich nicht mehr vergolten wird, beweist, daß die Hoffnung des Menschen die Grenze des eigenen Todes übersteigt und daß das Motiv des menschlichen Handelns ebenfalls diese Grenze transzendiert. Dabei ist das äußere Verhalten nicht bloß ein Anhaltspunkt, mit dessen Hilfe ein logischer Schluß auf die Struktur des personalen Aktes möglich ist, sondern im äußeren Verhalten des Menschen verwirklicht sich das innere Bewußtsein und drückt sich dadurch ursprünglich aus. Die Person und ihre Struktur bleiben deshalb nicht bloß im Innenraum eines in sich geschlossen gedachten Subjekts, sondern sie drücken sich in der Leiblichkeit und im äußeren Verhalten des Menschen so aus, daß sie für den Mitmenschen unmittelbar erkennbar und zugänglich werden.

Die Dimension der Zeit ist die entscheidende Kategorie personaler Existenz und personaler Erkenntnis. Während die räumliche Dimension der Leiblichkeit und der Begrenztheit des Menschen zuzuordnen ist, öffnet sich von der Dimension der Zeit her die Transzendenz. Durch die Zeit ist auch die Distanz der menschlichen Person zu sich selber möglich. Der Mensch kann sich zwar (nacheinander) an verschiedenen Orten befinden, er kann auch um diese Tatsache wissen, aber seine Stellungnahme zu sich selber ist nur dadurch möglich, daß er um die Kontinuität der verschiedenen Lebenssituationen weiß. Nur wenn man denjenigen, der in der Vergangenheit handelte, noch mit dem gegenwärtigen Ich identifizieren kann, kann man in der Stellungnahme zur Vergangenheit zu sich selber Stellung beziehen. Nur so gewinnt man Selbstverfügung und Freiheit im vollen Sinn. Die Räumlichkeit als solche ist die Kategorie des Bestimmten und dessen, was den Menschen bestimmt. Die Zeit, insofern sie auf Zukunft hinzielt, ist dagegen unbestimmt und eröffnet die Freiheit des Menschen. Insofern die menschliche Person eine räumliche Gestalt hat, ist sie von anderen räumlichen Gebilden nicht als personale Wirklichkeit abzuheben. Insofern der Mensch aber handelt, und insofern sich in diesen Handlungen nicht bloß festliegende Verhaltensmuster wiederholen, sondern sich ständige Variabilität, Offenheit auf die Gesamtsituation hin, und damit Geschichtlichkeit zeigt, stellt sich die Person als solche dar. Nur aus der Geschichte des menschlichen Handelns ist deshalb die Personalität des Menschen zu erkennen.

8. Die personale Freiheit

Zum rechten Verständnis von Sittlichkeit gehört notwendig auch der richtige Begriff von Freiheit. Darauf ist in unserem Zusammenhang besonders einzugehen, denn die Existenz personaler Freiheit wird heute von vielen Vertretern einer empirischen Anthropologie bestritten. Aber auch da, wo man sie annimmt, wird gerade die sittliche Freiheit sehr verschieden gedeutet. Wenn man z.B. die sogenannte Wahlfreiheit, also die Fähigkeit des Menschen, zwischen verschiedenen Objekten zu wählen, als die Grundform menschlicher Freiheit betrachtet, dann scheint uns das für das Verständnis sittlicher Freiheit mindestens irreführend zu sein, denn man kann nicht Gut und Böse, bzw. die Hinwendung zu Gott oder die Abwendung von ihm, als zwei Objekte auffassen, zwischen denen dann einfach zu wählen wäre. Gut und Böse sind ja keine Gegenstände, sondern Ausrichtungen der Person. Es sind Bezeichnungen für eine bestimmte Qualität der Beziehung oder der Stellungnahme zur Wirklichkeit. Wenn man beim Verständnis der sittlichen Freiheit vom Begriff der Wahlfreiheit ausgeht, dann ist nicht leicht zu sehen, inwiefern sich der Mensch bei der guten und bei der bösen Entscheidung letztlich auf eine und dieselbe absolute Wirklichkeit bezieht. – Die eigentlich sittliche Dimension wird nur dann deutlich, wenn wir von vorneherein der personalen Struktur des Menschen, also seiner Geschichtlichkeit und Transzendenzbezogenheit, Rechnung tragen.

Das Tier ist in seinem Verhalten weitgehend festgelegt, sei es durch angeborene Verhaltensmuster, sei es durch die Ergebnisse von Lernprozessen. Auch wenn gelegentlich sogenannte intellektuelle Leistungen zu beobachten sind, so handelt es sich dabei um eine Verarbeitung von Sinneseindrücken, die aus der vorgegebenen Situation aufgenommen werden.

Die entscheidende Eigenart des Menschen liegt nun darin, daß er ein Bewußtsein von Zeit und ein Bewußtsein von unbegrenzter Zukunft besitzt. Der Mensch weiß um die Offenheit der Zukunft; er weiß, daß die Zukunft Neues und Unerwartetes bringen kann. Er muß auch mit seiner eigenen Vergänglichkeit und seinem eigenen Tod rechnen. Die Möglichkeiten der innerweltlichen Zukunft sind also für den Menschen keine bestimmten Werte, die er genau kalkulieren und von deren Größe er seine Entscheidungen bestimmen lassen kann. Ein solches in sich unbestimmtes Motiv kann den Menschen nicht zu einem bestimmten Verhalten nötigen, sondern es kann ihn nur veranlassen, sich dem Risiko der Zukunft zu stellen und ihr gegenüber eine freie Entscheidung zu treffen.

Es ist dem Menschen und seiner Freiheit aufgetragen, sich gegenüber der Zukunft zu entscheiden. Er muß die Zukunft planen; er muß von den verschiedenen Möglichkeiten, die sich auftun, eine auswählen. Erst wo diese Entscheidung getroffen ist, wird die Zukunft zu einem bestimmteren Motiv menschlichen Verhaltens. In dieser Tatsache, daß die Zukunft für den Menschen zunächst unbestimmt ist, daß er sie aber in ihrer Offenheit in gewissem Ausmaß voraussehen und planen kann, liegt der eigentliche Grund für die personale Freiheit des Menschen. Menschliche Freiheit bedeutet also nicht absolute Unbestimmtheit und reines Schöpfertum, sie bedeutet vielmehr die Fähigkeit, die Unbestimmtheit der motivierenden Zukunft zu bestimmen.

Aber mit der Beziehung auf innerweltliche Zukunft ist das Phänomen der menschlichen Freiheit noch nicht hinreichend erfaßt. Eine Analyse der menschlichen Hoffnung zeigt, daß der Mensch immer auf Zukunft hin und in der Erwartung der Zukunft lebt. Alles, was er erreicht und verwirklicht, kann für ihn immer nur eine Verheißung zukünftiger Erfüllung sein. Versteht er sein Leben anders, dann wird es ihn mit Notwendigkeit enttäuschen. Wenn der Mensch bestimmte Absichten verwirklicht hat, dann wird ihm das immer nur ein Ansporn sein, um neue Pläne zu schmieden, und auch noch im Angesicht des Todes kommt menschliche Hoffnung nicht zur Ruhe. Wo der Mensch dagegen resigniert und jenes Risiko nicht wagt, das Zukunftsplanung und Hoffnung immer verlangen, da verlieren auch jene gegenständlichen Werte und Ziele, die sich tatsächlich verwirklichen lassen, ihre volle Bedeutung, denn der Mensch spürt, daß sie prinzipiell dem nicht entsprechen können, was er im Innersten ersehnt. Das Leben wird dann zu einer ständigen Enttäuschung, es ist nicht mehr lebenswert.

Die Transzendenz menschlicher Hoffnung fordert eine *Glaubensentscheidung*. Gibt es einen letzten Sinn, in dem menschliches Hoffen seine Erfüllung findet? Die Antwort auf diese Frage zwingt sich dem Menschen nicht auf, sondern muß in freier Entscheidung ergriffen werden. Glaubt der Mensch an eine solche Erfüllung, an ein letztes «Heil», dann bekommen auch die innerweltlichen Werte eine tiefere Bedeutung für den Menschen, nämlich als Symbole der Hoffnung. Glaubt er nicht an dieses Heil, dann kann es für ihn, wenn er konsequent in diesem Unglauben lebt, keine wirkliche Befriedigung mehr geben. Wenn er nämlich weiß, daß ihm die Ziele, die ihm vielleicht zunächst als wertvoll erscheinen, letztlich nur Enttäuschung bringen können, dann muß das seine personale Selbstverwirklichung und sein Engagement für den Mitmenschen lähmen oder völlig verlöschen lassen. Natürlich muß die Glaubensentscheidung gegenüber dem letzten Sinn des Lebens nicht ausdrücklich bewußt sein. Natürlich kann der Mensch, auch wenn er diese Frage im Unbewußten läßt oder ins Unbewußte verdrängt, von seiner biologischen und psychischen Grundlage her Reaktionen und Bestrebungen zeigen. Aber diese Aktivitäten werden, gerade weil sie aus dem unterpersonalen Bereich kommen, nicht eigentliche Vollzüge der Freiheit sein. Wirkliche Freiheit, also echte, spontane Entscheidung, ist nur auf dem Hintergrund einer Glaubensentscheidung gegenüber dem letzten Wert möglich. Wo diese Entscheidung im positiven Sinn getroffen worden ist, da läßt sich dann auch der Gedanke an den Tod aushalten, denn da weiß bzw. glaubt der Mensch, daß die Endlichkeit des menschlichen Lebens und der fragmentarische Charakter des menschlichen Tuns eben nicht das Letzte ist, sondern ein Hinweis auf eine transzendente Begegnung, in der der Mensch die volle Erfüllung seiner Hoffnung findet.

Von dieser Grundentscheidung her bestimmt sich nun auch das Verhältnis des Menschen zu den einzelnen innerweltlichen Werten. Was ein Wert bedeutet, ist aber nicht objektiv festzulegen. So hat z.B. ein Geldbetrag zunächst einen ganz bestimmten finanziellen Wert. Man kann ihn in einen bestimmten Betrag einer anderen Währung umwechseln lassen, man kann sich dafür aber auch die verschiedensten Dinge kaufen. Je nachdem, um welche Waren oder Dienstleistungen es sich dabei handelt, kann man viel oder wenig von seinem Geld haben. Man kann es auch für einen guten Zweck verschenken. Es hängt von übergeordneten Zielen des gesamten Lebensstils und der Zukunftsplanung ab, was man mit bestimmten Objekten anfängt, welche Funktion man ihnen dadurch zuweist und welchen Wert sie so bekommen. Auf diese Zusammenhänge ist noch ausführlicher einzugehen. Es soll aber hier schon darauf hingewiesen werden, daß zwischen der letzten Grundentscheidung des menschlichen Lebens, zwischen konkreteren Zukunftszielen und den Einzelentscheidungen in der Gegenwart ein unlösbarer Zusammenhang besteht. Nur von diesem Zusammenhang her ist das Wesen der sittlichen Freiheit richtig zu verstehen.

Wahlfreiheit

Weil der Mensch seiner Zukunft gegenüber frei ist, deshalb ist er auch in seinem gegenwärtigen Verhalten nicht total festgelegt. Wäre sein Handeln von Natur aus völlig determiniert, dann gäbe es auch keine offene Zukunft für den Menschen. Jedenfalls könnte er diese Zukunft nicht planen und ihr gegenüber keine Entscheidungen treffen. Die Möglichkeit solcher Entscheidungen besagt, daß der Mensch auch in der Gegenwart die Möglichkeit hat, zwischen verschiedenen Handlungen zu wählen, je nachdem welche Ziele er dadurch erreichen will.

Diese Tatsache, daß menschliches Handeln von der Natur her nicht völlig determiniert ist, hat ihren Grund bereits in der biologischen Eigenart des Menschen. Der Mensch kommt nicht mit einem fertig ausgebildeten Verhaltensrepertoire zur Welt, sondern er wird von Anfang an, stärker als es in der Tierwelt der Fall ist, den Einflüssen der Umwelt ausgesetzt und von ihnen geprägt.[12] Anderseits stehen dem Menschen aber auch mehr bewußte Abwehrmechanismen gegenüber der Umwelt zur Verfügung, die für eine zielbewußte Pla-

[12] A. Portmann, Biologische Fragmente zu einer Lehre vom Menschen, Basel/Stuttgart ^{3}1969, 27–68; ders., Entläßt die Natur den Menschen?, München 1970, 190f.; R. Kugler, Philosophische Aspekte der Biologie A. Portmanns, Zürich 1967, 50–58.

nung ebenso wichtig sind wie die Unspezialisiertheit und Anpassungsfähigkeit der menschlichen Natur. So hat der Mensch in der Gesellschaft beinahe unbegrenzte Möglichkeiten der Arbeitsteilung, der Schaffung sozialer Normen und kultureller Formen. Der Mensch ist von Natur aus ein Kulturwesen.

Diese Aspekte sind für die Freiheit des Menschen nicht nebensächlich, denn auch von den biologischen und sozialen Möglichkeiten hängt es ab, welche Formen der Zukunftsplanung sich dem Menschen anbieten. Dadurch ist der Spielraum bestimmt, der dem Menschen gegeben ist, um seine Wertvorstellung und seine letzte Glaubensentscheidung in die konkrete Tat umzusetzen. Nimmt man einem Menschen jede äußere Bewegungsfreiheit, wie das etwa im Gefängnis der Fall ist, dann ist zwar zunächst die innere Freiheit, also die Möglichkeit, zur Zukunft Stellung zu nehmen, nicht aufgehoben, aber weil sie nicht in die Tat umgesetzt werden kann, weil der Mensch keine Werte schaffen kann, deshalb fehlen ihm auch jene Symbole, die ihm die Sinnhaftigkeit seiner Hoffnung immer neu bestätigen und ihm dadurch Kraft für seine letzte Sinnentscheidung geben. Die Einschränkung der äußeren Freiheit muß auf die Dauer auch zu einer Abschwächung der geistigen Freiheit führen.

Freiheit und Mitmenschlichkeit

Das Heil, das sich der Mensch erhofft, kann er sich nicht selber geben. Er kann es nur erlangen, wenn die Offenheit seiner Existenz von außen her eine Erfüllung findet. Diese Erfüllung ist aber so zu denken, daß sie der personalen Existenz des Menschen nicht einfach äußerlich wie etwas Fremdes hinzugefügt wird, sondern daß sie in die Wirklichkeit dieses Ich eingeht. Heil ist also gleichzeitig Selbstentfaltung und Beschenktwerden. Eine derartige Erfüllung ist nur dadurch möglich, daß sich das menschliche Ich durch ein Nicht-Ich bejaht und angenommen weiß. Damit wird dieses Nicht-Ich zu einem Symbol, in dem sich das Ich findet und ausweitet.[13] Weil das menschliche Ich aber geschichtlich existiert, deshalb muß auch jenes Nicht-Ich eine Beziehung zur Geschichte haben, um das Ich in seiner geschichtlichen

[13] Vgl. bes. J. Heinrichs, Sinn und Intersubjektivität. Zur Vermittlung von transzendentalphilosophischem und dialogischem Denken in einer transzendentalen Dialogik, in: ThPh 45 (1970) 161–191.

Dimension bejahen und annehmen zu können. Ein derartiges Wesen kann aber selber nur eine Person sein.

Wenn der Mensch im innerweltlichen Leben zu keiner vollen Erfüllung seiner Hoffnung kommt, dann bedeutet das, daß ihm die Begegnung mit dem Mitmenschen nicht genug ist, weil eben auch der Mitmensch der Vergänglichkeit der Zeit nicht entrinnen kann und aufgrund eines schuldhaften Egoismus und anderer Faktoren personaler Ohnmacht nicht in der Lage ist, eine geschichtliche Existenz voll anzunehmen. Wenn der Mensch in seiner tiefsten Hoffnung mehr verlangt, dann kann er das nur in der Begegnung mit einer transzendenten Wirklichkeit finden, von der er sich als Person erfüllt und angenommen weiß, die also selber Person ist.

Der Geschenkcharakter des Heiles kommt nicht erst jenseits des Todes zur Geltung, sondern bereits in jeder Freiheitsentscheidung, in der der Mensch zu Gott Stellung nimmt. Die Hoffnung lebt aus der Motivationskraft ihres Zieles. Der Grund dieser Motivationskraft ist aber das freie, personale Ja Gottes zum Menschen. Ein solches Ja stellt auch einen Anspruch, dem sich der Mensch öffnen muß, wenn er sein Ziel nicht verfehlen soll. Freiheit gegenüber dem personalen Du Gottes bedeutet demnach nicht die schöpferische Selbstmotivation des Menschen und eine reine Projektion von Werten, die er dann anstrebt, sondern das Eingehen auf einen Anspruch, den das absolute Du Gottes an den Menschen stellt und in dem eine Begegnung möglich wird, in der allein der Mensch sein Heil finden kann.

Die Begegnung zwischen Mensch und Gott ist nicht unvermittelt möglich, sondern verlangt die Vermittlung durch interpersonale Beziehungen. Deren Struktur ist der Beziehung zwischen Mensch und Gott analog. Von daher ergibt sich ein ganz bestimmtes Verständnis sittlicher Freiheit, das in Gegensatz zu einem Verständnis der Freiheit im Sinne von Willkür steht. Die Freiheit, die der Mensch im Ja zur absoluten Zukunft, im Ja zur Sinnhaftigkeit einer transzendenten Hoffnung gewinnt, muß sich ermöglichen und bewähren im Ja mitmenschlicher Liebe. Nur solche Liebe eröffnet dem Menschen echte personale Freiheit. Auch unter diesem Aspekt ist Freiheit nicht einfach die Fähigkeit, sein Leben ausschließlich von innen heraus zu steuern und zu gestalten, sondern eine Fähigkeit, die ihre Kraft aus der Begegnung mit dem Du zieht. Entsprechend kann es auch nicht der Sinn dieser Freiheit sein, sich gegen das Du zu verwirklichen, denn auf diese Weise würde sie sich ja selber aufheben. Der Sinn personaler, sittlicher Freiheit ist nur insofern gegeben, als der Mensch in der Liebe auf das Du des Mitmenschen eingeht. Dieses Du ist nun wieder nicht als eine neutrale Substanz zu denken, sondern als eine Person, die sich dem Ich öffnet und an dieses Ich seine Ansprüche stellt.

Daraus ergibt sich, daß Freiheit nicht einfach als Autonomie verstanden werden kann, sondern daß sie nur in der Begegnung zweier Personen, das heißt zweier Freiheiten, und in der gegenseitigen Bejahung dieser Freiheiten zu vollziehen ist. Das schließt eine reine Autonomie des sittlichen Subjektes ebenso aus wie eine reine Heteronomie. Die Autonomie ist ausgeschlossen, weil das Ich für den Menschen nicht das letzte und ausschließliche Prinzip seines Handelns sein kann, denn der Mensch hat sich ja dem Anspruch des Du, das ihm gegenübersteht, das mit ihm lebt, zu stellen. Eine reine Heteronomie ist ausgeschlossen, weil Heteronomie als solche ja gar keine Freiheit besagt und weil die bloße Ausführung des Anspruchs eines anderen keine aktive Gestaltung der Zukunft wäre.

Zusammenfassung

Wenn wir die bisherigen Überlegungen überblicken, kommen wir zu folgendem Ergebnis: Während das Tier in seinem Verhalten durch seine Anlage und das Ergebnis von Lernprozessen gegenüber der Umwelt in seinem Verhalten weitgehend festgelegt ist, ist das Verhältnis des Menschen zur Wirklichkeit anders strukturiert. Als geschichtliche Existenz ist der Mensch in seinem Handeln nicht nur von der Gegenwart, sondern auch von Vergangenheit und Zukunft bestimmt. Die Offenheit der Zukunft ist der Grund dafür, daß der Mensch in seinem Handeln nicht auf eine sichere oder gar unmittelbare Erreichung seiner Zielobjekte angewiesen ist. Daraus ergibt sich jene Distanz zur Gegenwart, die gegenüber den Dingen als Sachlichkeit zu bezeichnen ist und die anderen Personen echte Freiheit einräumt. Personalität und Freiheit sind dabei nicht bloß als Gegebenheiten des subjektiven Bewußtseins zu verstehen, sondern als Wirklichkeiten, die sich gerade in der Geschichtsbezogenheit und Umweltdistanz der menschlichen Weltbeziehung ausdrücken.

Neben dem Begriff der Person ist der Begriff des Wertes[14] für die philosophische und theologische Ethik, insbesondere auch für die Erkenntnislehre, von zentraler Bedeutung. Auch hier genügt es nicht mehr, rein apriorisch-spekulativ vorzugehen, sondern man wird die traditionelle metaphysische Betrachtungsweise stärker zur Empirie in Beziehung setzen müssen. Der Wert erscheint dann nicht mehr als ein Begriff, der etwa dem Begriff des Seins einfach gegenübergestellt werden könnte, sondern er zeigt sich in seiner Strukturiertheit und in der Analogie verschiedener Formen. Die Behandlung des Wertproblems stellt dann ein notwendiges Kapitel innerhalb einer philosophisch-theologischen Anthropologie dar. Es geht in den folgenden Ausführungen nicht darum, die verschiedensten Fragestellungen und Positionen einer rein spekulativen Philosophie oder etwa der modernen Sprachanalyse zu diskutieren. Wir wollen vielmehr versuchen, von Gesichtspunkten der empirischen und philosophischen Anthropologie her einen Zugang zum Wertproblem zu finden.

Unter Wert versteht man eine Eigenschaft, durch die ein Seiendes in besonderer, noch näher zu bestimmender Weise auf ein anderes bezogen ist. Der werthafte Gegenstand hat für etwas anderes eine besondere, positive Bedeutung, er übt auf das andere eine positive Wirkung aus. Dem entspricht auf der Seite dieses anderen Seienden ein Bedürfnis oder eine Aufnahmefähigkeit gerade für diese Wirkung. Die Übereinstimmung von Wirkfähigkeit und Bedürftigkeit macht die besondere Beziehung aus, die durch den Begriff des Wertes angesprochen ist. Je nachdem, um welche Wirkung es sich handelt und welche Art von Bedürfnis vorliegt, kann auch der Wert sehr verschiedene Formen aufweisen.

[14] Der Begriff des Wertes ist vielfach zusammen mit der wertphilosophischen Schule in Mißkredit geraten, was vor allem mit der dort vertretenen Trennung von Sein und Wert zusammenhängt. Aber gerade deshalb ist das Problem neu zu untersuchen. Vor allem erscheint es uns als notwendig, die verschiedenen Arten von Werten einerseits zu unterscheiden und anderseits zueinander in Beziehung zu setzen. – Eine kurze Orientierung über Geschichte und Stand der Diskussion geben J. B. Lotz (Wert; Wertphilosophie) und Schuster/de Vries (Wertethik) in: W. Brugger (Hrsg.), Philosophisches Wörterbuch, Freiburg [13]1967, 440–443; H. van Oyen, Art. «Wertethik», in: RGG[3] VI 1962, 1646–1650; M. Käsbauer, Art. «Wertphilosophie», ebd. 1650–1652; I. T. Ramsey, Art. «Werturteil», ebd. 1652f. – Zum struktural-geschichtlichen Aspekt des Wertbegriffes vgl. auch: G. C. Homans, Elementarformen sozialen Verhaltens, Köln 1968, 37–42.

1. Drei Wertebenen

Die philosophische Tradition unterscheidet Nutz-, Genuß- und sittliche Werte. Diese Einteilung scheint nicht unproblematisch zu sein. Besonders Nutz- und Genußwert fallen weithin zusammen. Die Empfindung des Genusses soll ja signalisieren, daß ein bestimmtes Bedürfnis erfüllt wird, also ein Nutzen gegeben ist. Es scheint, daß sich diese traditionelle Begriffseinteilung auf einer hohen Abstraktionsstufe bewegt. Vielleicht hilft es weiter, wenn man sich mehr an das Phänomen hält, indem man nicht nur die Funktion des Wertes für das Subjekt (Nutzen, Genuß, personale Erfüllung) betrachtet, sondern die Gesamtstruktur einer Wertbeziehung genauer untersucht.

In der philosophischen Terminologie spricht man vielfach von Wert nur in bezug auf den Menschen, bzw. auf ein geistbegabtes Subjekt.[15] Bei Tieren und Pflanzen würde man dann den Begriff Gut (bonum) verwenden. Wir möchten diese Unterscheidung nicht übernehmen, sondern durchgehend den Begriff Wert anwenden. Es scheint uns, daß dadurch nicht nur die Analogie zwischen dem menschlichen und untermenschlichen Bereich deutlicher herauskommt, die ja besonders beim Nutz- und Genußwert nicht zu leugnen ist, sondern daß damit auch das Phänomen des Wertes beim Menschen selber besser erfaßt werden kann. Denn wenn der Mensch eine echte Einheit von Leib und Seele darstellt, dann gibt es kein rein geistiges Streben für sich; der Wille hat dann immer eine leibliche Komponente. Entsprechend kann auch das Objekt des Willens nicht etwas rein Geistiges sein, bzw. nicht ohne untergeistige Vermittlung angestrebt werden.

Um diese Zusammenhänge deutlich zu machen, wollen wir jenes Schichten- und Stufenmodell[16] übernehmen, das in auch empirisch orientierten Anthropologien, Ethiken usw. zunehmend Verwendung findet. Dabei ist folgendes zu beachten: Der Mensch kann zwar nicht in verschiedene, voneinander unabhängige Bereiche zerlegt werden;

15 Z. B. J. de Finance, Grundlegung der Ethik, Freiburg 1968, 91.

16 Vgl. dazu die «regionale Ontologie» von Nicolai Hartmann, in: Ethik, Berlin ^{4}1962, 269–276; 550–562; sowie: August Brunner, Der Stufenbau der Welt. Ontologische Untersuchungen über Person, Leben, Stoff, München-Kempten 1950; Helmut Pleßner, Die Stufen des Organischen und der Mensch. Einleitung in die philosophische Anthropologie, Berlin ^{2}1965.

deshalb ist auch in seinem Fühlen und Streben eine letzte Einheit gewahrt. Aber diese Einheit läßt dennoch qualitative Verschiedenheiten zu. Kopfweh, der Schmerz über die Trennung von einem lieben Menschen oder der innere Unfriede einer Verzweiflung am Leben sind qualitativ ebenso verschieden wie die Lust am Genuß eines guten Essens, die Freude beim Wiedersehen eines Freundes oder das Glück eines auf Glaube und Hoffnung gestellten Lebens. Die Verwirklichung eines biologisch-sensitiven Wertes bedeutet nicht automatisch auch schon die Verwirklichung eines sittlichen Wertes. Deshalb gehen die Gedanken des naiven Hedonismus, der die Sinneslust zum obersten ethischen Wert erheben möchte, ebenso fehl wie manche Formen eines statischen Naturrechtsdenkens, wo eine Verpflichtung unmittelbar aus biologischen Gesetzmäßigkeiten abgeleitet wird. Auf der anderen Seite dürfen die Wertbereiche aber auch nicht radikal voneinander getrennt werden. Beispiele dafür wären der Manichäismus, insofern er glaubt, daß durch die Ablehnung bestimmter, mit Leiblichkeit und Geschlechtlichkeit zusammenhängender Werte an sich schon ein sittlicher Wert verwirklicht werde, und – wenigstens der Tendenz nach – wieder bestimmte Formen naturrechtlichen Denkens, die sich auf einen metaphysischen Naturbegriff zurückziehen und den Zusammenhang mit den leiblich-sinnenhaften Bereichen des Menschen preisgeben.

In einer umfassenden Anthropologie stellt sich die Aufgabe, die verschiedenen Bereiche von Wirklichkeit und Werten in ihrer Eigenart und in ihrem Zusammenhang darzustellen. Dabei sind vor allem drei Ebenen zu unterscheiden, die biologische, die psychologische und die personale.

a) Der biologische Wert

Jeder lebende Organismus braucht zur Erhaltung Energie und Aufbaustoffe. Dieses Bedürfnis äußert sich z.B. im Hunger. Jene Stoffe nun, die diesem Bedürfnis abhelfen können, stellen für das Lebewesen einen Wert dar. Wenn sie vom Organismus aufgenommen werden und in der Wechselwirkung mit bestimmten organischen Stoffen in den Stoffwechselprozeß einbezogen werden, dann wird Energie freigesetzt, bzw. der Körper bildet jene Elemente und Verbindungen, die er zum Wachstum und zur Selbsterhaltung braucht.

Schon hier ist die Größe des Wertes von zwei Seiten her bestimmt: von seiten des bedürftigen Lebewesens wie auch von seiten des begehrten Gegenstandes und dessen Eignung, das Bedürfnis des Lebewesens zu befriedigen.[17]

Damit ist auch eine gewisse Instabilität des Wertes gegeben, insofern die Bedürftigkeit des Lebewesens einer andauernden Schwankung unterworfen ist. Leben bedeutet ja ständige Störung eines Gleichgewichtszustandes.[18] Zum Leben gehört wesentlich der Wechsel zwischen Triebhunger und Triebbefriedigung. Wo kein Verlangen mehr da ist, kann es keine Befriedigung geben; ständige Befriedigung würde Stillstand und damit Aufhören des Lebens bedeuten.

b) Der psychologische Wert

Je höher das Leben organisiert ist, desto wichtiger wird die Rolle der Sinnesorgane, durch die das Lebewesen mit der Umwelt in Kontakt steht und zu differenzierten Reaktionen auf sie befähigt wird. Das Tier braucht Sinneseindrücke, etwa um eine Beute jagen zu können. Diese Sinnesinformationen können im Tier bestimmte Reaktionen auslösen, durch die der Erfolg der Nahrungssuche ermöglicht und damit das tierische Leben erhalten werden kann. Die Information ist hier ein grundlegender Wert zur Erhaltung höheren Lebens. Ohne sie ist die zweckmäßige Steuerung des Organismus nicht möglich.

Bei höherem organischen Leben wird die Gestaltwahrnehmung wichtig. Das Tier muß Gegenstände erkennen und unterscheiden können. Insbesondere die sozialen Beziehungen, wie sie innerhalb von Tiergruppen oder zwischen einzeln lebenden Tieren zur Fortpflanzung, zur Brutpflege und sonstigen höheren sozialen Leistungen nötig sind, setzen eine differenzierte Gestaltwahrnehmung und entsprechend eine ganz bestimmte gestalthafte Selbstdarstellung voraus. Eine entscheidende Komponente an der für Tiere lebenswichtigen Information ist also die Gestalt. Hier liegt bereits eine Analogie zu dem vor, was im menschlichen Bereich als *ästhetischer* Wert bezeichnet

[17] Vgl. Adolf Portmann, Neue Wege der Biologie, München 1965, 102–193; R. Kugler, aaO. 67–69.

[18] Wolf Rohrer, Leben heißt: gestört werden. Kybernetischer Aspekt des heutigen Menschenbildes, in: Orientierung 34 (1970) 117–119.

wird. Diese Analogie findet sich auch, wenn wir die Lautäußerungen vieler Tiere untersuchen, durch die sie sich gegenseitig informieren. Auch hier geht es vielfach nicht bloß um rein «sachliche» Signale, sondern ein Lebewesen stellt sich in seinen Lautäußerungen dar,[19] und zwar oft in einer geradezu überschwenglichen Weise, durch die eine besondere Wirkung im Adressaten hervorgerufen wird, sei es nun Schrecken, sexuelle Erregung, Brutpflegebereitschaft o. ä. Der Wert einer Information liegt nicht einfach bloß darin, daß ein Tier «weiß, was es zu tun hat», sondern wesentlich auch darin, daß ein bestimmter Erregungszustand hervorgerufen wird, der zu der betreffenden Handlung antreibt.

Es gibt bereits im Tierreich sehr vielfältige Kommunikationsmöglichkeiten zwischen den Individuen einer Gruppe. Dadurch wird eine Arbeitsteilung, ein Zusammenwirken verschiedener Individuen zu einem gemeinsamen Zweck ermöglicht, der weit über das hinausgeht, wozu das einzelne Individuum für sich fähig wäre. Insofern haben diese Kommunikationsmöglichkeiten, insbesondere natürlich die akustischen und optischen Signale der «Tiersprache», einen hohen Wert für die Erhaltung einzelner Lebewesen und der jeweiligen Art.

Allerdings ist der Wert schon im biologischen Bereich nicht einfach etwas Gleichbleibendes, unabhängig davon, wofür der Gegenstand einen Wert darstellt. Vielmehr hängen die Existenz und die Bedeutung eines Wertes davon ab, in welchem Maß der «Adressat» des Wertangebotes bedarf. Ist ein solches Bedürfnis nicht mehr gegeben, dann entsteht keine entsprechende Interaktivität mehr. Die Wirkung, die sonst durch einen Wertgegenstand hervorgerufen wird, bleibt aus. Wenn ein Tier seinen Hunger und sein Bedürfnis nach Beutefang gesättigt hat, dann stellt das Angebot weiterer Nahrung wenigstens im Augenblick keinen Wert mehr dar. Natürlich hängt aber die

[19] Irenäus Eibl-Eibesfeldt, Grundriß der vergleichenden Verhaltensforschung. Ethologie, München 1969, 258f.; B. Rensch, Die Wirksamkeit ästhetischer Faktoren bei Wirbeltieren, in: Zeitschrift für Tiefenpsychologie 15 (1958) 447–461; ders., Ästhetische Grundprinzipien bei Mensch und Tier, in: G. Altner (Hrsg.), Kreatur Mensch. Moderne Wissenschaft auf der Suche nach dem Humanum, München 1969, 134–144; D. Morris, Biologie der Kunst. Ein Beitrag zur Untersuchung bildnerischer Verhaltensweisen bei Menschenaffen und zur Grundlagenforschung der Kunst, Düsseldorf 1963; A. Portmann, Neue Wege der Biologie, 66–85; 102–193; Paul Overhage, Der Affe in dir. Vom tierischen zum menschlichen Verhalten, Frankfurt/M. 1972, 277–285.

Intensität, mit der ein Lebewesen auf einen Außenreiz reagiert, nicht einfach unmittelbar von biologischen Bedürfnissen ab, sondern zunächst von dem Maß an psychischer Energie, die in Form des Aggressionstriebes, der sexuellen Libido usw. vorhanden ist. Das Bedürfnis des Organismus wird also durch ein psychisches System signalisiert, das – wenigstens was die Intensität betrifft – den biologischen Notwendigkeiten nicht völlig entsprechen muß.[20]

c) Der personale Wert

Die menschliche Person zerfällt nicht einfach in eine Dualität von Leib und Seele, sondern sie stellt eine echte Einheit dar. Aristoteles hat die Seele als Form des Leibes aufgefaßt. Die menschliche Seele ist jenes Prinzip, durch das der Mensch zu einer geschichtlichen Existenz wird. Das spezifisch menschliche Verhältnis zur Wirklichkeit zeigt sich nicht darin, daß der Mensch etwa neben leiblichen auch rein geistige Akte setzen könnte, sondern darin, daß er zu seiner Vergangenheit und zu seiner Zukunft in eine ganz bestimmte Beziehung treten kann. Es erweist sich als vorteilhaft, die Eigenart des Menschen auf diese Weise funktional und relational zu beschreiben, denn die substantiellen Prinzipien dieser Funktionen sind für unsere Erkenntnis nicht unmittelbar zu erfassen.

Der Mensch bildet eine Einheit. Auch die sogenannten geistigen Vollzüge haben immer eine Grundlage im sinnenhaften und triebhaften Leben des Menschen. Allerdings wird diese organisch sensitive Dimension in entscheidender Weise transzendiert. Der Mensch kann in der bloßen Triebbefriedigung keine volle Erfüllung seiner Anlage und seiner Sehnsucht finden. Er ist sich bewußt, daß diese Befriedigung durch die Zukunft in Frage gestellt wird. Das Wissen um Zukunft relativiert zunächst den biologischen Wert. Aber auch die psychologischen Beziehungen, insbesondere die sozialen Bindungen, in denen der Mensch Befriedigung findet, können eine tiefere Erwar-

[20] In der Psychologie wird diese Problematik vor allem unter dem Stichwort Motivation behandelt. Vgl. R. Fuchs, Motivation, in: Das neue Lexikon der Pädagogik III, Freiburg 1971, 176f; C. F. Graumann, Motivation (Einführung in die Psychologie 1), Frankfurt/M. 1969; H. Thomae (Hrsg.), Allgemeine Psychologie: II. Motivation (Handbuch der Psychologie in 12 Bdn.), Göttingen 1965.

tung und Hoffnung des Menschen nicht erfüllen. Der Mensch weiß einerseits um die Notwendigkeit des Todes, und er ist anderseits in seiner Ausrichtung auf Zukunft und Unendlichkeit bezogen. Er verlangt nach einer Erfüllung, die keine Grenzen der Gegenwart oder des innerweltlichen Lebens kennt, nämlich nach einem Heil, das nur die Begegnung mit Gott vermitteln kann.

Eine menschliche Begegnung ist nicht ohne Leiblichkeit und ohne Vermittlung durch unterpersonale Werte denkbar. Diese werden durch einen Akt der Interpretation in den personalen Bereich hineingehoben und somit selber zu sittlichen Werten. Sie werden es dadurch, daß sie das Ja eines Menschen zur Vergangenheit, Gegenwart und Zukunft des anderen ausdrücken. Sie treten somit in einen geschichtlichen Zusammenhang.

Allerdings bringen unterpersonale Werte ein personales Ja nicht unbedingt und in jedem Fall zum Ausdruck. Man kann jemandem, der sich in Not befindet, materielle Hilfe anbieten, um ihn abhängig zu machen. Eine sexuelle Beziehung, die beiden Partnern Lust verschafft, kann ohne personale Liebe sein. Die personale Bedeutung unterpersonaler Werte ergibt sich nicht automatisch aus biologischen und psychologischen Gesetzmäßigkeiten, sondern aus einer bestimmten Struktur der Wertvermittlung, nämlich daraus, in welchem Sinne diese Werte auf die Geschichte, d.h. auf Vergangenheit, Gegenwart und vor allem auch auf die Zukunft der anderen Person bezogen sind. Sicher gibt es auch viele andere Faktoren, die die konkrete Bedeutung des menschlichen Handelns bestimmen, etwa der soziale Kontext oder die Kultur. Aber insofern die Person wesentlich durch ihre Beziehung zur Transzendenz gekennzeichnet ist, ergibt sich auch die personale Bedeutung menschlichen Handelns aus dieser Transzendenzbeziehung, die in der Dimension der Geschichtlichkeit und der Zukunftsbestimmtheit vermittelt ist. – Das bedeutet konkret, daß z.B. eine materielle Hilfe nur insofern ein sittlicher Wert sein kann, als sie auch der Zukunft des anderen dient. Fordert man aber eine im Verhältnis zur Hilfe übermäßige Gegenleistung, dann wird darin sichtbar, daß man die Person des anderen nicht um ihrer selbst willen bejahen wollte. Nur insofern man unterpersonale Werte in ihrer geschichtlichen Bedeutung und in ihrem geschichtlichen Kontext betrachtet, wird ihre sittliche Werthaftigkeit sichtbar.

Weil man von einem Wert nur sprechen kann, insofern ein Gegenstand auf ein Streben oder auf einen freien Willen bezogen ist, deshalb ist er in seiner Bedeutung nicht ausschließlich objektiv zu bestimmen. Damit ist aber ein Werturteil noch nicht notwendig willkürlich und einer intersubjektiven Überprüfung entzogen. Es bleibt vielmehr auch insofern rational, als die subjektiven Bedingungen, die für die Einstellung zum Wert maßgeblich sind, rational erfaßbar sind. So ist z. B. der gesundheitliche Wert von Lebensmitteln, abgesehen vom Gehalt an Eiweiß, Vitaminen usw. durch den Bedarf des aufnehmenden Organismus mitbestimmt. Für den Hungrigen ist also der Wert einer bestimmten Nahrung größer als für den Satten. Insofern sich der Hunger empirisch überprüfen läßt und deshalb intersubjektiv verifizierbar ist, ist der Nährwert von Lebensmitteln zwar in bezug auf verschiedene Personen verschieden groß, aber die Werturteile eines Hungrigen und eines Satten sind in ihrer Verschiedenheit nicht einfach irrational.

Der Sachverhalt ist nun allerdings insofern kompliziert, als der Mensch recht verschiedenartige Bedürfnisse haben kann, die nicht immer so klar überprüft und nachempfunden werden können wie etwa der Hunger. Denken wir an den ästhetischen Wert. Auch dabei geht es um ein Zusammenwirken bestimmter psychischer Bedürfnisse mit objektiven Gegebenheiten. So hat z. B. der Mensch das Bedürfnis nach Gleichgewicht und einer gewissen statischen Ausgeglichenheit. Ein Gemälde, das diesem Bedürfnis nicht entspricht, wird deshalb instinktiv als störend empfunden. Wenn diese Eigenschaft nicht aus dem Inhalt der Darstellung zu rechtfertigen ist, wird sich das Gefühl des Menschen gegen eine solche Darstellung wehren. Auch in der Ästhetik gibt es Momente, die auf einer biologischen Grundlage beruhen.[21] Allerdings können diese Faktoren beim einzelnen Menschen eine sehr verschiedene Resonanz finden. Bestimmte Lebenserfahrungen, Einflüsse der Erziehung, Gewohnheiten des Hörens und Sehens oder ähnliche Faktoren der individuellen Lebensgeschichte können ein ganz verschiedenartiges Verhältnis zu ästhetischen Werten schaffen. Aber nie handelt es sich beim Kunstgenuß

[21] Vgl. Anm. 19.

um eine bloß subjektive Projektion, sondern um Beziehungen und Strukturen, die überprüfbar sind, auch wenn sie nicht auf allgemein gegebene Faktoren zurückgehen, sondern etwa auf bestimmte Lernprozesse und mehr oder weniger individuelle Lebenserfahrungen. Sosehr man über Nuancen des Geschmackes streiten kann, sowenig ist die Kunstkritik im ganzen eine bloß willkürliche Angelegenheit.

Von einer Objektivität des Wertes ist also in verschiedenem Sinn zu sprechen je nachdem, auf welcher Ebene sich der betreffende Wert befindet. Im unterpersonalen Bereich ist der Wert insofern objektiv, als der Wertgegenstand eine bestimmte Wirkmächtigkeit besitzt und als die Bedürftigkeit eines nach diesem Werte strebenden Wesens objektiv feststellbar ist. – Im psychologisch-personalen Bereich ist insofern eine weitere Variable zu berücksichtigen, als der Mensch verschiedene Ziele frei wählen kann und von daher die Werte jeweils eine verschiedene Bedeutung bekommen. Die freie Wahl des Menschen kann zwar den Wert nicht ausschließlich von der subjektiven Seite her bestimmen. Auch hier kann ein Gegenstand nur dann wertvoll sein, wenn er von sich aus bestimmte Wirkmöglichkeiten besitzt. Aber diese Wirkmächtigkeit kann für den Menschen mehr oder weniger Bedeutung haben, je nachdem, auf welches Ziel sie hingeordnet wird. – Ein besonderer Fall ist dann gegeben, wenn der angestrebte Wert selber eine freie Person ist. Der Mensch braucht zwar einerseits die Mitmenschen, um seine eigenen Ziele zu realisieren, aber anderseits lassen sich diese Mitmenschen als freie Personen nicht als bloße Mittel für die eigenen Ziele einsetzen. Ihre Funktion als «Wert» ist nur soweit sicherzustellen, wie sie sich selber in Freiheit auf das gewünschte Ziel hin festlegen.

Eine wichtige Bedeutung von Objektivität findet sich weiter, wenn man den sozialen Aspekt einer Wertung betrachtet. Weil der Mensch nur in Gesellschaft leben und sich entfalten kann, ist für ihn jenes Handeln förderlich, das ihn mit seiner sozialen Umwelt verbindet, und jenes Handeln nachteilig, das ihn mit den Mitmenschen entzweit. Das ist nun nicht bloß ein äußerlicher zusätzlicher Gesichtspunkt für das Werturteil des einzelnen, sondern dieses Moment spielt bei der Sozialisation, bei der Entwicklung des Gewissens und bei der Ausbildung bestimmter Einstellungen zur Umwelt eine ganz entscheidende Rolle. Von daher erklärt sich die Einheitlichkeit von

Werturteilen in einer Kultur bzw. Subkultur bei gleichzeitiger, oft fundamentaler Abweichung von Wertungen zwischen verschiedenen Kulturen. Die Ausbildung und Weitergabe einer Kultur ist als ein kollektiver Lernprozeß zu verstehen, in dem sich der einzelne den Wertvorstellungen seiner Tradition und seiner Umgebung anpaßt bzw. sie übernimmt. Daß man sich in Detailfragen – etwa aufgrund persönlicher Erfahrung oder neuer Einsichten auch in Gegensatz zur Überlieferung stellen kann, ist damit nicht bestritten. Die fundamentalen Gemeinsamkeiten werden dabei aber kaum berührt.

Es ist durchaus sinnvoll, ein solches Wertsystem als objektiv zu bezeichnen, insofern es dem Individuum vorgegeben und seiner subjektiven Willkür weitestgehend entzogen ist. Der einzelne handelt dann «objektiv» richtig, wenn er den Wertvorstellungen seiner Gruppe oder Gesellschaft gerecht wird. In diesem Sinn geben z.B. Sitten und Gebräuche an, wie man «an sich» zu handeln hat. Fügt man sich diesen objektiven Gegebenheiten nicht, dann schafft man damit einen Konflikt, der die eigene Entfaltung ernsthaft stören kann und jedenfalls nur innerhalb enger Grenzen auf die Dauer erträglich ist.

In einem anderen Sinn ist von einer Objektivität des absoluten Wertes zu sprechen. Der absolute Wert ist der Sinnhorizont menschlicher Freiheit, er ist deshalb nicht selber Gegenstand neben anderen, den man durch Auswahl bestimmen könnte. Er ist nur im Glauben zu erfassen, also gerade in der freien Tat des Menschen.

3. Das Wirken der Werte

Wenn zwei stoffliche, unbelebte Objekte aufeinandertreffen und zusammenwirken, dann steht die Wirkung auf der gleichen Seinshöhe wie die Ausgangsobjekte. An einem solchen Prozeß wird keine höhere Finalität sichtbar. Anders ist das Zusammenwirken zu denken im Bereich der Werte, wo also ein Wertträger zu einem wertbedürftigen Wesen in Beziehung tritt. So haben z.B. bestimmte chemische Substanzen einen Nährwert für Pflanzen. Die Pflanze braucht und sucht solche Stoffe, nimmt sie in sich auf, bezieht daraus Energie oder integriert sie in den chemischen Haushalt, der den Aufbau des Organismus ermöglicht. Die chemischen Nährstoffe haben natürlich nicht aus sich die Fähigkeit, einen Organismus aufzubauen. Sie können nur dazu beitragen, insofern sie überformt werden von den Wirkkräften des Organismus, insofern sie von diesem nach ganz bestimmten festliegenden Informationen gesteuert und in eine qualitativ höherstehende lebendige Ordnung einbezogen werden. Dabei darf aber die Wirkung der Faktoren auch nicht getrennt gesehen werden. Die Pflanze behandelt die Nährstoffe nicht gleichsam wie ein Bauarbeiter, der aus Steinen einen Bau errichtet. Vielmehr gehen ja die Nährstoffe so sehr in den Organismus der Pflanze ein, daß sie auch jene Chromosomenfäden bilden, die die Erbinformationen enthalten, und daß sie überhaupt in allen Substanzen gegenwärtig sind, die selber die Nahrungsaufnahme und den Aufbau des Organismus steuern.

Wie ist es eigentlich möglich, daß eine Substanz, die einem niedrigeren Seinsbereich angehört, mit dem Leben als solchem in Wechselwirkung tritt? Man sollte doch meinen, daß Wirklichkeiten, die verschiedenen Seinsbereichen angehören, zu einer gegenseitigen wirkursächlichen Beeinflussung überhaupt nicht in der Lage sind. Man kann mit einem Lied keinen Nagel einschlagen. Allerdings kann man doch mit Schallwellen Energie übertragen, und insofern sich Musik in Schallwellen darstellt, ist sie auch zur Energieübertragung geeignet. Insofern ermöglicht Energie auch umgekehrt die Erzeugung von Musik. Aber das Lied als Kunstwerk stellt eben mehr dar als bloße Energieübertragung.

Was nun das Leben angeht, so vermittelt es sich in Stoffwechselprozessen und stellt sich in ihnen dar. Es ist zwar mehr als eine bloße Summe chemischer Prozesse, aber das heißt nicht, daß dieses «Mehr» mit chemischen Prozessen nichts zu tun hätte. Insofern Leben sich durch chemische Vorgänge erhält, ist auch eine Interaktion zwischen anorganischer Materie und organischem Wesen möglich. Bei dieser Interaktion ist keine der beiden Seiten rein aktiv und keine rein passiv, sondern es liegt auf beiden Seiten Aktivität und Passivität vor. Der Nährstoff trägt mehr die Energie und den Stoff zum Aufbau bei, die Pflanze stellt mehr das überformende, informierende Element dar. Beides muß aber zusammenwirken. Organisches Leben kann nur bestehen, wenn es in der Lage ist, die nötigen Aufbaustoffe aufzunehmen und sie in den Organismus zu integrieren.

Hier findet sich bereits eine Analogie zu den sittlichen Werten, die zwar der Ebene des Personalen und der Transzendenzbeziehung des Menschen zuzuordnen sind, die sich aber dennoch durch unterpersonale Medien vermitteln müssen. Dieser Zusammenhang wäre sehr zu beachten, wenn man eine Hierarchie der Werte aufzeigen wollte. Die höheren Werte können sich nur durch niedrigere vermitteln. Organisches Leben ist an chemische Prozesse gebunden; die geschichtliche Existenz des Menschen setzt Leiblichkeit voraus. Dennoch ist damit nicht gesagt, daß die grundlegenderen Werte notwendig wichtiger sind als die höheren. Der Mensch kann um seiner Freiheit willen sein Leben wagen.

4. Erfahrung und Deutung der Werte

Die Überlegungen über die Werte werden konkreter und führen weiter, wenn man nicht nur den Aspekt der Wirklichkeit, sondern auch den der Erfahrung dieser Wirklichkeit heranzieht. Dabei ist es vorteilhaft, von den Werten nicht nur im allgemeinen zu sprechen, sondern von konkreten Werterfahrungen auszugehen. Unser Stufenmodell kann dabei wieder zeigen, wie sich jeweils höhere Werte durch niedrigere vermitteln.

Zunächst sei auf eine Tatsache verwiesen, die vielfach nicht gesehen oder nicht in den richtigen Zusammenhang gestellt wird. Es gibt Erfahrungen, die negativer Art zu sein scheinen, aber doch eine wichtige Funktion zur Erhaltung eines Lebewesens bzw. der menschlichen Existenz haben. Werterfahrung sollte also nicht von vorneherein mit einer angenehmen Erfahrung gleichgesetzt werden. Vor allem ist hier an Schmerz und Angst zu denken. Ein Schmerz kann z.B. zu einem Motiv für künftiges zweckmäßigeres Verhalten werden. Auch Angst und Furcht spielen eine wichtige Rolle zur Erhaltung des Lebens. Die Werthaftigkeit einer Wahrnehmung oder Erfahrung ergibt sich also nicht allein daraus, ob es sich dabei um ein angenehmes oder unangenehmes Gefühl handelt, sondern aus der Funktion, die diese Wahrnehmung in einem größeren Zusammenhang hat. Für die Erhaltung eines höheren organischen Lebens haben vor allem Lust, Schmerz und Angst eine unentbehrliche Aufgabe. Insofern stellen diese Erfahrungen, oder wenigstens die Möglichkeit dazu, einen entscheidenden Wert dar. Allerdings hat ihre qualitative Verschiedenheit zur Folge, daß ihnen nicht in gleichem Sinn analoge Werte auf höheren Stufen entsprechen. Während z.B. der sinnenhaften Lust auf höherer Ebene ebenfalls Lust bzw. Freude oder Glück zuzuordnen ist, würde zwar der Schmerzempfindung Leid und Unheil entsprechen, aber wenigstens bei letzterem würde es sich dann nicht mehr um einen Wert handeln, denn von einem solchen kann man nur sprechen, insofern etwas geeignet ist, zur Erhaltung eines höheren Gutes beizutragen. Schmerz und Leid können einen solchen Beitrag leisten; das Unheil im theologischen Sinn bedeutet dagegen ein endgültiges Scheitern. Eine etwas ausführlichere Behandlung solcher Zusammenhänge soll dazu dienen, das Phänomen des Wertes genauer zu erfassen.

a) Lust und Freude

Im biologischen Bereich, in dem im Gegensatz zum Bereich des Anorganischen erst von Werten im eigentlichen Sinn gesprochen werden kann, erscheinen diese vor allem als Erfüllung eines gezielten Strebens. Der Organismus hat ein ganz bestimmtes Bedürfnis, und jener Gegenstand, der dieses Bedürfnis befriedigen kann, erscheint als Wert. Damit ein Wert aber tatsächlich als solcher zur Wirkung kommt, genügt nicht seine bloße Existenz, sondern es muß eine Interaktion zwischen dem Wertobjekt und dem Organismus, der dieses Wertes bedarf, stattfinden. Konkreter gesagt, das Lebewesen muß sich dieses Wertes bemächtigen können. Dazu bedarf es vor allem einer *Wertwahrnehmung*.

Bei der Wahrnehmung eines positiven biologischen Wertes sind drei Dinge zu unterscheiden: die Erfahrung der Bedürfnisspannung, die Erfahrung der Befriedigung und die Erfahrung der Unlust. Es geht hier nicht um eine genauere Untersuchung des biologischen Sachverhaltes. Wir können z.B. davon absehen, ob Lust oder Unlust von den gleichen Sinnesorganen erfahren werden oder ob dafür verschiedene Systeme ausgebildet sind. Wenn man den Organismus und sein Verhalten als eine Ganzheit betrachtet, dann gehören diese drei Aspekte jedenfalls zusammen. Es geht hier ja um eine Orientierung des Verhaltens.

Das Lebewesen muß zunächst ein Verlangen nach bestimmten Verhaltensweisen spüren, die für das Individuum oder die Art notwendig sind. Gäbe es die Erfahrung von Bedürfnissen nicht, dann wäre der Hungertod unausweichlich. Allerdings genügt es nicht, bloß ein unbestimmtes Bedürfnis zu erfahren. Es muß vielmehr auch wahrgenommen werden, durch welches Objekt dieses Bedürfnis zu befriedigen ist. Wenn ein Tier auf Hungergefühl mit sexueller Betätigung antworten würde, dann würde es dabei dennoch verhungern. – Bei der Wahrnehmung der Objekte eines Triebes dürften meist ziemlich komplizierte Zusammenhänge zwischen instinktiven Normierungen und angelernten Verhaltensweisen mitspielen.[22] Vereinfachend kann man aber sagen, daß ein Objekt dann angestrebt wird, bzw. als Finalursache wirkt, wenn die Erfahrung des betreffenden Wertes schon in irgendeiner Weise im Lebewesen vorweggenommen, d.h. «geahnt» wird. Besonders klar ist das natürlich dort, wo die Bedeutung eines Wertes erlernt worden ist. Mit einem bestimmten Gegenstand verbindet sich dann die Erinnerung an Gefühle der Befriedigung und der Lust, die man früher mit einem ähnlichen Gegenstand hatte.

Lust entsteht, biologisch gesehen, wenn eine Triebspannung ihre Befriedigung findet. An dieser Empfindung lassen sich vor allem zwei wichtige biologische Funktionen unterscheiden. Die Lust stellt zunächst einen Hinweis darauf dar, daß eine bestimmte Tätigkeit erfolgreich war und daß sie der Selbsterhaltung oder der Erhaltung der Art gedient hat. Die Lust bestätigt also die Richtigkeit einer biologischen Aktivität im Hinblick auf die Erhaltung des Lebens. Neben dieser Hinweisfunktion hat die Lust auch die Bedeutung einer Motivation. Sie veranlaßt das Lebewesen, sein Triebbedürfnis immer neu zu erfüllen, sich Nahrung zu verschaffen, sexuell aktiv zu werden usw. Diese Motivation ist nicht notwendig angeboren, sondern kann auch durch einen Lernprozeß zur Geltung kommen. Eine angenehme Erfahrung drängt zur Wiederholung.

Die Lusterfahrung ergibt sich aus der Befriedigung einer Triebspannung. Das bedeutet, daß Lust nicht ständig andauern kann. Wenn der Trieb befriedigt ist, hört diese Empfindung auf. Wenn man z.B. über den Appetit hinaus noch weitere Nahrung aufnimmt, entsteht Lustlosigkeit oder gar Überdruß. Der Organismus wehrt sich gegen ein Überangebot. Erst wenn er neuer Nahrung bedarf, ent-

[22] Vgl. I. Eibl-Eibesfeldt, Grundriß, 216–227.

steht wieder Appetit. Je größer das Bedürfnis ist, desto intensiver ist auch die Lust, die eine Befriedigung dieses Bedürfnisses begleitet.

Die Lust im biologischen Bereich ist kein Selbstwert. Sie hat der Orientierung und einer entsprechenden Motivation des Organismus zu dienen und hört deshalb im allgemeinen auf, wenn der Sättigungsgrad eines Triebbedürfnisses erreicht ist. Diese Regel kennt freilich bereits im Tierreich gewisse Ausnahmen, etwa in der Form einer Süchtigkeit.[23] Die Möglichkeit zu solchen Ausnahmen beruht darauf, daß jene Sinnesorgane und Empfindungssysteme, die die Lusterfahrung ermöglichen, eine gewisse Eigenständigkeit im Ganzen des Organismus besitzen und deshalb an sich auch in Funktion treten können, ohne daß das dem Gesamtorganismus dienlich ist. Eine solche Fehlfunktion der Empfindungsorgane kann zwar für die Erhaltung des Individuums oder der Art nachteilig werden, könnte aber nur durch unverhältnismäßig aufwendige Sicherheitsvorkehrungen der Natur vermieden werden. Insofern handelt es sich hier nicht um eine Fehlkonstruktion des Organismus, sondern gleichsam um ein Risiko, dessen Ausschaltung für die Natur zu kostspielig wäre.

Gegenüber dem biologisch-sensitiven Bereich ist im psychologischen Bereich eine sehr viel differenziertere und höhere Form der Weltbeziehung möglich. Dementsprechend ist auch die Befriedigung über eine geglückte Beziehung von qualitativ höherer Art. Die Beglückung, die der Mensch im Umgang mit den Mitmenschen finden kann, ist besonders deshalb von so großer Bedeutung, weil der Mensch nicht starr auf ererbte Verhaltensmuster festgelegt ist. Seine Fähigkeit, einer komplexen Situation Rechnung zu tragen, der Welt in innerer Distanz gegenüberzustehen, die Zukunft zu planen und zukunftsbezogen zu handeln, erlaubt es ihm, sich sozial oder asozial zu verhalten. Anderseits ist er doch ein Gemeinschaftswesen, das zu den hohen Leistungen der Kultur, aber auch zu den Leistungen, die erforderlich sind, um selber am Leben zu bleiben, nur durch ein soziales Zusammenwirken imstande ist. Der Mensch braucht die Gemeinschaft, um zu überleben. Er braucht deshalb auch die psychische Befriedigung über eine geglückte soziale Beziehung als Motiv der Hinwendung zum Mitmenschen.

[23] Fritz Rauh, Das sittliche Leben des Menschen im Lichte der vergleichenden Verhaltensforschung (Eichstätter Studien, NF II), Kevelaer 1969, 170f u. 268f.

Die Beziehung zur Gemeinschaft fällt nicht immer mit den unmittelbaren biologischen Interessen des Individuums zusammen. Deshalb sind Lust und Freude bezüglich des psychologischen Bereiches nicht notwendig miteinander verbunden. So kann man z.B. durch Diebstahl den Hunger befriedigen, aber gleichzeitig kann man ein inneres Unbehagen spüren, weil man weiß, daß man sich über eine Norm hinweggesetzt hat und dadurch in Konflikt zur Gemeinschaft geraten ist.

Die Erfahrung der Freude im psychologischen Bereich ist nicht einfach gleichzusetzen mit einer Erfahrung der Selbstvervollkommnung des Individuums oder auch der Vervollkommnung echter sozialer Beziehungen. Auch hier gibt es Fehlfunktionen. So kann ein übermäßiges Geltungsbedürfnis und übermäßige Freude an sozialer Anerkennung Anzeichen für eine gewisse Desintegration der Person sein. Freude ist also nicht unbedingt ein Anzeichen dafür, daß die sozialen Beziehungen optimal geglückt sind. Ähnlich wie im sensitiven Bereich ist auch hier festzustellen, daß die Fähigkeit zur Freude eine spezielle Einrichtung der Natur darstellt, die wichtig ist zur Orientierung und zur Motivation des rechten Verhaltens, die aber als eigene Einrichtung auch Fehlfunktionen zuläßt.

Hier stellt sich also wieder die Frage nach dem Kriterium für die Bewertung solcher Funktionen. Wann ist eine lustvolle Erfahrung zweckmäßig, wann ist sie verfehlt? Die Antwort darauf ist immer auf der nächsthöheren Ebene zu suchen. Einrichtungen wie die Sinnesorgane haben zwar, in sich betrachtet, eine gewisse Eigenständigkeit, im Ganzen des Individuums aber kommt ihnen eine Dienstfunktion zu. Die Sinnesorgane funktionieren dann richtig, wenn sie ihre Aufgabe zur Erhaltung des Individuums zweckmäßig versehen. Die Ganzheit des Individuums gibt also das Kriterium ab für die Bewertung der richtigen oder falschen Funktion eines Sinnesorganes. – Entsprechend hat auch die Fähigkeit des Menschen, an sozialen Beziehungen Freude zu haben, ihr Kriterium darin, ob eine solche Erfahrung der menschlichen Person und ihrer Integration in die Gesellschaft dient oder nicht. Allerdings ergibt sich hier insofern ein Problem, als für eine Handlung zweierlei Kriterien möglich sind. Sie kann unmittelbar für den einzelnen Vorteile bringen und dafür den sozialen Beziehungen abträglich sein, oder sie kann in sozialer Hinsicht positiv, aber für das Individuum von Nachteil sein. Von welcher übergeordneten Instanz aus ist hier eine Entscheidung zu treffen? Eine Antwort auf diese Frage läßt sich nur noch von jenem Bereich her finden, den wir als den eigentlich personalen bezeichnen.

Angenehme Empfindungen im biologischen und psychologischen Bereich können dem Menschen als Person nicht genügen, denn diese Empfindungen erfüllen zwar eine wichtige Funktion zur Erhaltung des Individuums bzw. der Gattung, aber sie garantieren nicht die volle Entfaltung und Verwirklichung des eigenen Subjekts. Das zeigt sich bereits in der Möglichkeit von Fehlfunktionen der Sinnesorgane und der psychischen Strukturen, aber auch, wie noch näher auszuführen sein wird, in der Erfahrung von Leid, Angst und Tod. Gerade weil der Mensch Ich-Bewußtsein besitzt, können ihm Erfahrungen nicht genügen, die zwar zur Erhaltung des Lebens wichtig sind, die aber das Subjekt als solches, sein bewußtes Erleben und sein Bedürfnis nach Erfüllung, der Erhaltung der Gattung oder auch der bloßen biologischen Existenz unterwerfen. Die menschliche Person ist deshalb auf eine Erfahrung hingeordnet, die mit der vollen Entfaltung und Verwirklichung des Ich und mit dem Ich-Bewußtsein identisch ist. Hier ist jene Differenz ausgeschlossen, die in den Bereichen des Organischen und des Psychischen festzustellen ist, wo die Erfahrung der Trieberfüllung und das Gedeihen des Organismus, bzw. die Erfahrung des Angenommenseins von der Gemeinschaft und die tatsächliche Integration in sie zu unterscheiden sind.

Allerdings ist dafür eine andere Differenz gegeben, nämlich die Differenz zwischen Hoffnung und Erfüllung, der «eschatologische Vorbehalt». Solange der Mensch in der Vergänglichkeit der Geschichte existiert, ist für ihn eine endgültige Erfüllung nicht möglich. Der Grund liegt nicht bloß darin, daß die Offenheit auf Zukunft eine Unabgeschlossenheit der Möglichkeiten besagt und daß die Vergänglichkeit der Zeit ein Festhalten des einmal Erreichten unmöglich macht, sondern auch darin, daß die Hoffnung des Menschen prinzipiell alle kategorialen Objekte und Werte übersteigt. Dieser Aspekt wird deutlicher, wenn man das vom Menschen ersehnte Heil nicht bloß in Analogie zur Sinnenfreude zu begreifen sucht, sondern auch den Schmerz und die Angst in die Betrachtung einbezieht.

b) Schmerz und Unheil

Die verschiedenen Empfindungseinrichtungen im organischen und psychischen Bereich haben grundsätzlich eine positive Aufgabe.[24] Sie dienen nicht der Zerstörung des Lebens, sondern seiner Erhaltung. Diese Aussage bezieht sich aber nicht auf den Gegenstand, der schmerzhaft erfahren wird, sondern auf die betreffenden Sinneseinrichtungen und die Gesamtreaktion des Organismus auf den Schmerz. Die Werthaftigkeit kommt also hier nicht dem Objekt selber zu, sondern der Information und der Abwehrreaktion des Organismus.

Bei höher organisierten Lebewesen findet sich neben der Lust, die die Erfüllung eines Triebbedürfnisses anzeigt, auch die Möglichkeit, Schmerz zu empfinden. Hier sind ebenso wie bei der Lust zwei Aspekte zu unterscheiden. Zunächst dient der Schmerz dazu, eine Störung im Wohlbefinden des Organismus anzuzeigen. Neben dieser Signalfunktion ist dann auch wieder die Funktion eines Motivs gegeben. Das Lebewesen versucht, sich dem Schmerz zu entziehen, indem es die Störung behebt und in Hinkunft ihre Ursache meidet.

Ähnlich wie bei der Lust gibt es auch beim Schmerz Fehlfunktionen. So kann z.B. das Nervensystem selber einen Schaden erleiden, der unter Umständen nicht mehr zu beheben ist und deshalb nur noch einen Nachteil für den Gesamtorganismus bedeutet. Außerdem ist zu bedenken, daß das Schmerzempfindungssystem vielfach fähig sein muß, auf sehr feine Reize zu reagieren. Bei sehr großen Schädigungen kann es dann zu einer derartigen Überbelastung des Empfindungssystems kommen, daß dieses gerade durch eine solche Schmerzempfindung unfähig gemacht wird, noch zweckmäßig zu reagieren. In einem solchen Fall kann wieder ein an sich wichtiges und lebensnotwendiges System zu einer eigenen Gefahrenquelle werden. – Derartige Beobachtungen sind auch bei anderen körperlichen oder psychischen Funktionen zu machen. Es sei hier nur noch auf den Schock verwiesen, der dazu dient, übermäßige Schmerzen abzuwehren, der

[24] F. Sauerbruch u. H. Wenke, Wesen und Bedeutung des Schmerzes, Frankfurt a.M./Bonn 1961; E. Seifert, Der Wandel im menschlichen Schmerzerleben. Versuche eines Brückenschlages vom chirurgischen Alltag unseres Heute zurück zum Einst der Vorfahren, München 1960; A. Gehlen, Der Mensch. Seine Natur und seine Stellung in der Welt, Frankfurt a.M. 1966, 69f; F. J. J. Buytendijk, Über den Schmerz, Bern 1948.

aber dann selber die Gesundheit gefährden oder gar zum Tod führen kann.

Wir kommen hier zu ähnlichen Schlüssen wie im Zusammenhang mit der Lust. Die Fähigkeit, Schmerz zu empfinden, stellt eine eigene Funktion vieler Lebewesen dar, die sie zu einer zweckmäßigen Umweltorientierung und zu ihrer Selbsterhaltung brauchen. Im Gegensatz zur Lust zeigt zwar der Schmerz nicht unmittelbar einen positiven Wert für das Lebewesen an, wohl aber mittelbar, insofern er eine wichtige Information und eine notwendige Motivation gibt.

Analog zu den körperlichen Schmerzempfindungen gibt es auch schmerzhafte Empfindungen im psychologischen Bereich. Wie der Mensch Freude erfährt, wenn er bei seinen Mitmenschen und in der Gemeinschaft Anerkennung und Geborgenheit genießt, so empfindet er es als schmerzlich, wenn er sich von anderen trennen muß, wenn er isoliert ist, wenn sich andere von ihm abwenden. Auch hier handelt es sich, von der Erhaltung des Individuums und der Gemeinschaft her gesehen, nicht einfach um ein Übel. Der Mensch braucht die sozialen Bindungen, um sich entfalten zu können. Das gilt natürlich ganz besonders für die Beziehung zwischen Kind und Eltern, sowie zwischen Mann und Frau im Hinblick auf die Aufgabe der Kindererziehung. Das psychische Leid ist eine Art negativer Sanktion der Natur und insofern ein wirksames Motiv zur Erhaltung der sozialen Beziehungen. Würde es einer Mutter leichtfallen, sich von ihren Kindern zu trennen, dann wäre deren Gedeihen in ernsthafter Gefahr.

So zweckmäßig also die Einrichtung der Natur ist, im psychischen Bereich Leid empfinden zu können, so ist hier doch die Möglichkeit von Fehlfunktionen besonders groß, denn eine menschliche Gemeinschaft ist kein so stabiles Gebilde wie z. B. der biologische Organismus des Individuums. Zwischenmenschliche Beziehungen müssen immer wieder gelöst werden. Die Mutter muß ihren Kindern einmal den Weg ins Leben freigeben. Wirtschaftliche, soziale und andere Motive führen in zahllosen Fällen immer wieder zur Trennung von Menschen, die sich nahestanden. Insbesondere bedeutet der Tod eine ständige und schließlich unausweichliche Bedrohung jeder zwischenmenschlichen Bindung. Die psychische Natur des Menschen ist gegen solche Trennungen nicht völlig wehrlos. Sie hat vielfältige Mechanismen entwickelt, um einer zu starken Schädigung des eigenen Ich vorzubeugen.[25] Aber die Absicherung geht nicht so weit, daß sich das Leid bei einer notwendigen und unvermeidlichen Trennung ganz ausschalten ließe. Dieser Mangel muß wohl wieder in erster Linie in der Ökonomie der Natur begründet liegen. Die Natur bringt ja nicht nur wirksame Systeme hervor, sondern sie gestaltet diese Systeme auch möglichst einfach und «rationell». Fehlfunktionen werden in Kauf genommen, wenn deren Vermeidung einen übermäßigen Aufwand fordern würde.

Die Fehlfunktionen der Natur zeigen fast noch klarer als die positiven Funktionen, daß der Wert, um den es hier geht, nicht so sehr im Bereich des einzelnen Individuums, sondern im sozialen Bereich liegt. Während der sensitive Schmerz den Organismus zu Aktionen veranlaßt, die vor allem der Erhaltung des eigenen Individuums dienen, geht es im Leid vor allem um die Erhaltung sozialer Beziehungen, also um die Erhaltung der Gemeinschaft. Die Zweckmäßigkeit der Natur bleibt gewahrt, wenn der einzelne durch solche psychische Mechanismen Schaden nimmt, solange diese Mechanismen geeignet sind, die Erhaltung des sozialen Gebildes und die Weitergabe des menschlichen Lebens ausreichend zu garantieren.

c) Die Angst

Während der Schmerz einen bereits aufgetretenen Schaden anzeigt, hat die Angst[26] die Aufgabe, einen solchen Schaden nach Möglichkeit vermeiden zu helfen. Angst kann sich auf ein Objekt beziehen, das als schmerzerzeugend bereits bekannt ist. Man spricht in diesem Sinne auch oft von Furcht. Diese kann wieder in einer angeborenen Programmierung begründet sein, wenn eine bestimmte Gestalt instinktmäßig als feindlich erfaßt wird, oder sie kann aus schmerzlicher Erfahrung stammen, also angelernt sein. Angst in einem weiteren Sinn bezieht sich vielfach auf Situationen, mit denen man nicht vertraut ist, in denen man sich nicht geborgen, also unheimlich fühlt

[25] Sehr beeindruckend ist die Darstellung solcher Abwehrmechanismen bei Igor A. Caruso, Die Trennung der Liebenden. Eine Phänomenologie des Todes, Bern 1968.

[26] Aus dem reichen Schrifttum über die Angst sei besonders genannt: W. von Baeyer und W. von Baeyer-Katte, Angst, Frankfurt/M. 1971; H. von Ditfurth (Hrsg.), Aspekte der Angst, Stuttgart 1965; F. Riemann, Grundformen der Angst, München 1961.

und deshalb mit Gefahr rechnet. Angst ist besonders bei Lebewesen festzustellen, die über keine starken Abwehrmöglichkeiten verfügen. Angst ist besonders dann lebensnotwendig, wenn das richtige Verhalten nicht durch ererbte Verhaltensmuster gesichert ist und wenn die nötige Eigenerfahrung noch fehlt.

Die besondere Bedeutung der Angst gegenüber dem Schmerz oder auch gegenüber der Lust besteht darin, daß sie das Verhalten des Lebewesens lenkt, noch bevor unmittelbar negative Erfahrungen gemacht werden. Eine solche Motivation ist für die Erhaltung des Lebens unentbehrlich, wenn die betreffenden Gefahren die Existenz eines Lebewesens bedrohen. Denn wenn etwa ein Kind auf die verkehrsreiche Straße liefe und von einem Auto überfahren würde, dann hätte es keine Möglichkeit mehr, aus diesem Vorgang zu lernen. – Aber so wichtig die Angst zur Vermeidung von Gefahren ist, so hat doch auch sie keine unmittelbar positive Funktion im Aufbau und in der Entfaltung eines Lebewesens. Angst als solche kann weder den Hunger stillen noch positive soziale Bindungen entwickeln. Wohl aber kann sie verhindern, daß man die Geborgenheit des sozialen Lebens, der vertrauten Umgebung und der bekannten Situation ohne die nötige Vorsicht preisgibt. Angst ist ebenso wie die Schmerzempfindung der positiven Erfahrung von Lust oder Freude untergeordnet.

5. Symbolik der Empfindungen im zwischenmenschlichen Handeln

Bestimmte Empfindungen der Freude oder des Schmerzes stehen von vorneherein im Zusammenhang mit sozialen Beziehungen. Darüber hinaus steht der Mensch als ganzer mit seiner Leiblichkeit in einem sozialen Zusammenhang. Er kann dem Mitmenschen auch auf der Ebene der primitiveren Sinnesempfindungen Lust oder Schmerz bereiten oder ihm Angst einflößen. Solche Empfindungen der Lust, des Schmerzes oder der Angst sind nicht von vorneherein als Wert bzw. als Übel im Hinblick auf die Erhaltung des Lebens und die Entfaltung der Person zu betrachten. Auch hier ergibt sich eine differenzierte Betrachtungsweise, die im folgenden nur grob skizziert werden kann.

a) Freude bereiten

Im biologischen Bereich stellen Lust und Entbehrung nicht einfach einen Gegensatz dar, sondern können sich gegenseitig bedingen. Nur wo ein echtes Triebbedürfnis entstehen kann, wird auch die Befriedigung der Erfüllung erfahrbar. Dabei stellt die Entbehrung allerdings nicht für sich einen Wert dar, sondern sie wirkt als negativer Verstärker, d.h. die Lustempfindung nach einer Entbehrung ist entsprechend größer. Diese Dialektik ist allerdings nicht schlechthin auf den psychischen Bereich übertragbar. Es gibt zwar auch dort Analogien, etwa im Verhältnis von Konzentration und Verinnerlichung einerseits zu Ekstase und Fest andererseits. Man könnte aber nicht sagen, daß etwa das Glück einer Liebe um so größer wäre, je mehr sich die Partner vorher abgelehnt oder einander entbehrt haben.

Soziale Bindungen auf Dauer kommen zustande, wenn die Partner bestimmte Bedürfnisse gegenseitig befriedigen.[27] Das vermittelt positive Erfahrungen, es ermöglicht gegenseitiges Vertrauen und das Bewußtsein von Geborgenheit. Allerdings hat nicht jede Befriedigung eines Bedürfnisses auf die Dauer nur günstige Auswirkungen. Sie kann unter Umständen andere Zielsetzungen ausschließen, die nur durch eine augenblickliche Entbehrung erreichbar wären. In einem solchen Fall erscheint eine Handlung, die vom anderen Entbehrung fordert, nicht notwendig als Ablehnung, sondern auch sie kann unter Umständen zur Entwicklung sozialer Beziehungen beitragen. Man kann den anderen anspornen, Entbehrungen auf sich zu nehmen, um dann ein um so befriedigenderes Ziel zu erreichen. Würde man dagegen das Bedürfnis des anderen unmittelbar zu befriedigen helfen, dann würde einem solchen Verhalten unter den gleichen Umständen eine negative Bedeutung zukommen, denn man würde auf diese Weise die Verwirklichung eines höheren Zieles verhindern.

Wenn man den anderen zu einem Verzicht veranlaßt, der im Hinblick auf einen größeren Wert notwendig erscheint, dann ist es für die sittliche Bewertung allerdings entscheidend, daß der andere zu jenem positiven Ziel auch die nötige Mitwirkung leistet. Tut er das nicht, dann ist ihm die Aufmunterung oder der Zwang zum Verzicht

[27] Von diesem Gedanken her entwickelt G.C. Homans, Elementarformen sozialen Verhaltens, eine umfassende Lehre von den sozialen Beziehungen, die natürlich insofern einseitig bleibt, als der Aspekt der Freiheit kaum gesehen wird.

lästig und hat nur eine negative Bedeutung, weil er nicht von einem tatsächlich realisierbaren positiven Zweck her seinen Sinn empfängt. Hier ist also ein Fall gegeben, wo das Verhalten gegenüber einem Mitmenschen seine Bedeutung nicht ausschließlich vom Handelnden her empfängt, sondern in entscheidendem Maß auch vom Betroffenen.

b) Schmerz zufügen

Wenn man im biologischen Bereich die Schmerzempfindung nicht schlechthin als Übel, sondern als eine wichtige Funktion zur Selbstsicherung des Organismus betrachten muß, dann kann auch das Zufügen von Schmerz, sozial gesehen, nicht schlechthin negativ sein. Zunächst kommt es vor, daß man jemandem Schmerz bereiten muß, sowohl im körperlichen Bereich wie auch im psychischen, um einen Gesundungsprozeß einzuleiten. Eine Operation kann schmerzhaft sein. Schmerzhafte Vorgänge können sich in der Psychoanalyse oder in gruppendynamischen Prozessen abspielen. Es kann durchaus zulässig sein, solche Prozesse bewußt herbeizuführen, um jemandem die Möglichkeit zu einer psychischen Reifung zu bieten. Das bewußte Zufügen solcher Schmerzen ist positiv zu bewerten, wenn es auf einen guten Zweck abzielt und wenn sich dieser Zweck nicht ebensogut mit schmerzlosen Mitteln erreichen läßt. Dabei ist immer zu beachten, daß nicht der Schmerz als solcher positive Wirkungen hat, sondern daß er nur geeignet ist, zur Vermeidung von Schäden zu motivieren oder eine Möglichkeit der Entscheidung herbeizuführen.

Eine besondere Problematik erhält die Zufügung von Schmerz in Form der *Strafe*.[28] Es ist hier nicht möglich, auf alle Fragen, die damit zusammenhängen, genauer einzugehen. Es soll nur versucht werden, einige Überlegungen von seiten der Anthropologie beizutragen.

Analogien zur Strafe gibt es bereits im Tierreich.[29] Von besonderer

[28] Eberhard Schmidhäuser, Vom Sinn der Strafe, Göttingen ²1971; Herman Bianchi, Ethik des Strafens, Neuwied 1966; B. Stöckle, Strafe als Erziehungshilfe. Die Stellung der Strafe in der Pädagogik der Gegenwart, München 1969; R. Hofmann, Das Humanum im staatlichen Strafrecht, in: J. Gründel u.a. (Hrsg.), Humanum, 320–339; sowie die Gesamtdarstellungen der Rechtsphilosophie.

[29] «Strafe» ist hier ein Moment des sozial gesteuerten Lernens. Dieses Moment wird dann in der Dressur von Tieren durch den Menschen systematisch ausgenützt. Vgl. dazu: Heinrich Roth, Pädagogische Anthropologie II, Hannover 1971, 442–446.

Wichtigkeit aber ist das Strafen in der Erziehung des Menschen. Menschliches Verhalten ist ja zum großen Teil erbmäßig nicht festgelegt, sondern muß erlernt werden. Dieser Lernprozeß orientiert sich deutlich am Erfolgsprinzip. Das Kind lernt durch die Sanktionen von Lohn und Strafe, was es tun darf und was nicht. Strafe ist dabei im weitesten Sinn zu verstehen, angefangen vom Entzug der mütterlichen Liebe im Ausdruck der Mißbilligung bis zu Maßnahmen physischer Gewalt.

Das ethische Hauptproblem der Strafe ergibt sich wohl aus dem Konflikt der Rechte des einzelnen und der Rechte der Gesellschaft. Der Mensch als soziales Wesen braucht die Eingliederung in die Gesellschaft. Sein Verhalten und die Erwartungen der Mitmenschen müssen in gewissem Ausmaß koordiniert werden, wenn nicht beide Seiten den Schaden haben sollen. Wo diese Eingliederung nicht reibungslos gelingt, kommt es zu Rechtskonflikten, deren Lösung der Sinn der Strafe sein muß. Die Strafe darf also weder bloß als Schutzmaßnahme der Gesellschaft noch bloß von der Person des Straffälligen her gesehen werden.

Die Gesellschaft hat die Aufgabe, die Rechte ihrer Mitglieder gegenüber Rechtsbrechern zu schützen. Es geht dabei nicht nur um die Sicherung materieller Werte, sondern auch um den Schutz sittlicher Ansprüche. Wo die Rechte einzelner willkürlich und ungestraft verletzt werden können, da wird die Sicherheit des menschlichen Zusammenlebens und damit der Friede und das Vertrauen zueinander in einer Weise in Frage gestellt, die auch die sittliche Ebene berührt. Daraus ergibt sich das Recht und sogar die sittliche Pflicht zu Maßnahmen, die Rechtsbrüche wirksam verhindern.

Der Straffällige darf aber nicht nur in seiner Funktion innerhalb der Gesellschaft gesehen werden, sondern er hat als menschliche Person auch einen eigenen Rechtsanspruch. Für ihn geht es darum, durch eine bessere Einordnung in die Gesellschaft einen neuen Lebenssinn zu finden. Die Strafe soll also auch für den Betroffenen einen sittlichen Wert haben. Das ist allerdings nur so weit möglich, wie der Betroffene die Strafe als berechtigt anerkennt und annimmt. Würde er sie überhaupt oder in ihrem Ausmaß als ungerecht empfinden und innerlich ablehnen, dann würde dadurch der Konflikt zwischen ihm und der Gesellschaft nur verstärkt. Der sittliche Wert einer Strafe hinsichtlich des Täters ist also keine objektive Tatsache, sondern ergibt sich aus einem hermeneutischen Prozeß, nämlich aus der Stellungnahme zur Strafe durch den Betroffenen.

Allerdings kann diese Deutung nicht rein willkürlich sein. Der Schuldige wird eine Strafe als berechtigt anerkennen müssen, wenn er die Rechte der Gesellschaft anerkennt. Allerdings bleibt die Frage, wie weit diese Rechte durch die persönlichen Ansprüche des Straffälligen relativiert werden. Gerade weil dieser mit den Mitmenschen in Konflikt steht, wird er die Rechte anderer zu gering und die eigenen Rechte zu hoch bewerten wollen. Weil aber eine solche Einstellung zu immer neuen Konflikten führt, deshalb ist es im Interesse der Gesellschaft und des Straffälligen, diesen zu einer realistischeren Bewertung der bestehenden Rechte zu veranlassen. Er soll durch den Mißerfolg seines Verhaltens zu einer Überprüfung seines Wertsystems kommen.

Die Strafe hat also eine zweifache Begründung und eine zweifache sittliche Zielsetzung. Die Schwierigkeit besteht nun vielfach darin, diese beiden Ziele in Übereinstimmung zu bringen. Und hier wird wieder das Hauptproblem in der Einstellung des Schuldigen zur Strafe liegen. Wichtig wird dabei sein, daß die Strafe gerecht ist, daß sie also die fundamentalen sittlichen Rechte des Täters nicht verletzt. In der Strafe darf keine Verachtung oder Ablehnung der Person als solcher zum Ausdruck kommen. Zwar verwirklicht sich die Person in der Handlung, aber die Unterscheidung zwischen der strafwürdigen Handlung und der Person als solcher hat trotzdem eine wichtige Bedeutung. Es soll dadurch zum Ausdruck kommen, daß man den Straffälligen nicht schlechthin mit seiner Handlung identifiziert, sondern daß man ihm trotz dieser Handlung eine bessere Zukunft zutraut. Diese Hoffnung ist schon dadurch gerechtfertigt, daß ein Delikt immer aus verschiedenen Komponenten resultiert, z.B. aus der Individualgeschichte und aus dem Milieu, und daß insofern die Tat nie ein reiner Ausdruck freier personaler Entscheidung ist. Die Strafe soll nun eine innere Abwendung der Person von einer strafbaren Handlung bewirken. Dazu braucht der Straffällige das Vertrauen, daß man ihn nicht als Person verwerfen will, sondern daß man ihn weiterhin als Glied der menschlichen Gesellschaft behandelt und somit auch seine berechtigten Interessen wahrnimmt. Damit kann die Würde des einzelnen gewahrt werden, und er ist in der Lage, eine Strafe von der Gemeinschaft oder von sich selber her als legitim anzuerkennen. Das wäre sogar im Falle eines Justizirrtums möglich, denn solange die genannten Bedingungen als Grundsätze der Rechtsprechung anerkannt sind, bezöge sich der Irrtum nur auf ein einzelnes Faktum der Vergangenheit und nicht auf die Person oder die Geschichte des Betroffenen als solchen.

Wenn in den klassischen Strafrechtstheorien zwischen dem Vergeltungsgedanken (absolute Strafrechtstheorie) und dem strafrechtlichen Zweckdenken (relative Strafrechtstheorie) unterschieden wird, so scheint das anthropologisch irreführend. Eine Strafmaßnahme kann sich nicht bloß auf die Zukunft des Straffälligen beziehen, ohne auch seine Vergangenheit zu berühren, denn eine Besserung des Delinquenten ist gar nicht möglich, wenn die in der Straftat zum Ausdruck gekommene Haltung nicht überwunden wird. Eine bloß äußere Unschädlichmachung hätte dagegen nicht den Charakter einer Strafe und wäre zudem des Menschen unwürdig. Das gälte analog auch von einer bloßen Generalprävention, bei der der Zweck der Strafe ausschließlich im Wohl der Gemeinschaft läge. – Anderseits darf die Strafe auch nicht bloß den Charakter einer Vergeltung haben und sich ausschließlich auf die Vergangenheit des Schuldigen beziehen. Denn sittlich kann eine Maßnahme immer nur insofern sein, als sie letztlich Ausdruck von Glaube und Hoffnung ist und damit Zukunft eröffnet. Eine bloße Vergeltung, die diesen Zukunftsaspekt nicht an sich trägt, hätte damit auch nicht die Besserung des Menschen im Sinn.

c) Warnung und Drohung

Biologisch gesehen ist die Angst[30] notwendig, um ein Lebewesen zur Vermeidung von Gefahren zu motivieren. Aus diesem Grunde kann es auch nicht von vorneherein verwerflich sein, wenn ein Mensch einem anderen bewußt und absichtlich Angst einflößt. Natürlich ist immer daran festzuhalten, daß die Angst als negativer Verstärker positiven Motivationen untergeordnet bleiben muß. Eine Drohung darf also kein solches Ausmaß annehmen, daß dadurch das gegenseitige Vertrauen geschädigt und der Mensch in der Entfaltung seiner

[30] Vgl. W. von Baeyer und W. von Baeyer-Katte, Angst, Frankfurt/M. 1971.

Persönlichkeit beeinträchtigt wird. Ein Übermaß an Angst muß ja den Menschen lähmen und seine Offenheit für den Mitmenschen und für die Zukunft mindern.

Auf der anderen Seite ist ein gewisses Maß an Angst gerade auch für die soziale Eingliederung des Menschen unentbehrlich. Zunächst ist an den Zusammenhang zwischen Angst und Strafe zu denken. Die Angst vor Strafe soll den Menschen veranlassen, von vorneherein nicht straffällig zu werden. Insofern also Strafe berechtigt ist, ist es auch die Drohung. Man braucht dabei aber nicht nur an die Kriminellen zu denken. Die Pädagogik weiß, daß ein zu geringes Maß an Strafe und Drohung in der Kindheit auf die Dauer ebenso zu übermäßiger Angstentwicklung führt wie ein zu hohes Maß. Droht oder straft man zuviel, dann wird das Kind übermäßig eingeschüchtert. Droht oder straft man aber zuwenig, dann wird sich das Kind nicht genügend der Grenzen seines eigenen Freiheitsraumes und der Rechte der Mitmenschen bewußt. Das führt notwendig zu scharfen Reaktionen der Mitmenschen, wodurch dann wieder Angst erzeugt wird. Ein angstfreies Leben ist für den Menschen prinzipiell nicht denkbar, denn das Leben bringt immer Gefahren mit sich und der Mensch braucht neben der rationalen Einsicht auch eine Motivation, um das drohende Übel nach Möglichkeit zu meiden.

Die wichtigste Funktion der Angst ist wohl in ihrer Aufgabe zu sehen, die Menschen im sozialen Bereich zu einem richtigen Verhalten zu motivieren und damit auch negative Sanktionen von seiten der Mitmenschen vermeiden zu helfen. Das wird besonders deutlich, wenn man den Aufbau von Verhaltensnormen analysiert. Verhaltensnormen können nicht ausschließlich durch positive Motivationen entstehen. Das Kind lernt bestimmte Verhaltensweisen, indem es erfährt, daß gewisse Handlungen Lohn und andere Strafe nach sich ziehen. Dabei ist die Strafe wieder im weitesten Sinn zu verstehen. Es genügt, wenn die Mutter zeigt, daß sie böse ist, weil ja das Kind die Liebeszuwendung der Mutter sucht. Soweit das Kind Vernunftgründe noch nicht erfaßt, lernt es aufgrund der positiven und negativen Sanktionen von Mutter, Vater und Gesellschaft, was es tun darf und was nicht.

Man sollte nicht glauben, daß eine derartige Motivation des menschlichen Handelns durch positive und negative gesellschaftliche

Sanktionen nur in der frühkindlichen Entwicklung wirksam sei. Sie wird auch durch die Entfaltung der Vernunft nicht überflüssig, denn menschliches Handeln braucht zu seiner Orientierung und Leitung nicht bloß eine rein objektive Sacheinsicht, sondern vor allem Wertvorstellungen. Die Vernunft macht es dem Menschen möglich, sich nicht bloß auf die gegenwärtige Situation auszurichten, sondern sich auch auf Zukunft zu beziehen. Sie nimmt damit voraussehbare Erfahrungen vorweg. Dadurch kann aber nur so weit eine Orientierung des augenblicklichen Verhaltens erfolgen, als die entsprechenden Vorstellungen gefühlsmäßig, d. h. aufgrund bereits gemachter Erfahrungen positiv oder negativ besetzt sind. Wenn jemand mit seinen Mitmenschen nie gute Erfahrungen gemacht hätte, dann könnte ihn auch die Vernunft nicht dadurch vor bestimmten Handlungen bewahren, daß sie deren negative soziale Auswirkungen vorhersieht. Das beweist das Verhalten von Asozialen, deren Handeln weithin in einem Mangel der affektiven Entwicklung begründet ist, nicht aber in einem Versagen der Vernunft.

Die Vernunft macht auch deswegen die positiven und negativen Sanktionen einer Norm nicht überflüssig, weil sich diese nicht auf rein sachliche Gegebenheiten zurückführen läßt, sondern auch Ergebnis kultureller Entwicklungen ist. Die Unterschiede zwischen den Kulturen beruhen nicht auf einem verschiedenen Maß an Intelligenz, sondern auf verschiedenen historischen Entwicklungen und – individuell betrachtet – auf verschiedenen Lernprozessen in der Entwicklung und Reifung des Menschen. Man kann Verhaltensnormen nicht erlernen, wenn nicht die Vorstellung einer Übertretung dieser Normen mit Angst besetzt ist. Die positive Sanktion allein würde den Menschen nicht hindern, immer wieder von der Norm abzuweichen. Eine gewisse Koordination des Verhaltens innerhalb einer Gesellschaft ist aber unentbehrlich, der Mensch als Kulturwesen ist ja in seinen Aktionsmöglichkeiten so variabel, daß ein ausreichendes Zusammenwirken nicht gewährleistet wäre, wenn jedes Individuum sein eigenes Verhaltensmuster unabhängig von der Gesellschaft entwickeln würde. Die Übernahme des gesellschaftlichen Normsystems ist aber nur mit den Sanktionen von Lohn und Strafe zu bewerkstelligen.

Weil die negativen Sanktionen zwar eine notwendige Orientierung für das Verhalten geben, aber selber keine positive Aufbauwirkung haben, deshalb sind sie so gering wie möglich zu halten. Es ist in der Art der Strafe (Liebesentzug, Verweigerung eines Wunsches, körperliche Strafe, Geldstrafe, Freiheitsstrafe usw.) jeweils das geringste Übel zu wählen, das genügt, um die nötige Wirkung hervorzubringen. Würde man über dieses Mindestmaß hinausgehen, dann würde dadurch der Eindruck entstehen, daß der Grund für eine Drohung nicht in sozialen Notwendigkeiten, sondern in der Ablehnung der einzelnen Person liegt.

Was über die sittliche Legitimität der Strafe gesagt wurde, gilt analog auch für die Drohung. Sie ist sittlich insofern zulässig, als der Bedrohte den sittlichen Sinn dieser Maßnahme erkennen kann. Es geht also auch hier darum, nicht einfach Akte der Drohung zu setzen, sondern sich auch um das rechte Verständnis dieser Maßnahmen beim Betroffenen zu bemühen. Nur wo solches Verständnis vorhanden ist, kann man auch in sittlicher Hinsicht eine positive Wirkung erzielen, denn nur in diesem Fall gewinnt der Betreffende ein positives Verhältnis zu den Werten, die durch die Drohung geschützt werden sollen. Analoges wäre übrigens auch vom Tabu zu sagen, bei dem es sich um eine besonders starke Drohung handelt.

Eine Besonderheit der Drohung liegt in ihrem Verhältnis zur Hoffnung. Die Drohung kann lähmen; sie kann den Menschen veranlassen, vor der Anforderung der Zukunft einfach die Augen zu verschließen. Wie die Zufügung von Schmerz nur auf der Basis eines fraglosen Vertrauens vertretbar ist, so muß bei der Drohung eine Beeinträchtigung der Hoffnung des anderen vermieden werden. Dazu ist vor allem notwendig, daß dem anderen nicht einfach eine unfundierte, undefinierte Angst eingeflößt wird, sondern daß diese Angst oder – wenn man eine genauere begriffliche Unterscheidung vornehmen will – die Furcht, auf ganz bestimmte Gegenstände gerichtet wird. Denn die Verobjektivierung dieser Gefühle macht es möglich, die bevorstehenden Übel tatsächlich zu meiden und der Zukunft in Zuversicht und Vertrauen entgegenzugehen. Es ist ein Unterschied, ob man jemanden vor ganz bestimmten Dingen warnt oder ob man ihn ganz allgemein ängstigt und dadurch seine Kräfte lähmt. Allerdings gibt es zwischen diesen beiden Möglichkeiten fließende Übergänge. Der Mensch braucht ein gewisses Maß an Ängstlichkeit, um eine konkrete Drohung oder Warnung verspüren zu können, und er wird durch solche konkrete Maßnahmen auch zu einer gewissen Erhöhung der allgemeinen Ängstlichkeit kommen. Hier ist der richtige Ausgleich zu suchen, der jedenfalls das Bewußtsein von Anerkennung, Geborgenheit oder Freundschaft nicht aufheben darf.

6. Die soziale Vermittlung von Werten

Manche Ziele des Strebens sind nur im sozialen Verband zu verwirklichen. Hier kommt es darauf an, daß ein geordnetes Zusammenwirken mehrerer Individuen erreicht wird. Das ist auf verschiedene Weise möglich. Von besonderer Wichtigkeit ist zunächst ein gemeinsamer Zeichenvorrat, der insbesondere in der Sprache, aber auch in verschiedenen Verhaltensmustern und Normen[31] gegeben ist. Ein Akt der Kommunikation kann in verschiedener Hinsicht als Wert betrachtet werden. Er kann eine Information vermitteln, die dann ein erstrebenswertes Ziel erreichen läßt. Der Kommunikationsakt führt jedoch auch zum Bewußtsein der Verbundenheit, der Geborgenheit und der Sicherheit. Vor allem aber kann er das Handeln verschiedener Individuen so koordinieren, daß gegenseitige Störungen vermieden und Ziele, die der einzelne nicht erreichen könnte, durch gemeinsame Anstrengung verwirklicht werden.

Der Vorgang der Koordination ist aber nicht nur von seiten des einzelnen her zu sehen, der sich in die Gesellschaft einordnet und dadurch die Möglichkeit bekommt, bestimmte von ihm erstrebte Ziele zu erreichen. Indem sich der einzelne an Mitmenschen und Gesellschaft bindet, räumt er diesen auch einen Einfluß über sich selber ein. Er macht sich zugänglich für die Interessen anderer Personen, Personengruppen und der ganzen Gesellschaft. Diese Interessen dringen als Befehl und Gesetz, aber auch in Form von Reklame, Propaganda und nach politischen Rücksichten ausgewählter Information der Kommunikationsmittel auf ihn ein. Es entstehen vielfältige Beziehungen zu der Willensentscheidung anderer. Der einzelne steht also der Wirklichkeit und ihrem Wertangebot nicht einfach isoliert und neutral gegenüber, sondern sein Werturteil und seine Entscheidung

[31] P. Berger/Th. Luckmann, Die gesellschaftliche Konstruktion der Wirklichkeit. Eine Theorie der Wissenssoziologie, Frankfurt/M. 1969.

setzt immer auch die Entscheidung anderer voraus und bedeutet immer auch eine Stellungnahme zur Gesellschaft und ihren Werthaltungen.

Gemeinschaft ist also nicht nur insofern von Bedeutung, als sie zur Erreichung unmittelbar erstrebter äußerer Ziele dient. Sie wird auch in sich zu einem eigenen Wert, denn nur wo Gemeinschaft zu einer dauerhaften Institution wird, schafft sie auch die Voraussetzung für bestimmte Leistungen der Lebenserhaltung und der Kultur. Vor allem aber wird erst auf diese Weise das Vertrauen des einzelnen auf die transzendente Hoffnung ermöglicht. Der einzelne muß sein Verhalten nicht bloß deshalb von der Gemeinschaft normieren lassen, weil er nur so sachliche Zwecke erreichen kann, sondern auch deswegen, weil ohne diese Normierung die Gemeinschaft als solche nicht genügend erlebt werden kann. Von daher ist die Ausbildung gemeinsamer Symbole zu verstehen. Menschliche Sprache und menschliches Verhalten, insbesondere auch da, wo es sich nicht um rein sachliche Notwendigkeiten handelt, sind deutlich von der jeweiligen Gemeinschaft geprägt. Solche Symbole sind neben der Sprache etwa die gesellschaftlichen Umgangsformen, das Geld als Symbol für materielle Werte und Dienstleistungen, das positive Recht als Institutionalisierung des Interessenausgleichs und des Schutzes der Bürger, die Kunst, die Religion usw.

Die Normierung bestimmter Verhaltensweisen durch die Gesellschaft beschränkt sich aber nicht auf einzelne Handlungen, bei denen das aus irgendeinem äußeren Grund besonders notwendig ist. Das deutlichste Beispiel dafür ist wohl die Sprache. Es ist zwar zunächst aus rein praktischen Gründen notwendig, mit bestimmten Lautgebilden eine bestimmte begriffliche Bedeutung zu verbinden. Nur so ist eben gegenseitige Verständigung und die notwendige Koordination des Verhaltens möglich. Aber darüber hinaus enthält ja jede Sprache eine ganz bestimmte Weltdeutung. Dadurch, daß der Mensch eine Sprache erlernt, übernimmt er diese Deutung und bleibt in vieler Hinsicht an sie gebunden, auch wenn er sie etwa als Philosoph korrigiert und weiterentwickelt.

Entsprechendes gilt von den Werten im allgemeinen. Wenn in einer Gesellschaft ein bestimmter Wert besonders hoch geschätzt wird, dann wird die Verwirklichung dieses Wertes mit allgemeiner hoher Anerkennung belohnt, während seine Mißachtung mit schweren negativen Sanktionen bestraft wird. Durch die Stärke dieser Sanktionen bekommt der entsprechende Wert für den einzelnen eine besondere Wichtigkeit, unabhängig davon, welches Gewicht man selber diesem Wert zumessen möchte. Wenn z.B. in einer Gesellschaft das Leistungsprinzip eine zentrale Rolle spielt, dann muß der einzelne eben viel leisten, wenn er die Anerkennung und Achtung der Gesellschaft gewinnen will. Die Größe eines Wertes ist also nicht einfach durch die Einsicht der Vernunft in die Natur der Sache zu bestimmen. Das Verhalten des Menschen vollzieht sich in einer Gesellschaft und wird von dieser positiv oder negativ beurteilt. Weil aber die Beziehung zu den Mitmenschen für die eigene Entfaltung von so großer Wichtigkeit ist, deshalb muß der Mensch in seinem eigenen Interesse die Werturteile der Gesellschaft berücksichtigen und übernehmen. Damit ist nicht gesagt, daß er sich völlig mit den allgemeinen Werturteilen identifizieren muß. Es bleibt durchaus die Möglichkeit und auch die Notwendigkeit für Kritik und eigene Stellungnahme. Aber bei aller Eigenständigkeit wird man sich nie ganz von der eigenen Geschichte und den gesellschaftlichen Wertvorstellungen lösen.

Die Normen und Werturteile einer Gesellschaft stehen nicht einfach unverbunden nebeneinander, sondern bilden eine Einheit. Man spricht von einem Normensystem. Ein solches System ist von verschiedenen Faktoren bedingt und ist nicht einfach auf Situationen übertragbar, in denen andere Faktoren maßgeblich sind. So wird etwa in einem Gebiet mit reicher Vegetation und Fruchtbarkeit und einem tropischen Klima das Leistungsprinzip nicht so ausgeprägt sein wie in einer kälteren Zone, wo nur durch harte Arbeit der nötige Lebensunterhalt gewonnen werden kann. Die klimatischen und wirtschaftlichen Verhältnisse spielen für die Ausbildung eines Normensystems eine große,[32] aber natürlich keine ausschließliche Rolle. Es gibt auch andere Faktoren, die hier von Wichtigkeit sind. Es sei nur noch auf einen Bereich besonders hingewiesen, nämlich auf die Religion. Die religiöse Weltdeutung bestimmt in einer sehr einschneidenden Weise das Verhältnis des Menschen und der Gesellschaft zu den einzelnen Werten. Max Weber hat auf den Zusammenhang zwischen Calvinis-

[32] Die einseitige Sicht des Marxismus sollte kein Grund sein, diesen Aspekt zu leugnen oder zu vernachlässigen.

mus und dem modernen Arbeitsethos hingewiesen.[33] Solche Zusammenhänge werden um so klarer, wenn man verschiedenartige Religionen wie z. B. Christentum, Islam, Buddhismus oder auch primitivere Religionen und ihren Zusammenhang mit der jeweiligen Kultur untersucht.

Hinter den konkreten Bewertungen und Normen, die in einer Gesellschaft gelten, stehen immer gewisse Grundorientierungen, wie z. B. das Leistungsprinzip, ein sakrales oder säkularisiertes Weltbild, ein bestimmtes Verständnis des Menschen, eine charakteristische Einstellung zu Lust und Askese usw. So ist z. B. die Polygamie nicht etwa bloß als eine Form der Ordnung des ehelichen Lebens zu verstehen, die beliebig in jeder Kultur eingeführt werden könnte, sondern sie hat eine entsprechende Einschätzung der Frau und ein ganz bestimmtes Menschenbild zur Voraussetzung. Die konkreten Normen lassen sich nicht ändern, ohne daß das Rückwirkungen auf die allgemeine Wertorientierung der Gesellschaft hätte. Umgekehrt muß eine Änderung dieser Grundbewertung auch zu einem Wandel im Bereich der konkreten Normen führen. Auch wenn z. B. das Christentum die Sklaverei zunächst nicht abgeschafft hat, mußte doch das neue Menschenbild auf die Dauer zu ihrer Aufhebung führen. Normen und Werte sind also nicht einfach isoliert zu verstehen, sondern nur im Zusammenhang mit bestimmten äußeren Bedingungen einerseits und einem bestimmten inneren Werthorizont auf der anderen Seite.

7. Die geschichtliche Dimension der Werte

Die verschiedenen Wertbereiche unterscheiden sich unter anderem dadurch, daß sie ein verschiedenes Verhältnis zur Zeit aufweisen. Die Wirksamkeit eines biologischen Wertes beschränkt sich auf jene Zeit, in der das Wertobjekt vom Organismus angestrebt wird, mit ihm in Wechselwirkung tritt und zu seinem Aufbau und seiner Erhaltung beiträgt. Der Wert und die Wirkung eines Aufbaustoffes nimmt ein Ende, wenn dieser im Stoffwechselprozeß wieder abgebaut und ausgeschieden wird. – Auf psychologischer Ebene kann diese Wirkung

[33] Max Weber, Die protestantische Ethik I. Eine Aufsatzsammlung (Hrsg. von Johannes Winckelmann), München 1968, 330f.

eines Wertes sehr viel länger anhalten. Die affektiven Beziehungen, die in den entscheidenden Jahren der Kindheit und der Jugend entstehen, bleiben für das ganze Leben von grundlegender Bedeutung, auch wenn die ursprünglichen Bezugspersonen nicht mehr gegenwärtig sind.

Der eigentlich sittliche Wert zeichnet sich gerade dadurch aus, daß er jede zeitliche Begrenzung, auch die Grenze des irdischen Lebens, transzendiert. Man kann einen psychologischen Defekt weitgehend kompensieren. Ein sittliches Übel ließe sich nicht auf solche Weise ausgleichen. Es ließe sich auch durch die personale Hoffnung nicht einfach relativieren, weil es ja selber diese Hoffnung betrifft. Der sittliche Wert besagt die Wirksamkeit jenes transzendenten Zieles, das im Glauben erfaßt und in Hoffnung und Liebe wirksam wird. Die sittliche Entscheidung übersteigt also in ihrer Ausrichtung jede zeitliche Grenze und Vergänglichkeit. Das Eigenartige dieser Entscheidung besteht allerdings darin, daß sie selber in der Zeit geschieht und deshalb auch von der Vergänglichkeit und der Zeit betroffen ist.

Die Dialektik, in der der eschatologische Vorbehalt im einzelnen Akt zum Ausdruck kommt, gibt diesem eine eigenartige Unabgeschlossenheit. Weil das Ziel der Sittlichkeit in der Kommunikation des Menschen mit dem Absoluten besteht, weil aber die Vergänglichkeit des Augenblicks diese Kommunikation ständig in Frage stellt, deshalb muß der Mensch trachten, in seiner Freiheitsentscheidung die Grenze des Augenblicks zu transzendieren. Er muß also bestrebt sein, eine sittliche Entscheidung nicht bloß auf den einzelnen Augenblick beschränkt sein zu lassen, sondern ihr eine überzeitliche Gültigkeit zu geben.

Zum gleichen Ergebnis kommt man, wenn man nicht das Wertobjekt, sondern das Wesen betrachtet, auf das der Wertgegenstand hingeordnet ist. Der biologische Organismus baut sich auf und vergeht. Die Wertwirkungen, deren er bedarf, brauchen sein eigenes Verhältnis zur Zeit nicht zu überbieten. Es genügt, wenn sie die einzelnen Phasen der Verwirklichung dieses Organismus ermöglichen. – Der psychologische Bereich fordert eine größere Überzeitlichkeit, denn die kompliziertere Weltorientierung, um die es hier geht, und vor allem die sozialen Beziehungen, können nicht immer neu entwickelt werden. Der Mensch braucht das Bewußtsein der Geborgenheit und das Bewußtsein, als Individuum vom einzelnen Mitmenschen und von der Gemeinschaft angenommen zu werden. Er kann auf die Dauer nur leben und sich entfalten, wenn er ein Urvertrauen[34] zur Gemeinschaft besitzt, das nicht jeden Augenblick in Frage gestellt und dann neu entwickelt werden muß. Deshalb braucht der Mensch Begegnungen und Erfahrungen, die ihm die Annahme durch die Mitmenschen nicht bloß für einen punktförmigen Augenblick, sondern auf die Dauer zusichern. Diese Dauer ist aber hier von der Finalität der psychologischen Natur her auf das irdische Leben eingegrenzt. Das ist auch der Grund, warum sich der Mensch, obwohl er sein Leben lang von einem psychischen Defekt betroffen sein mag, dennoch innerlich davon distanzieren kann.

Insofern die Person aber auf eine transzendente Erfüllung angelegt ist, bedarf sie eines Wertes, der ihr diese Erfüllung eröffnet und vermittelt. Sie bedarf also einer Begründung des Glaubens und der Hoffnung. Diese Begründung kann nicht selber bloß vergänglicher Natur sein. Das bedeutet, daß nur die absolute Wirklichkeit, nämlich der personale Gott, als jener «Wert» in Frage kommt. Nur wo Gott selber wirksam wird, können sich menschlicher Glaube und menschliche Hoffnung begründen und schließlich ihr Heil finden.

Weil aber der personale Akt nur in der Vermittlung der Leiblichkeit vollzogen werden kann, deshalb kann auch das Wirken Gottes für den Menschen nur erfahrbar werden, wenn es sich in diesem Medium vermittelt. Der Mensch begegnet Gott nicht unmittelbar jenseits der Welt, sondern kann ihm nur in der Welt, in ihrer Geschichte, begegnen. Deshalb ist der «Wert», der Glauben und Hoffnung des Menschen ermöglicht, nur in der Heilsgeschichte zu suchen.

Auf eine Besonderheit ist hier noch zu verweisen. Der biologische Wert wirkt mit physischer Notwendigkeit. Eine ähnliche Notwendigkeit ist auch im psychologischen Bereich gegeben, obwohl hier insofern bereits eine Einschränkung gemacht werden muß, als der psychologische und der personal-transzendente Bereich wegen ihres gegenseitigen Vermittlungsverhältnisses nicht streng voneinander getrennt werden können. Aber immerhin sind besonders beim Kleinkind, wo die Freiheit der Person noch nicht entfaltet ist, die

[34] Zum Begriff des Urvertrauens vgl. Erik H. Erikson, Einsicht und Verantwortung. Die Rolle des Ethischen in der Psychoanalyse, Stuttgart 1966, 93.

Auswirkungen bestimmter zwischenmenschlicher Beziehungen mit ziemlicher Sicherheit vorauszusagen.

Im Bereich des Glaubens und der Hoffnung ist das nicht mehr der Fall. Das Heilsgut ist ja hier nicht mehr als unmittelbare Gegenwart wirksam, sondern als Ziel der Hoffnung, d.h. als Zukunft. Der Mensch bleibt zwar durch die Geschichte bestimmt, aber in dieser Bestimmtheit eröffnet ihm die innere Offenheit der Zukunft einen Raum der Freiheit. So kann die Heilsgeschichte als Grund von Glaube und Hoffnung nur insofern wirksam werden, als sich der Mensch in Freiheit für sie öffnet. Glaube und Hoffnung sind freie Akte. Das Heilsgut – wenn man diesen Ausdruck in Analogie zu biologischen und psychischen Werten gebrauchen will – ist also nicht ein objektiv umschreibbarer Wert mit einem objektiv bestimmbaren Grad an Wirksamkeit, sondern diese Wirksamkeit und damit die Größe des «Wertes» wird vom Subjekt her mitbestimmt. Der hermeneutische Zirkel ist nirgends ausgeprägter als hier. Es ist aber festzuhalten, daß es sich hier auch nicht um eine bloß subjektive Projektion handelt, sondern um das Wirksamwerden des transzendenten Gottes im personalen Akt des Menschen.

Die Heilsgeschichte, auf die sich der Glaube gründet, liegt in der Vergangenheit. Aber ihre Bedeutung liegt nicht im rein Faktischen, sondern in der Zukunft, die sie verheißt und eröffnet. Die Tatsache der Verheißung ist zwar an der Vergangenheit abzulesen, aber ihr Gegenstand gehört im Sinne des eschatologischen Vorbehaltes auch noch der Zukunft an.

Was hier von der Heilsgeschichte zu sagen ist, gilt in mancher Hinsicht für menschliche Geschichte allgemein. Geschichte ist nie bloß reine Faktizität, sondern ihre Bedeutung liegt wesentlich auch darin, daß sie Zukunft erschließt. Weil aber diese Zukunft selber noch unbestimmt ist und durch die Deutung und Entscheidung des Menschen näher bestimmt werden muß, deshalb ist prinzipiell auch keine reine Objektivität in der Erforschung von Geschichte selber denkbar. Geschichte bedarf immer der Deutung, um für den Menschen Bedeutung zu bekommen.

Darüber hinaus stellt Geschichte aber auch selber einen Prozeß der Deutung dar. Von Geschichte spricht man nicht bei bloß physikalischen oder chemischen Abläufen. Geschichte hat nur der Mensch aufgrund seiner Freiheit. Diese Freiheit aber wird eben in der Stellungnahme zur Vergangenheit und zur Zukunft vollzogen, einem Vorgang, der Deutung einschließt. Geschichtsverständnis kann deshalb nicht darauf abzielen wollen, Tatsachen möglichst objektiv in ihrem reinen An-Sich-Sein zu beschreiben, sondern es kann nur darum gehen, eine «Horizontverschmelzung» zu erreichen, in der der Deutungsprozeß einer früheren Zeit hineingenommen wird in den Deutungsprozeß der Gegenwart.

8. Die Grundentscheidung

Der sittliche Akt zielt darauf ab, die Vergänglichkeit des einzelnen Augenblickes zu überwinden.[35] Seine Geltung soll also nicht mit dem Vergehen des Augenblicks aufgehoben werden. Daraus ergibt sich die Forderung, daß dieser Akt auch im Nachhinein von weiteren Vollzügen der Freiheit in seiner Geltung bestätigt wird. Diese nachträgliche Bestätigung ist aber nun nicht einfach ein weiterer selbständiger Akt, der mit dem vorhergehenden nichts zu tun hat, sondern er betrifft die Wirklichkeit des vorhergehenden Aktes selbst. Zunächst einmal besteht natürlich ein umgekehrtes Verhältnis. Der vorausgehende Akt disponiert die Person, die betreffende Entscheidung zu wiederholen.[36] Der Mensch, der sich in einem Freiheitsvollzug selber verwirklicht, wird dazu neigen, die Ausrichtung, die er sich gegeben hat, auch beizubehalten.

Aber etwas Entsprechendes gilt doch auch in umgekehrter Richtung. Wäre das nicht der Fall, dann würde das bedeuten, daß die Person, insofern sie sich in der einzelnen Freiheitstat aktualisiert, im gleichen Maße wie die physikalische Zeit vergeht. Wenn die Person aber solche zeitliche Augenblicke nicht auf die Zukunft hin übersteigen könnte, dann wäre auch personale Hoffnung mit ihrer Zukunftsdimension nicht möglich. Dann könnte vielleicht jene Person

[35] Klaus Demmer, Sein und Gebot, 234–243; ders., Moralisches Gesetz und eschatologische Vollendung, in: Catholica 16 (1962) 251–270; vgl. auch W. Pannenberg, Geschichtstatsachen und christliche Ethik, in: Ev. Kommentare 1 (1968) 688–694.

[36] Näheres bei: H. Rotter, Gelübde und Versprechen, in: Geist und Leben 43 (1970) 354–369.

einmal ihre Erfüllung finden, die sich in zukünftigen Akten vollzieht, aber nicht jene, die sich in gegenwärtigen Vollzügen darstellt. Dann wäre der Mensch auch nicht verantwortlich zu machen für das, was er in der Vergangenheit getan hat, denn die Person, wie sie sich in der Vergangenheit darstellte, wäre in der Gegenwart überhaupt nicht mehr zu fassen. Selbstverständlich gäbe es dann auch keine Reue und keinen Grund zur Dankbarkeit für frühere Erfahrungen. Die Person transzendiert nun aber den zeitlichen Augenblick. Insofern sie das tut, ist auch eine in der Vergangenheit liegende freie Entscheidung von der Gegenwart her noch in ihrer Bedeutung näher zu bestimmen.

Die Bedeutung einer vergangenen Handlung kann durch eine objektive Prüfung und rationale Bestätigung vertieft werden. Die augenblickliche Entscheidung der Person ist stark bestimmt von gemütsmäßigen Motivationen. Die Steuerung durch Vernunft und Freiheit wird hier vielfach überschätzt. Wenn aber eine solche Entscheidung bereits der Vergangenheit angehört, dann hat sich die Person aus der vollen Identität mit ihr gelöst und hat trotz der bleibenden Kontinuität des Subjektes eine gewisse Distanz zu dieser Tat gefunden, die es ihr ermöglicht, sachlich über sie zu urteilen. Die ethische Bedeutung der Handlung, d.h. ihre Zukunftsbezogenheit, erscheint insofern in einem klareren Licht. Wenn der Mensch seine vergangene Handlung nun so beurteilt und dann geistig bestätigt, dann übernimmt er dadurch eine Verantwortung, die in gleichem Maß bei der vergangenen Handlung selber noch nicht gegeben war. Er identifiziert sich von der Seite der Vernunft her mit dieser früheren Handlung und ihrer ethischen Bedeutung. Die betreffende Handlung, wenn sie Ausdruck der ganzen Person sein soll, bedarf dieser nachträglichen Bestätigung. Nur so kann sie auch für die weitere Geschichte des Menschen von nachhaltiger Bedeutung sein. Natürlich bedarf auch diese nachträgliche Bestätigung ihrerseits wieder einer weiteren Ratifikation. Jede personale Entscheidung des Menschen wird durch die folgenden Entscheidungen näher bestimmt.

Es handelt sich also im Vollzug der menschlichen Freiheit um eine geschichtliche Wirklichkeit im strengsten Sinn. Eine Analogie dazu bietet etwa die Sprache. Das einzelne Wort hat seine Bedeutung nicht in sich selber, sondern im Zusammenhang eines Satzes, dieser wieder im Zusammenhang einer längeren Rede. Ähnliches gilt auch von der Musik, wo der ästhetische Wert nicht im einzelnen Ton oder Motiv zu suchen ist, sondern im Zusammenhang einer ganzen Melodie oder eines Musikstückes. Das Ganze lebt zwar in seiner Bedeutung aus den Teilen, aber die Teile sind ihrerseits auch wieder voneinander und vom Ganzen bestimmt.

Nur unter der Voraussetzung einer Kontinuität der menschlichen Person sind auch qualifizierte personale Beziehungen möglich. Eine zwischenmenschliche Beziehung geht immer von einer bestimmten Kenntnis des anderen aus, die aufgrund seiner früheren Verhaltensweisen gewonnen wurde. Nur wenn diese auch in der Gegenwart noch Geltung haben, ist ein solcher Tatbestand gerechtfertigt. Würden die früheren Entscheidungen schlechthin der Vergangenheit angehören und in der Gegenwart nicht mehr wirksam und damit anwesend sein, dann hätte man kein Recht, frühere Handlungen einem Menschen positiv oder negativ anzurechnen.

Die volle ethische Bedeutung eines Aktes ist also im Augenblick, wo er vollzogen wird, noch nicht gegeben. Sie verstärkt bzw. vermindert sich in dem Maß, wie die betreffende Handlung nachträglich bestätigt bzw. zurückgenommen wird. So ist auch die ethische Haltung eines Menschen nicht aus einzelnen Handlungen abzulesen, sondern nur aus der Aufeinanderfolge von verschiedenen Handlungen, also aus der Geschichte dieser Person. Das gilt aber nicht nur für den Bereich der Erkenntnis, sondern auch für den Bereich des Seins selber. Die sittliche Ausrichtung einer Person in Glaube, Hoffnung und Liebe ist um so grundlegender und – im positiven oder negativen Sinn – schwerwiegender, je mehr sie sich in einer längeren Geschichte darstellt und bestätigt. Man spricht in diesem Zusammenhang von einer Grundentscheidung (optio fundamentalis).[37] Genaugenommen handelt es sich hier natürlich nicht um eine Entscheidung, die unter der Oberfläche der einzelnen Handlungen und etwa gar in Distanz zu diesen getroffen würde. Die menschliche Freiheit kann sich immer nur in Einzelentscheidungen aktualisieren. Aber diese einzelnen Vollzüge weisen eine Kontinuität auf, insofern sie den Augenblick

[37] H. Reiners, Grundintention und sittliches Tun (Quaest. disp. 30), Freiburg 1966; H. Kramer, Die sittliche Vorentscheidung. Ihre Funktion und ihre Bedeutung in der Moraltheologie, Würzburg 1970.

transzendieren und sich gegenseitig bestimmen. In diesem geschichtlichen Kontext wird die Person tiefer geprägt und stellt sich deutlicher dar, als das in einzelnen Handlungen möglich ist.

Es geht bei der Grundintention nicht um eine zeitlich[38] erste sittliche Handlung, denn wenn man das Werden der menschlichen Person betrachtet, dann zeigt sich, daß auch die Freiheit und somit die Fähigkeit zu sittlichen Entscheidungen nicht schlagartig einsetzt, sondern in einem langen Prozeß heranreift.[39] Am Beginn dieses Prozesses sind deshalb nur Vollzüge denkbar, die eine sehr geringe ethische Bedeutung haben. Wenn man annimmt, daß die sittliche Entscheidung auch vom nachfolgenden Akt her in seiner Bedeutung modifiziert werden kann, dann kann dem zeitlich früheren Vollzug kein solches Übergewicht eingeräumt werden. Auch wenn etwa die Reue den früheren Akt nicht einfach auslöscht, so gibt sie ihm doch eine völlig andere Bedeutung, besonders für seine Auswirkung auf das weitere Leben. Es ist also nicht so ausschlaggebend, ob der zeitlich erste Akt sittlich positiv oder negativ war, da es ja, etwa bei einer Schuld, entscheidend darauf ankommt, ob sie bereut wird oder nicht.

9. Der Sinn der Werte

Besonders wenn man neben den positiven Wertempfindungen auch die Fähigkeit zu Schmerz und Angstempfindungen betrachtet, stellt sich die Frage, worin denn der Sinn all dieser Empfindungen und damit auch der Sinn der zugehörigen Werte liegt. Denn daß Schmerz oder Angst ihren Sinn in sich selber haben, wird ja kaum jemand annehmen.

Es ist bereits deutlich geworden, daß im biologischen und psychologischen Bereich auch die negativen Erfahrungen auf einen positiven Wert hinzielen können. Sie sollen Störungen und Gefahren meiden helfen und sollen dadurch das Leben des Organismus sichern. Die Erhaltung des Lebens erscheint als der eigentliche Sinn solcher

[38] Diesen Aspekt betont Reiners, aaO. 26 u. passim.

[39] Das zeigen auch die Untersuchungen über die Entwicklung des Gewissens. Vgl. dazu B. Fr. Scholz, Das Gewissen – Phänomen, Funktion und Entfaltung, in: G. Teichtweier/W. Dreier (Hrsg.), Herausforderung und Kritik in der Moraltheologie, 24–45, bes. 32–41. Würzburg 1971.

Empfindungen. Was ist aber mit diesem Leben gemeint? Biologisch gesehen stellt das Leben eine Raum-Zeit-Gestalt dar. Zur Zeitdimension dieser Gestalt gehört auch die Endlichkeit. Das Leben eines Organismus läuft nicht einfach ins Unbegrenzte weiter, sondern zielt auf ein Ende hin. Je höher ein Organismus entwickelt ist und je stärker seine biologische Individualität ausgeprägt ist, desto deutlicher zeigt sich seine Hinordnung auf den Tod.[40]

Besonders im psychischen Bereich wird aber ein weiterer Aspekt deutlich. Die Empfindung von Lust, Schmerz oder Angst dient nicht nur der Erhaltung des individuellen Lebens, sondern auch der Weitergabe dieses Lebens und damit der Erhaltung der Art. Das zeigt sich einerseits im Bereich der Sexualität, wo gerade die Zeugung neuen Lebens im Zusammenhang mit starken Triebkräften und tiefen Lustempfindungen steht, und anderseits in der Bereitschaft zu Entbehrungen und Opfern, wenn es darum geht, die Nachkommenschaft aufzuziehen oder zu verteidigen. Auch die verschiedenen Formen sozialer Bindungen dienen meist nicht nur der Erhaltung des einzelnen Individuums, sondern auch der Erhaltung des Verbandes und der Nachkommenschaft.

Der Gesichtspunkt, daß Leben über die Erhaltung des Individuums hinaus auf die Erhaltung der Art abzielt, wird an der Struktur der Sinnesempfindungen besonders deutlich. Aber die Tatsache, daß ein Lebewesen derartige Sinnesorgane ausbildet, weist darauf hin, daß der Organismus und damit das Leben selber nicht bloß auf die Selbsterhaltung bis zum eigenen Tod ausgerichtet ist. Ja, man kann sogar sagen, daß der biologische Tod Möglichkeitsbedingung der weiteren Entwicklung und damit des Lebens überhaupt ist.[41] Die Begrenzung des Raumes und der vorhandenen Nährstoffe würde ja sonst dazu führen, daß schließlich eine weitere Vermehrung und damit auch eine mögliche Höherentwicklung völlig ausgeschlossen wäre. Es käme zu einer Anpassung der einzelnen Lebewesen aufgrund individueller Lernprozesse und zu einer extremen Ausprägung jener Alterserscheinungen, die bereits im biologischen Bereich unvermeidlich sind. Die

[40] Vgl. H. Linser, Das Problem des Todes, Wien 1952.

[41] Das zeigt H. Schaefer, Der natürliche Tod, in: Was ist der Tod? Elf Beiträge und eine Diskussion zwischen Hans von Campenhausen und Hans Schaefer (Das Heidelberger Studio 45). München 1969, 13–15.

Elastizität und die weitere Anpassungsfähigkeit der Lebewesen würde immer mehr beeinträchtigt. Schließlich käme es zu einem Stillstand jeglicher Entwicklung, der dem Wesen des Lebens widerspräche.

Es gibt also den natürlichen Tod bereits um des Lebens willen. Damit ist auch der Tod kein schlechthinniges Übel, sondern ein Wert, insofern er eine positive Funktion für die Entwicklung und Weitergabe des Lebens hat. Allerdings bezieht sich dieser Wert nicht auf das einzelne Individuum, das mit dem Tod sein Ende nimmt, sondern auf das Leben, insofern es das Sein des einzelnen Individuums übersteigt. Diese Wirklichkeit des Lebens, von der her auch noch der Tod des einzelnen Individuums als Wert erscheint, ist allerdings im unterpersonalen Bereich jeweils eine anonyme Größe, die Art, die Gattung, die Tierwelt usw. Dennoch handelt es sich dabei nicht um eine bloße Fiktion, sondern um eine Möglichkeitsbedingung für das Verständnis von Leben. Aufbau und Funktion des einzelnen Lebewesens weisen über das Individuum hinaus und zielen auf einen Zweck hin, dem sich auch der individuelle Tod noch unterordnet.

Die Besonderheit des Menschen gegenüber unterpersonalen Lebewesen zeigt sich nun darin, daß ihm sein Verhältnis zum Leben, zum Tod und zur Transzendenz bewußt ist.[42] Es ist ihm bewußt, daß er nicht nur für den Augenblick existiert; es ist ihm auch bewußt, daß er nicht für sich allein da ist. Wo der Mensch diese Eigenart seiner Existenz nicht verdrängt und verneint, macht er die Erfahrung, daß der Sinn seines Lebens über das eigene Ich und das irdische Leben hinausgreift. Aus der Analyse dieses Aktes ergibt sich dann auch, daß das letzte Streben des Lebendigen nicht bloß auf die Erhaltung der Art abzielt, auch nicht bloß auf eine innerweltliche Evolution, sondern auf ein Heil, das sich durch die Welt vermittelt und sie gleichzeitig transzendiert.

Jedes Lebewesen stellt eine Einheit dar. Deshalb sind auch die verschiedenen Bedürfnisse nicht bloß Bedürfnisse für ein einzelnes Organ, sondern für das Ganze. Entsprechend sind auch die Werte immer dem Ganzen zugeordnet, auch wenn ihre Wirksamkeit zunächst auf einen partiellen Zweck abzielt. Ein Nutzwert hat demnach nicht bloß den Charakter des bloßen Nutzens – etwa im biologischen Be-

[42] Man denke z.B. an M. Heideggers Verständnis von menschlicher Existenz als «Sein zum Tode»: Sein und Zeit, Tübingen [10]1963, 235–267.

reich –, sondern er ist auch der Zukunft des Menschen und damit seiner Geschichte und Transzendenz zugeordnet. Lust darf ebensowenig für sich gesehen und beurteilt werden wie Leid und Angst. Immer ist zu fragen, welche Bedeutung einer solchen Erfahrung und der entsprechenden Wertwirklichkeit für die menschliche Existenz als ganzer zukommt.

Genauer genommen ist nicht einmal die menschliche Existenz als ganze das letzte Kriterium, weil ja der Mensch gerade keine in sich geschlossene Monade ist, sondern der Mensch steht in einem größeren Bezugssystem mitmenschlicher Gemeinschaft und der Ausrichtung auf Transzendenz. Ein konkreter Wert hat also verschiedene Aspekte. Er kann zunächst etwa auf ein biologisches Bedürfnis bezogen sein und dient dadurch der Entfaltung und Erhaltung des menschlichen Lebens. Auf mittelbare Weise ist damit auch eine Beziehung zur Gemeinschaft, zur innerweltlichen Zukunft und zur Transzendenz gegeben. Auch wenn im Einzelfall nicht alle diese Beziehungen in gleicher Weise hervortreten, sind sie doch prinzipiell gegeben. In der Sicht der Anthropologie ist es nicht unwichtig, das zu betonen, weil sich sonst eine grundsätzliche Unterscheidung verschiedener Wertbereiche ergeben könnte, durch die eine konkrete Ethik mit der nötigen Zusammenschau des empirischen, geschichtlichen und transzendentalen Bereiches nicht mehr möglich wäre. Man kann also nicht einfach fragen, ob etwa die Nahrungsaufnahme etwas sittlich Gutes sei, sondern diese Frage ist nur sinnvoll, wenn man gleichzeitig bedenkt, ob bei einem solchen Akt die vom medizinischen Gesichtspunkt her notwendige Mäßigung eingehalten wird, ob man etwa ohne alle Einschränkung seinen Hunger stillt, während der andere, für den man mitverantwortlich wäre, am Verhungern ist, usw.

Sittlich gut ist eine Handlung, insofern sie auf einen letzten Sinn des menschlichen Lebens hinzielt. Weil dieser letzte Sinn nicht mit Notwendigkeit erreicht wird, sondern durch die freie Entscheidung des Menschen angenommen werden muß, deshalb ist diese sittlich positive Entscheidung absolut verpflichtend, d.h. sie ist die unverzichtbare Möglichkeitsbedingung für die Sinnerfüllung menschlicher Existenz. Welches konkrete Handeln allerdings von daher gefordert ist, kann sehr verschieden sein. Deshalb sind es auch nicht die konkreten Normen als solche, die absolut verpflichten, sondern nur ein Aspekt an diesen Normen, nämlich ihre durch die Situation gegebene Bedeutung für die absolute Zukunft.

Wenn man davon spricht, daß das Sollen im Sein gründet, dann ist dieser Satz nur verständlich, wenn man die Struktur der Gesamtwirklichkeit, insbesondere die Struktur des Menschen, bedenkt. Das sittliche Sollen als solches ergibt sich nicht aus der anorganischen Materie oder aus einem unterpersonalen Lebewesen als solchem, sondern aus der Hinordnung des Menschen auf die transzendente Wirklichkeit Gottes, von der her menschliches Handeln seinen Sinn empfängt, wenn es zweckmäßig auf Zukunft, auf den Mitmenschen und damit auf die Natur, die Gesellschaft bzw. die Welt zu bestimmt ist. Daß diese Verpflichtung jedoch einen absoluten Charakter hat, gründet in der Wirklichkeit des Transzendenten und in der entsprechenden Anlage (potentia oboedientialis) des Menschen.[43]

10. Der Tod als hermeneutisches Problem

Es geht in der Moraltheologie um die Deutung des menschlichen Handelns im Hinblick auf das Heil. Dieses Heil wird aber nicht unvermittelt ergriffen, sondern es wird vermittelt durch innerweltliche Werte. Auch sittliches Handeln verwirklicht den sittlichen Wert nicht einfach für sich, sondern durch die Verwirklichung untersittlicher Werte. Worin besteht aber nun der Zusammenhang zwischen diesen Werten und dem Heil? Die unterpersonalen Werte als solche erscheinen zunächst als vergänglich, das Heil aber wird gerade in der Unvergänglichkeit gesucht. Wie kann nun Vergänglichkeit die Unvergänglichkeit vermitteln? Die große Frage, die sich im Zusammenhang mit einer theologischen Wertlehre stellen muß, ist die Frage nach dem Tod.[44] Dieser ist nicht bloß eine Lücke, die eine schlechte Theologie hochzuspielen sucht, um hier Gott als metaphysischen Lückenbüßer einzuführen. Der Tod ist vielmehr ein Existential des menschlichen

[43] Zu diesem Verständnis des sittlichen Sollens vgl. J.F. Groner, Das Aufbauprinzip der Moraltheologie, Heidelberg 1972, 20f.

[44] Gerd Schunack, Das hermeneutische Problem des Todes. Im Horizont von Römer 4 untersucht (Hermeneutische Untersuchungen zur Theologie 7), hrsg. von Gerhard Ebeling/Ernst Fuchs/Manfred Melzinger), Tübingen 1967.

Daseins, von dem her erst Geschichte und Person verständlich gemacht werden können.

Für den Menschen ist der Tod nicht bloß das Ende eines biologischen Daseins.[45] Menschliches Sterben verlangt vielmehr eine personale Stellungnahme, denn der Tod ist für den Menschen nicht bloß ein Ereignis, das ihn in seiner Ahnungslosigkeit in einem Augenblick überfällt, sondern der Mensch ist in seinem Bewußtsein immer schon mit der Tatsache konfrontiert, daß sein Leben vergeht und einmal ein Ende haben wird. Weil aber die Tatsache des Todes einstweilen noch der Zukunft angehört, ist die Freiheit des Menschen aufgerufen, zum Tod Stellung zu nehmen. Man kann versuchen, den Gedanken an den Tod einfach zu verdrängen und so zu leben, als bräuchte man nicht zu sterben. Man kann das Leben aber auch bewußt unter den Gedanken des Todes stellen. Gibt es nun im zweiten Fall eine Möglichkeit, den Tod nicht bloß als ein bevorstehendes Übel zu fürchten, sondern ihn zu bejahen? Könnte sich das Ja zum Tod unterscheiden von einer bloßen Verneinung des Lebens, von Resignation und Verzweiflung? Müßte man vielleicht sogar sagen, daß sich in jedem sittlichen Handeln ein Annehmen des Todes ereignet? Dann wäre dieses Verhältnis zum Tod ein Kriterium der Sittlichkeit und der personalen Freiheit.

Nur für Wesen ohne Bewußtsein von Zeit und Geschichte hat der Tod keine Bedeutung, solange sie leben. Der Mensch aber weiß um Geschichte. Er weiß um das Werden, aber auch um das Vergehen. Er weiß um die Einmaligkeit und Unwiederholbarkeit seines Tuns. In diesem Wissen ist schon eine Ahnung des Todes gegenwärtig. Was nicht wiederkehrt, das ist vorbei. Und eines Tages wird alles vorbei sein; eines Tages werden die Möglichkeiten eines menschlichen Lebens erschöpft sein. Mit dieser Tatsache ist der Mensch in seinem Bewußtsein mehr oder weniger ständig konfrontiert. Der Mensch hofft, insofern er aus der Erwartung des Kommenden lebt. Entsprechend könnte man sagen: Der Mensch stirbt, insofern sich ihm seine Gegenwart ständig entzieht. Der Mensch sucht die Erfüllung seiner Hoffnung. Er muß sich aber gleichzeitig damit abfinden, daß er die

[45] M. Scheler, Tod und Fortleben, Schriften aus dem Nachlaß, Bd. I, Bern [2]1957, 18.f, 22, 26; M. Heidegger, aaO.

Erfüllung nicht festhalten kann. Der radikalste Ausdruck dieses Unvermögens ist der physische Tod.

Damit scheint nun das Sterben zum Gegensatz menschlicher Hoffnung zu werden, denn die Hoffnung ist ja nicht nur die Erwartung eines äußeren Ereignisses, sondern einer inneren Erfüllung. Die innere Erfüllung bei einem geschichtsbewußten Wesen kann aber nicht in einer bloß augenblicklichen Befriedigung bestehen. Personale Erfüllung verlangt vielmehr das Offenbarwerden der Sinnhaftigkeit vergangenen Bemühens ebenso wie das Vertrauen auf die bleibende Dauer dieser Sinnhaftigkeit. Wird nun der Sinn menschlichen Lebens vom Sterben betroffen?

Zunächst ist festzustellen, daß nicht jedes Vergehen physikalischer Zeit auch ein Vergehen der Sinnerfüllung darstellt. Die menschliche Person kann sich nur verwirklichen, wenn sie sich von anderen Personen angenommen weiß. Weil sich aber Person in Geschichte verwirklicht, deshalb kann sie sich auch nur angenommen wissen, insofern ihre Geschichte bejaht wird. So behält auch die vergangene Geschichte einer Person die Funktion, personale Begegnung zu ermöglichen. Der physikalischen Zeit nach ist sie vergangen. Personal gesehen kann sie wirksam bleiben und immer neue Möglichkeiten der Begegnung und der personalen Verwirklichung eröffnen.

Aber die Geschichte der menschlichen Person bleibt in ihrer Auswirkung nicht ungeschwächt. Mit zunehmender Distanz zur Gegenwart ist sie dem Vergessen unterworfen. Jede Entscheidung des Menschen, die von der Vergangenheit abweicht, bedeutet ein teilweises Auslöschen früherer Entscheidungen. So verliert die Vergangenheit immer mehr ihre Wirkmacht und damit auch ihren Sinn für die Gegenwart und die Zukunft. Der Mensch bemüht sich in vielfältiger Weise, seinem Leben Dauer zu geben. Er versucht, im materiellen Besitz, im Erlangen von Ehrentiteln, im Erwerb von Bildung und in den verschiedensten Formen schöpferischer Tätigkeit Werte zu schaffen, die die Zeit überdauern. Aber auch so gelingt es ihm nicht, die Vergänglichkeit des Augenblicks zu besiegen. Aus der Freude über das Erreichte wird die Langeweile über das Selbstverständliche.

Wenn die Vergänglichkeit menschlicher Verwirklichung nicht zum Gegenargument aller Hoffnung werden soll, dann muß der Mensch seinem Leben einen Sinn zuschreiben können, der über alles hinausgeht, was von der Vergänglichkeit zerstört werden kann. Eine erste Andeutung einer solchen Möglichkeit haben wir in der Differenz zwischen physikalischer und personaler Zeit gesehen. Die Wirklichkeit des menschlichen Tuns verliert ihren Sinn nicht in dem Augenblick, wo sie aus der Gegenwart in die Vergangenheit zurücktritt. – Eine weitere, auch dem Tod standhaltende Form des Daseinssinnes ist in der Dimension der Mitmenschlichkeit zu sehen. Der Sinn menschlichen Handelns ist nicht auf die bloße Selbstentfaltung beschränkt. Deshalb kann er auch durch die Vergänglichkeit der eigenen Person nicht voll getroffen werden. Insofern sich der Mensch in freier Entscheidung dem Mitmenschen öffnet, kann er seinen eigenen Tod bejahen, wenn der Sinn des eigenen Lebens für andere Menschen über diesen Tod hinaus anhält. Es kann der Mensch bewußt für andere sein Leben einsetzen; er kann den Sinn seines Lebens darin sehen, seine Nachkommen glücklich zu machen, und er kann zum Tod bereit sein, wenn dieses Glück gesichert scheint. Analoges gilt von jedem, der sich um das Wohl des Mitmenschen bemüht, denn sofern er diesem Wohl dient und darin ein sinnvolles Ziel seines Tuns sieht, wird dieser Sinn durch den eigenen Tod nicht zerstört.

Aber diese Ausweitung des eigenen Lebenssinnes auf die Mitmenschen hin reicht noch nicht aus, um den Tod positiv verstehen zu können. Denn auch die Mitmenschen sterben, und selbst die Geschichte der ganzen Menschheit wird einmal ein Ende nehmen. Dazu kommt, daß ein Leben oder ein Sterben für andere von diesen nicht immer als das angenommen wird, was es sein möchte, und deshalb in seiner Auswirkung und in seiner Sinnhaftigkeit begrenzt scheint. Sind es die Mitmenschen wert, daß man für sie lebt, und hat ein Leben im Dienst an den anderen für diese so viel Bedeutung, daß sich der Einsatz lohnt? Die Frage, ob ein Leben im Dienst an den Mitmenschen so sinnvoll ist, daß man im Blick auf diesen Sinn den Tod verstehen kann, läßt sich innerweltlich prinzipiell nicht beantworten. Sie kann ihre Antwort nur finden, insofern menschliche Hoffnung auch Mitmenschlichkeit und Welt transzendiert.

Das ist nun allerdings nicht bloß ein Akt des Glaubens, den der Gläubige setzt, während der Ungläubige davon absieht, sondern das ist eine Entscheidung, der sich schlechthin niemand entziehen kann.

Auch wenn man sich theoretisch und rational nicht mit dieser Frage beschäftigt, wird man doch existentiell ständig entscheiden müssen, ob man den Dienst am Mitmenschen für ausreichend sinnvoll hält oder nicht. Nimmt man einen solchen Sinn an, dann bezieht man sich dabei notwendig auf eine welttranszendente Begründung. Lehnt man diesen Sinn ab, dann läßt sich auch das nicht zwingend innerweltlich rechtfertigen.

Was den Menschen nun zu dieser Entscheidung gegenüber einem transzendenten Lebenssinn zwingen kann, das ist gerade Vergänglichkeit und Tod, denn sie machen dem Menschen bewußt, daß jedenfalls sein eigenes Dasein nicht genügt, um den Sinn menschlichen Handelns zu begründen. Vergänglichkeit und Tod zwingen den Menschen, entweder zu resignieren und zu verzweifeln oder aber aus einer Hoffnung zu leben, die über Welt und Tod hinausgreift. So ist die Annahme des Todes das entscheidende Kriterium für die Echtheit einer transzendenten Hoffnung.

Diese Hoffnung dürfte übrigens nicht so verstanden werden, als ob sie etwa nur eine Fortsetzung der menschlichen Geschichte nach dem Tode erwarte. Echte Hoffnung glaubt vielmehr an die Sinnhaftigkeit jeder einzelnen Tat in der Geschichte des menschlichen Lebens. Sie glaubt an einen auch den Tod überdauernden Sinn dieser Handlung. Wenn sich menschliche Hoffnung – etwa nach der Lehre eines dogmatischen Marxismus – auf ein innerweltliches, zukünftiges Paradies beziehen würde, dann hätten nur jene Entbehrungen und Anstrengungen einen Sinn, die tatsächlich zur Verwirklichung dieses Paradieses beitrügen. Andere Handlungen, die im Hinblick auf dieses Ziel unwirksam blieben oder sogar davon wegführten, müßten als endgültig sinnlos betrachtet werden, auch wenn man sie noch so gut gemeint hätte. Die Sinnhaftigkeit menschlichen Handelns würde dann ganz äußerlich vom zufälligen Fortschritt der Geschichte abhängen. Deshalb kann eine orthodoxe marxistische Ethik das oberste Kriterium sittlichen Handelns nicht im individuellen Gewissen, sondern nur im Wohl der Gesellschaft sehen.

Jene Sinnhaftigkeit aber, an die der Mensch glaubt, wenn er auf sein Gewissen hört, ist anderer Art. Sie kann weder durch den Tod noch durch das Vergessen, noch durch gegensätzliche Entscheidungen der Mitmenschen vernichtet werden. Insofern behält jede personale Tat ihre Bedeutung, was allerdings nicht ausschließt, daß sie durch nachfolgende Entscheidungen der Person in der Geschichte des Lebens einen neuen Stellenwert bekommt. Was sich der Mensch aber erhofft, das ist nicht bloß das Heil für jenes Ich, das am Ende des menschlichen Lebens steht, sondern ein Heil, das die Sinnhaftigkeit der gesamtmenschlichen Geschichte im ganzen und im einzelnen offenbart.

So gesehen kann die Auferstehung, an die der Christ glaubt, nicht bloß als Wiederbelebung eines Leichnams verstanden werden, sondern viel umfassender als das Heilwerden der ganzen personalen Geschichte eines Menschen.[46] Würde ein solches Ziel menschlicher Hoffnung nicht existieren, dann würde vieles von dem Bemühen des Menschen im Fortgang der Zeit seinen Sinn endgültig verlieren. Es könnte dann diesen Sinn nur im Augenblick haben, und damit wäre der Mensch gezwungen, den Gedanken an Vergänglichkeit und Tod zu verdrängen, um im Augenblick der Gegenwart eine Erfüllung finden zu können. Eine solche Erfüllung wäre aber von der geschichtlichen Struktur des menschlichen Bewußtseins und insbesondere von der Dimension der Mitmenschlichkeit her, die ja notwendig die Dimension der Geschichte einschließt, von vorneherein zum Scheitern verurteilt. Wer den Gedanken an den Tod und das Vergehen verdrängt, wer krampfhaft versucht, alles vom gegenwärtigen Augenblick zu erwarten, der wird gerade dadurch um so tiefer erfahren, daß ihn dieser Augenblick nicht erfüllen kann. Wer hingegen aus der Hoffnung lebt, für den hat alles in seinem Leben, auch die Vergangenheit, noch eine Zukunft, weil für ihn das Vergehende nicht einfach ins Nichts zurücksinkt.

Erst von der eschatologischen Dimension her kann eine Handlung sittliche Bedeutung im eigentlichen Sinn bekommen. Würde man von der eschatologischen Ausrichtung absehen, dann könnte eine Handlung nur von ihren kategorialen Folgen her rein pragmatisch als richtig oder falsch bezeichnet werden, je nachdem, ob sie zu guten oder schlechten Resultaten führt. Weil man das aber meist nicht sicher voraussagen kann, deshalb wäre eine sichere sittliche Erkenntnis oder gar eine Unfehlbarkeit des Gewissens unter dieser Annahme

[46] Eberhard Simons/Konrad Hecker, Theologisches Verstehen. Philosophische Prolegomena zu einer theologischen Hermeneutik, Düsseldorf 1969, 246–251.

undenkbar. Somit könnten auch die eigene Erkenntnis und das eigene Gewissensurteil nicht letztes Kriterium und absolut bindende Instanz menschlichen Handelns sein. Damit wäre eine unbedingte Verpflichtung, dem Gewissen zu folgen, nicht mehr gegeben. Selbst die Bindung an eine Gesellschaft oder etwa an eine politische Partei könnte das Gewissen nicht ersetzen, weil ja auch hier im Laufe der Zeit Fehlentscheidungen und Irrtümer unvermeidbar wären und offensichtlich würden. Damit wäre also der Absolutheitscharakter sittlichen Sollens und somit alles geleugnet, was den unbedingt verbindlichen Charakter des Sittlichen ausmacht. Sittlichkeit wäre dann zu einer reinen Pragmatik geworden.[47]

Was aber Sittlichkeit im heute gebräuchlichen Sinn, der freilich von einer christlichen Tradition geprägt ist, entscheidend charakterisiert, das ist gerade die Unbedingtheit des Gewissensanspruchs. Diese aber setzt eine Unfehlbarkeit des Gewissens in ethischer Hinsicht voraus, d.h. die Unmöglichkeit einer personalen Schuld, soweit man dem Gewissen folgt. Eine solche Unfehlbarkeit ist nur denkbar, weil es im Gewissensspruch letztlich nicht um objektive Erkenntnis, sondern um die Beziehung zur Transzendenz geht, die der Mensch in der Hoffnung vollzieht. Wo diese Hoffnung nicht gegeben ist, sondern wo man versucht, sich nur am rein innerweltlichen Erfolg einer Handlung zu orientieren, widerspricht man dem Charakter des Sittlichen. Menschliches Handeln drückt dann nicht mehr die Bejahung der Transzendenz aus und kann dann auch nicht mehr Ausdruck der Bejahung des Mitmenschen bleiben, sondern es wird zu reinem Egoismus, denn es ist dem Menschen unmöglich, Nächstenliebe ohne Selbstliebe zu üben und der Konflikt, der sich zwischen diesen beiden Aspekten vielfach auftut, läßt sich eben nur durch die Hoffnung, und zwar letztlich nur durch eine transzendente Hoffnung, überbrücken.

Wenn hier das Verhältnis zum Tod als entscheidendes Kriterium sittlichen Handelns aufgefaßt wird, dann muß vor einem Mißverständnis gewarnt werden. Christliche «ars moriendi» besteht nicht darin, daß der Mensch sein Interesse an der Welt und den Mitmenschen verliert und so das Sterben im biologischen oder die Trennung

[47] Vgl. dazu die Darstellung von N. Hoerster, Utilitaristische Ethik und Verallgemeinerung, Freiburg/München 1971.

im psychologischen Sinne einübt. Eine christliche Kunst des Sternens besteht vielmehr in der Kunst, aus der Hoffnung zu leben.

Personale Hoffnung, insofern sie nicht bloß sichere Erwartung eines Ereignisses oder ein ungewisser Wunsch ist, enthält von ihrem Wesen her die Bereitschaft, sich mit dem Verfehlen einer innerweltlichen Zielsetzung abzufinden. Wo dieser Aspekt nicht gegeben wäre, da würde durch Verfehlen des Zieles die Hoffnung ins Unrecht gesetzt und das Vermögen, weiter zu hoffen, müßte beeinträchtigt werden. Der Mensch würde sich immer mehr auf das beschränken, was ihm sicher schiene, was also von der Situation her bereits genügend vorgegeben ist. Er würde damit seine Geschichte nicht mehr schöpferisch gestalten, sondern von äußeren Faktoren bestimmt sein lassen. Damit würde der Mensch zu einem Produkt der Umwelt und nicht zu einer geschichtlich existierenden, schöpferischen Person. Freiheit und Personalität müssen sich also entscheidend gegenüber dem Verlust bewähren. Das ist nur möglich aus einer Hoffnung heraus, die innerweltliche Geschichte auf eine absolute Zukunft hin transzendiert.

11. Sterben als personale Tat

Das menschliche Sterben ist nicht bloß Passivität, sondern auch freier Vollzug des Menschen. Pflanzen und Tiere sterben, weil die Lebensfähigkeit erschöpft ist und weil der Organismus nicht mehr in der Lage ist, die Kräfte des Zerfalls zu überwinden. In diesem Sinn erleidet auch der Mensch den Tod, insofern er dem Bereich des Organischen und Animalischen angehört. Aber die Personalität des Menschen übersteigt die Bedingtheiten dieses leiblichen Daseins. Der Mensch ist mit Vergänglichkeit und Tod ganz bewußt konfrontiert. Er ist zu einer personalen Stellungnahme herausgefordert.[48]

Die Aktivität im menschlichen Sterben ist auch in theologischer Hinsicht festzuhalten. Das Handeln Gottes und die freie Entscheidung des Menschen stehen nicht im Verhältnis der Konkurrenz zueinander. Gott wirkt vielmehr gerade dadurch im Menschen, daß er die Aktivität des Menschen freisetzt. Das gilt auch für das mensch-

[48] Karl Rahner, Zur Theologie des Todes (Quaestiones disputatae 2), Freiburg 1958, 45; dagegen: Eberhard Jüngel, Tod (Themen der Theologie, Bd. 8, hrsg. von Hans Jürgen Schultz), Stuttgart 1971, 116f.

liche Sterben. Gott wirkt, insofern er dem Menschen Kraft gibt, in Glaube und Hoffnung den Tod anzunehmen. Nur so kann das Sterben zu einem Heilsgeschehen werden. Denn der Mensch erlangt ja sein Heil nicht in reiner Passivität, sondern durch den Glauben und die Hoffnung. Nur wo diese zentralen Akte menschlicher Freiheit gesetzt werden, kann der Tod zum Heilsereignis werden.

Dabei nimmt das Sterben – immer als Existential des ganzen Lebens verstanden – einen besonderen Platz im Verhältnis des Menschen zu Gott ein. Die Annahme der Vergänglichkeit bedeutet ja eine besondere Herausforderung des Glaubens. Hier erfährt sich der Mensch in seiner Ohnmacht, in seiner Abhängigkeit vom Urgrund aller Wirklichkeit, in seiner Selbstentzogenheit. Gerade in dieser Ohnmacht hat der Mensch sich selber und Gott anzunehmen. Wie die Negativität von Verzicht und Opfer in besonders starker Weise das Wohlwollen zum Mitmenschen ausdrücken kann, so kann die Annahme des Todes in ganz besonderer Weise zur Bewährung und zum Ausdruck von Glaube und Hoffnung werden.

Glaube, Hoffnung und Liebe durchdringen sich gegenseitig. Wenn die Annahme des Sterbens die höchste Tat von Glaube und Hoffnung ist, dann muß ihr auch eine besondere Bedeutung für die Liebe zukommen, und zwar nicht nur für die Gottes-, sondern auch für die Nächstenliebe, weil ja diese beiden Dimensionen nicht isoliert voneinander denkbar sind.[49] Worin ist nun dieser mitmenschliche Aspekt im menschlichen Sterben zu sehen? Wenn der Mensch in Glaube und Hoffnung seine Vergänglichkeit bejaht, dann bedeutet das höchste Kommunikation mit Gott. Es bedeutet den denkbar tiefsten Akt der Überwindung eigener Selbstsucht und somit die stärkste Öffnung des Menschen für das Gute überhaupt, also auch für den Mitmenschen. Nächstenliebe wird nicht nur da sinnvoll geübt, wo sie sich im äußeren Tun bewährt. Es gibt ein tieferes Einssein menschlicher Personen als dasjenige, das sich in der Sorge um das äußere Wohlergehen des anderen darstellt. Unter dieser Voraussetzung darf und muß gesagt werden, daß der gläubig angenommene Tod jener Ort ist, an dem der Mensch auch zu den Mitmenschen in tiefste Gemeinschaft tritt. Wie er den Tod nur bestehen kann aus jener Kraft, die ihm die

[49] K. Rahner, Über die Einheit von Nächsten- und Gottesliebe, in: Schriften VI, Zürich ²1969, 277–298.

Liebe der Mitmenschen vermittelt, so findet er auch durch seine eigene Entscheidung zu diesen Mitmenschen zurück.

Der Vollzug der Gemeinschaft mit den Mitmenschen ist nun aber wieder in seiner Einheit mit der Beziehung zu Gott zu sehen. Wer in Glaube und Hoffnung seinen Tod annimmt, der findet Gott nicht nur für sich, sondern er vermittelt in der Gemeinschaft mit den Mitmenschen auch diesen einen Zugang zu Gott. Der gläubig bestandene Tod ist also nicht nur Heilsereignis für den Sterbenden, sondern er hat damit notwendig auch einen gleichsam soteriologischen Aspekt für den Mitmenschen. Der Glaube und die Hoffnung auf Gott im Sterbenden haben auch für die Mitmenschen eine Heilsbedeutung, wie ja Gnade überhaupt nie einem einzelnen ausschließlich für sich selber, sondern immer auch für andere gegeben wird. Die Fruchtbarkeit des Lebens eines Heiligen für die Kirche und die Menschheit ergibt sich nicht etwa bloß aus einzelnen Akten der Fürbitte, die ein Heiliger nach seinem Tode bei Gott einlegt, sondern aus seiner ganzen Existenz, wie sie sich im Leben bis zum Tod vollzogen und auf den Mitmenschen hin geöffnet hat. Das ist ja auch die Grundüberlegung, die anzustellen ist, wenn man den Tod Jesu als Erlösungswerk verstehen will.

12. Motivation und Freiheit

Menschliches Handeln ist immer motiviert. Erst die genauere Kenntnis dieser Tatsache macht ein tieferes Verständnis der Freiheit selber möglich. Diese besteht darin, daß die menschliche Person von Motiven bewegt wird, die in sich offen sind und erst einer Entscheidung durch den Menschen bedürfen, um ihn in vollem Sinn motivieren zu können. Solche Motive sind z. B. durch die Bedürfnisse der menschlichen Natur vorgegeben. Der Mensch braucht Nahrung und er wäre höchstens dann dazu imstande, für längere Zeit freiwillig auf die Aufnahme von Nahrung zu verzichten, wenn ihm ein sehr starkes Motiv dazu die Kraft gäbe. Ist das nicht der Fall, dann wird ihn der Hunger zur Nahrungsaufnahme veranlassen. Diese Tatsache steht nicht im Gegensatz zur Freiheit und beeinträchtigt deshalb auch die personale Würde nicht. Menschliche Würde zeigt sich vielmehr in der Fähigkeit, die Befriedigung des Hungers um größerer Ziele willen zeitweilig zurückstellen zu können. Es wäre sogar irrational, unmenschlich und unsittlich, ohne entsprechende höhere Motive auf die Nahrung zu verzichten, etwa nur deshalb, weil man es ablehnen würde, sich den Bedürfnissen der Natur unterzuordnen.

Wie sich die menschliche Freiheit nicht einfach über die Bedürfnisse der Natur hinwegsetzen kann, so bleibt sie aber auch an bestimmte Gesetzmäßigkeiten des gesellschaftlichen Lebens gebunden. Der Mensch kann sich kaum allein am Leben erhalten und kann vor allem höhere Kulturgüter nur in der Gemeinschaft verwirklichen. Dieses Angewiesensein auf die Mitmenschen schließt aber deren Einfluß auf das Handeln des einzelnen ein. Der einzelne wird in seinem Verhalten von der Gesellschaft motiviert und gesteuert. Das muß nicht notwendig eine verwerfliche Manipulation, eine Beeinträchtigung der menschlichen Freiheit und Würde sein. Das ist jedenfalls insoweit nicht der Fall, als die Koordination des Verhaltens notwendig ist, um bestimmte Werte zu verwirklichen, die auch der einzelne anstrebt. Ein Orchestermusiker wird es nicht als Beschränkung seiner Personwürde betrachten, wenn er sich der Leitung des Dirigenten unterwirft, denn diese Leitung ist unentbehrlich, um das zu verwirklichen, was ja auch der einzelne Musiker im Orchester durch seine Mitwirkung anstrebt. Eine solche Unterordnung kann man nicht als eine freigewählte Unfreiheit bezeichnen, denn Unfreiheit besagt ja das Fehlen von Freiheit. In unserem Beispiel kann man aber voraussetzen, daß der Musiker seine freie Entscheidung, im Orchester mitzuwirken, fortdauernd beibehält. Die Unterordnung vermittelt also jenes Ziel, das er sich durch seine Berufswahl frei gesetzt hat. Die Bindung an die Gemeinschaft ist ganz allgemein Vermittlung von Freiheit, insofern ein freigewähltes Ziel nur durch diese Bindung erreicht werden kann.

Vielfach geschieht die Bindung an eine Gemeinschaft nicht durch freie Wahl eines Zieles bzw. einer Gemeinschaft, die dieses Ziel anstrebt, sondern einfach dadurch, daß man in diese Gemeinschaft bzw. Gesellschaft hineinwächst. Die Freiheit des Menschen besteht in diesem Fall nur in der Entscheidung des einzelnen, das betreffende Ziel (etwa das Gemeinwohl) zu fördern oder zu beeinträchtigen. Daß es praktisch keine weiteren Alternativen gibt, ist keine menschenunwürdige Schmälerung der Freiheit, sondern hängt einfach mit den begrenzten Möglichkeiten des Menschseins überhaupt zusammen. Wer solche Grenzen nicht annehmen will, trägt nicht zur Befreiung, sondern nur zur Zerstörung menschlichen Lebens bei.

Allerdings bedeutet die soziale Bindung auch eine Abhängigkeit von anderen Personen. Sie kann von diesen für berechtigte oder unberechtigte Interessen gebraucht werden. Wenn man in der Freiheit die Möglichkeit sieht, seine eigenen frei gewählten Ziele zu verwirklichen, dann kann die Bindung an die Gemeinschaft Freiheit vermitteln oder auch beeinträchtigen.

Man wird sich aber doch auch fragen müssen, ob man menschliche Freiheit und insbesondere die Würde des Menschen nur in der Fähigkeit sehen kann, eigene Zielsetzungen zu verwirklichen. Wenn man das Phänomen der Liebe, das ja doch eine Verwirklichungsform menschlicher Freiheit ist, betrachtet, dann zeigt sich, daß dort nicht mehr bloß das eigene Interesse, sondern auch das Interesse des Geliebten gewollt wird. Eine personale Bindung zwischen liebenden Menschen kann also nicht bloß den Zweck haben, jeweils der Selbstentfaltung des einzelnen Partners zu dienen, sondern es muß in der freien Absicht der Liebenden selber liegen, gerade dem Wohl des Geliebten zu dienen. Ähnlich wird auch ein Vertrag wirtschaftlicher oder politischer Art in den meisten Fällen nur zustande kommen, wenn die Vertragspartner bereit sind, über ihre eigenen Interessen hinaus Zugeständnisse gegenüber den Interessen des anderen zu machen. Es wäre ein individualistisches Mißverständnis des Menschen und seiner Freiheit, wenn man in solchen Bindungen einen Verstoß gegen die Menschenwürde sehen wollte. Die volle personale Selbstverwirklichung ist vielmehr nur da möglich, wo sich jemand auch mit den Interessen seiner Mitmenschen und der Gemeinschaft identifizieren kann. Wer das nicht kann, muß sich in seinem Wollen und Handeln gegenüber der Gesellschaft so sehr isolieren, daß er damit auch sein eigenes Wohl zerstört.

Das Maß an Freiheit, das dem einzelnen in einer Gesellschaft zukommt, läßt sich also nicht einfach an den Rechtsnormen und an der Steuerung des Individualverhaltens durch die Gesellschaft ablesen. Hier ist die hermeneutische Struktur der Freiheit zu beachten. Das Maß der Freiheit des einzelnen hängt auch davon ab, wie weit er selber jene Werte bejaht und von sich aus erstrebt, die durch die soziale Koordination und Steuerung des Verhaltens verwirklicht werden. Wenn etwa in der Kirche die Einheit im Glauben als besonders hoher Wert empfunden wird, dann wird man auch jene Maßnahmen billigen, die diese Einheit garantieren. Insofern jedoch ein gewisser Pluralismus als berechtigt und notwendig betrachtet wird und dafür die Unabhängigkeit des einzelnen im Denken und Glauben höher geschätzt wird, wird man etwa eine stärkere Kontrolle der Theologie ablehnen. Der Einfluß der Gesellschaft auf den einzelnen und dessen Reaktion darauf dürfen natürlich nicht zu getrennt gesehen werden, denn die Stellungnahme des einzelnen ist ja selber bereits wieder Ergebnis eines Bildungsprozesses, dem der einzelne durch die Gesellschaft unterzogen wurde.

In der hermeneutischen Struktur der Freiheit ist aber nun dem objektiven Moment noch etwas mehr Aufmerksamkeit zu schenken. Die einzelnen Situationen, in denen der Mensch steht, und die verschiedenen Werte, die er verwirklichen möchte, verlangen jeweils ein verschiedenes Verhältnis von Selbstbestimmung und Bindung an die Gesellschaft. Es gibt Aufgaben und Werte, die nur durch das Zusammenwirken vieler Personen erreicht werden können. Wo solche Werte erstrebt werden, ist dann auch das Zusammenwirken und die Normierung des Handelns des einzelnen durch die Gesellschaft zu bejahen. Wo es aber um Werte geht, die der einzelne verwirklichen kann und verwirklichen soll, da muß er sich eine gewisse Unabhängigkeit von der Gesellschaft bewahren. Die Einflußnahme der Gesellschaft kann gegenüber der Selbstverfügung des einzelnen als subsidiär bezeichnet werden. Es gehört zur Reife der Persönlichkeit, daß sie sich Unabhängigkeit wahrt, wo sie um der eigenen Verantwortung und entsprechender Werte willen erforderlich ist, daß sie sich aber auch unterordnen kann, wo das von der Gemeinschaft und der Verwirklichung sozialer Werte her gefordert ist.

Gerade von einer theologischen Sicht des Menschen her ist aber zu betonen, daß die Selbstbestimmung des einzelnen als ein besonderer Wert zu betrachten ist. Die Glaubensentscheidung als Entscheidung gegenüber der absoluten Zukunft ist von der Gemeinschaft her nicht erzwingbar, sondern muß in Freiheit von jedem einzelnen geleistet werden. In ihr kommt die unverwechselbare Individualität der einzelnen Person am stärksten zur Geltung. Aber weil sich die Entscheidung gegenüber der absoluten Wirklichkeit im Verhalten gegenüber den Mitmenschen und der Welt vermitteln muß, deshalb muß auch in diesem Bereich ein Raum für diese Individuen gegeben sein. Die Gesellschaft kann dem einzelnen Freiheit und Verantwortung nicht abnehmen. Jeder muß bereit sein, einen individuellen eigenen Beitrag zum Wohl des Ganzen zu leisten. Das ist nur möglich, wenn sich der einzelne nicht bloß unterordnet, sondern auch als ein Mensch erleben kann, der eigene Entscheidungen zu treffen hat und eine gewisse Unabhängigkeit von den Mitmenschen besitzt. Deshalb wäre von einem christlichen Menschenbild her jenes Verständnis ungenügend, in dem die Freiheit des einzelnen nur noch in der Bejahung der eigenen Abhängigkeit und der gemeinsam zu verwirklichenden Werte gesehen wird.

Ebenso ungenügend wie eine solche kollektivistische Deutung der Freiheit wäre aber eine zu starke Überbetonung der Individualität des einzelnen, denn daraus ergäbe sich eine Beeinträchtigung der Verantwortung des einzelnen für die anderen, die nicht nur im technischen und wirtschaftlichen Bereich wegen mangelnder Koordination des Verhaltens ihre Nachteile hätte, sondern auch unmittelbar theologisch bedenklich wäre. Denn der einzelne muß sich ja immer bewußt sein, daß er sein Heil nur im Dienst am Mitmenschen finden kann und dieser Dienst am Mitmenschen eben auch eine Relativierung der eigenen Einmaligkeit verlangt.

Wie nun aber von einer christlichen Sicht her das Verständnis von Selbstbestimmung und Fremdbestimmung genauer aussehen soll, das läßt sich nicht apriorisch und allgemeingültig sagen, sondern das wird immer abhängen von der augenblicklichen kulturellen, wirtschaftlichen und gesamtmenschlichen Situation. Hier gelten für Kriegszeiten andere Maße als für Friedenszeiten, für eine Wohlstandsgesellschaft andere als für Elendsgebiete. Aber das tatsächliche Verständnis des Freiheitsideals ergibt sich natürlich nicht mit Notwendigkeit aus solchen objektiven Faktoren, sondern aus einem gesellschaftlichen Deutungsprozeß, der auch in Zusammenhang mit geistesgeschichtlichen, weltanschaulichen, naturwissenschaftlichen und anderen Strömungen steht. Der Unterschied zwischen dem Freiheitsbegriff unserer westlichen Welt und mancher östlicher Länder begründet sich nicht einfach in verschiedenen wirtschaftlichen Systemen, sondern eben auch in verschiedenen «Ideologien». Allerdings können solche Ideologien durchaus auch kritisiert werden, wenn sie bestimmten objektiven Fakten nicht genügend gerecht werden. Es wäre also eine Übertreibung des hermeneutischen Aspektes, wenn man meinen würde, das Ideal der Freiheit sei dann verwirklicht, wenn sich der einzelne für frei hält und wenn man nicht bedenken würde, daß der jeweilige Begriff der Freiheit bestimmten Gegebenheiten Rechnung tragen muß und von dorther auch kritisiert werden kann.

Zusammenfassung

Es erscheint vorteilhaft, nicht ein Reich des Seins und ein Reich der Werte zu unterscheiden. Auf diese Weise würden nämlich die Werte wieder als eigenständige Wirklichkeiten begriffen. Werte sind vielmehr durch ihre Beziehung zu einem strebenden Wesen und durch ihre Wirkfähigkeit bzw. ihre Funktion zu bestimmen. Die Unterscheidung verschiedener Wertebenen sollte gleichzeitig ihre gegenseitige Vermittlung sichtbar machen. Biologische Werte bekommen eine psychologische und eine ethische Bedeutung, insofern sie zur sozialen und zeitlichen Dimension menschlicher Existenz sowie zum letzten Ziel menschlichen Daseins in Beziehung gesetzt werden. Bei einer derartigen Sicht wird es auch möglich, den negativen Erfahrungen von Schmerz und Angst eine wichtige Funktion zur Erhaltung des Lebens zuzuschreiben. Das ist unerläßlich, wenn man bestimmte Aspekte des sozialen Lebens angemessen begreifen will wie z. B. die Struktur einer Norm oder das Wesen der Strafe. Auf höheren Ebenen wird allerdings immer deutlicher, daß Werte nicht ausschließlich objektiv definiert werden können, sondern durch subjektive Entscheidung näher bestimmt werden müssen. Dieser hermeneutische Aspekt tritt besonders im Verständnis von Leid und Tod in den Vordergrund. Weil aber menschliche Entscheidungen nie rein geistiger Art sind, sondern immer innergeschichtlich und leiblich vermittelt bleiben, deshalb geschieht auch die Entscheidung gegenüber Wertobjekten nie in einer absoluten Autonomie, sondern Freiheit und Determination, Selbstbestimmung und Fremdbestimmung greifen in einem unauflöslichen Zusammenhang ineinander.

Zu den Grundkategorien der Sittlichkeit gehört neben den Begriffen der Freiheit, des Guten und Bösen vor allem auch der Begriff des Anspruchs und des Sollens. Worin ist dieses Phänomen begründet, und wie wird es erkannt? Auch hier sollte es nicht genug sein, etwa nur das Axiom zu wiederholen, daß das Sollen aus dem Sein folge. Es ist auch danach zu fragen, welche Strukturen des Menschseins, welche objektiven und subjektiven Faktoren die Erfahrung des Sollens zustande bringen.

1. Die Begründung des Anspruchs

Eine erste These besagt, daß das Sollen in der freien Entscheidung einer Person gründet. Diese Aussage ist keine Selbstverständlichkeit. Ein rein naturrechtliches Denken, das sittliche Verpflichtungen ausschließlich auf die Natur der Sache zurückführen wollte, würde keinen Raum für eine solche Annahme lassen. Hier wäre die Natur ein der menschlichen Person übergeordnetes Prinzip. Nach einer solchen Auffassung könnte sich eine sittliche Verpflichtung nur insofern ändern, als sich die Natur bzw. die äußere Situation verändert. Natürlich könnte der Mensch durch seine freie Entscheidung eine solche Veränderung herbeiführen und damit auch neue Verpflichtungen schaffen. Aber die letzte Begründung für den Wandel des sittlichen Anspruches läge auch dann in der äußeren Situation und nicht etwa in der personalen Entscheidung des Menschen als solcher. Ein derartiges naturrechtliches Denken würde darauf bestehen, daß auch die Erkenntnis der Verpflichtung rein auf das Objektive zu gehen habe und nicht einen hermeneutischen Prozeß darstelle, der entscheidend durch die Freiheitsgeschichte des Individuums und der Gesellschaft mitbestimmt ist.

Eine entgegengesetzte Annahme findet sich heute vielfach im Bereich der Soziologie. Dort weist man auf die Verschiedenartigkeit von Normsystemen in den einzelnen Kulturen hin.[50] Die Gültigkeit

[50] Allerdings oft auch unter dem ausdrücklichen Vorbehalt, damit nur einen Aspekt der Anthropologie und der Ethik zu erfassen. Vgl. z.B. Richard F. Behrendt, Der Mensch im Licht der Soziologie, Stuttgart 1963, 11.14f.

einer Norm scheint unter diesem Gesichtspunkt nicht in naturgegebenen Voraussetzungen begründet zu sein, sondern einfach in der geschichtlichen Entwicklung einer Gesellschaft. Eine Norm erscheint dann als gültig, wenn sie von der überwiegenden Mehrheit anerkannt und beobachtet wird. Wenn sich diese Mehrheit zu neuen Verhaltensweisen hinwendet, dann werden eben diese zur Sitte und bekommen insofern schließlich eine verpflichtende Kraft. Wer gegen das Verhalten der Mehrheit verstößt, schließt sich dadurch von der Gemeinschaft aus und handelt insofern gegen seine eigene Bestimmung.

Zwar wird auch der Soziologe wissen, daß nicht jede Norm im gleichen Maße wandelbar ist und daß etwa die Lüge trotz ihrer großen Häufigkeit nicht einfach zur verpflichtenden Sitte werden kann. Aber da es nicht Sache des Soziologen ist, die Begründung von Normen – etwa in natürlichen Gesetzmäßigkeiten oder in einer personalen Entscheidung – genauer zu untersuchen, wird für ihn die statistische Frage nach dem Verhalten der überwiegenden Mehrheit im Vordergrund stehen. Er wird deshalb versucht sein, die sittliche Norm im «normalen» Verhalten, also im Tun der überwiegenden Mehrheit, begründet zu sehen.

Der verpflichtende Charakter einer freien menschlichen Entscheidung ist nur von einer genaueren Analyse des sittlichen Handelns her verständlich zu machen. Das sittliche Handeln beruht auf der menschlichen Freiheit. Der Mensch muß zu seiner Zukunft Stellung nehmen, er muß sich einen Weg in die Zukunft entwerfen. Weil der Mensch in seinem Leben aber vielfältig auf den Mitmenschen und die Gemeinschaft bezogen ist, kann er über seine Zukunft nicht völlig unabhängig von den Mitmenschen verfügen. Nehmen sie ihm die Möglichkeit, seine Entscheidung durchzuführen, dann nehmen sie ihm somit auch die Freiheit und die Möglichkeit der Selbstentfaltung und Selbstverfügung seiner Person. Personales Leben ist nur dann zu verwirklichen, wenn die Entscheidungen, die jemand über seine Zukunft trifft, von den Mitmenschen nicht nur respektiert, sondern soweit notwendig auch unterstützt werden. Hier wird bereits ein verpflichtender Charakter der freien Entscheidung auch für die Mitmenschen sichtbar.

Noch deutlicher wird diese Überlegung, wenn wir eine Gemeinschaft als ganze betrachten. Auch eine solche Gemeinschaft muß Entscheidungen treffen und die Zukunft planen. Das setzt voraus, daß sich die einzelnen Mitglieder an die einmal getroffene Entscheidung gebunden fühlen. Wo das nicht geschieht, wo jeder einzelne für sich allein planen und entscheiden will, ohne sich von anderen bestimmen zu lassen, da fehlt jenes Zusammenwirken, das für soziales und damit überhaupt menschliches Leben unverzichtbar ist.

Eine Folgerung, die sich aus diesem Verständnis menschlicher Freiheitsentscheidung ergibt, ist die Forderung nach Vertrauen. Weil die freie Entscheidung eine Verfügung über die noch ausstehende Zukunft ist, kann sie sich nie sachlich vollständig ausweisen. Eine echte Zukunft ist eben offen und läßt deshalb verschiedene Möglichkeiten der Planung zu. Insofern eine solche Verschiedenheit von Entscheidungen möglich ist, kann der Vorzug einer Entscheidung vor anderen nicht zwingend einsichtig gemacht werden. Die Achtung dieser Entscheidung und gegebenenfalls ein Gehorsam ihr gegenüber sind deshalb nicht ausschließlich rationell zu begründen, sondern müssen in personaler Verbundenheit und in Vertrauen auf den anderen geleistet werden. Wo man sich weigert, in diesem Sinne Mitarbeit und Unterordnung anzubieten, wo man eine restlose rationale Begründung aller Entscheidungen fordert, verhindert man die Möglichkeit einer echten Zukunftsplanung im Sinne eines freien Entwurfes. Damit kann sich die schöpferische Kraft des einzelnen bzw. der Gemeinschaft und ihrer Autoritäten gegenüber der Zukunft nicht mehr entfalten. Der einzelne und die Gemeinschaft verlieren ihre geschichtsbildende Kraft und werden zu Funktionen des bereits Gegebenen und Bestimmten.

Natürlich muß und kann das geforderte Vertrauen nicht einseitig sein. Die Planung der Zukunft eines einzelnen kann gewöhnlich nicht so erfolgen, daß dieser ohne Rücksicht auf die anderen entscheidet und dann Anerkennung und Gehorsam verlangt. Es wird auch bereits beim Zustandekommen eines solchen Planes die Rücksicht auf jene zur Geltung kommen müssen, deren Mitwirkung man dann benötigt bzw. fordert. Das ändert aber nichts daran, daß die freie Entscheidung eine letzte rationale Rechtfertigung ausschließt und insofern eine Forderung auf Vertrauen und freie Zustimmung enthält.

Die Zukunftsplanung des Menschen geschieht freilich nicht in einem bloßen Entwurf, denn in mancher Hinsicht ist das zukünftige

Geschehen von Vergangenheit und Gegenwart her bereits festgelegt und die weitere Entwicklung kann immer neue Bestimmungen für die zu erwartende Zukunft bringen. Sobald solche Faktoren neu sichtbar werden, müssen sie in die Planung des Menschen einbezogen werden, was zu einer Abänderung oder gar zu einer Aufhebung der ursprünglichen Entscheidung führen kann.

Entsprechendes ist auch von der Verpflichtung des einzelnen gegenüber der Gesellschaft und der Autorität zu sagen. Was eigentlich verpflichtet, das ist nicht der Buchstabe eines Gesetzes oder Befehls, sondern das Ziel, das dadurch gesetzt wird. Wo dieses Ziel nicht auf dem vorgesehenen Weg erreicht werden kann, ist man verpflichtet, einen anderen Weg einzuschlagen oder von der Befolgung jener Anordnung abzusehen. Was eigentlich verpflichtet, ist das Ziel, der «Sinn», die Zukunft. Vielfach enthält freilich ein Befehl nicht nur den Hinweis auf ein oberstes Ziel, sondern auch eine Festlegung des Weges zu diesem Ziel. Das kann z.B. aus Gründen der Koordination des Handelns notwendig sein. Hier wird dann der Weg gleichsam zu einem Zwischenziel gemacht und stellt insofern eine Verpflichtung dar. Aber diese Forderung ist auf jeden Fall dem obersten Ziel und dessen Erreichung unterzuordnen.

Nun ist allerdings zu fragen, ob Zukunft nicht in jedem Augenblick neu geplant werden muß, sobald etwa neue Gesichtspunkte auftauchen. Oder ist der Mensch gegenüber jedem Zukunftsentwurf verpflichtet, den er bereits in der Vergangenheit vollzogen hat? Es stellt sich also die Frage, inwiefern eine vergangene Entscheidung als Entwurf der Zukunft bleibende Verbindlichkeit behält.

Man kann hier z.B. an einen rein privaten Vorsatz denken, bei dem die soziale Dimension nicht umittelbar in Erscheinung tritt. Ist man selber an einen solchen Vorsatz gebunden? Das scheint tatsächlich der Fall zu sein, denn der Vorsatz ist ja nichts anderes als der Versuch, sich selber zu binden.[51] Würde man eine solche Entscheidung im nächsten Augenblick ignorieren, dann würde man ihr ihre Zukunftsbedeutung absprechen. Sie wäre dann nicht mehr ein Akt schöpferischer Freiheit vor der Zukunft, sondern bestenfalls ein ohnmächtiger momentaner Wunsch. Die Erfahrung der eigenen personalen Ohnmacht, die sich in jeder Mißachtung eines Vorsatzes ergibt, würde

[51] Hannah Arendt, Vita activa oder Vom tätigen Leben, Stuttgart 1960, 239–243.

einem die Möglichkeit nehmen, aus echter Hoffnung heraus immer neue schöpferische Entscheidungen zu vollziehen. Wenn man nicht die Kraft hat, frühere Vorsätze zu halten, dann hat man auch nicht die Kraft, neue Vorsätze zu fassen. Damit wäre in letzter Konsequenz die Möglichkeit einer wirkungsvollen Selbstverfügung und einer freien Entscheidung zerstört. Die personale Freiheit ist also nur zu wahren in der Treue zu den eigenen Entscheidungen gegenüber der Zukunft.

Dieser Gedankengang ist nun wieder zu übertragen auf den sozialen Bereich. Ein Versprechen oder ein Vertrag können nicht beliebig zurückgenommen und umgewandelt werden, denn sonst würde jenes gegenseitige Vertrauen zerstört, das die Voraussetzung für gemeinsames Handeln darstellt und das für die Erreichung vieler Ziele unentbehrlich ist. Die schöpferische Gestaltung der Zukunft durch einen Bund oder eine Gemeinschaft setzt notwendig die Treue zu den gemeinsam gefällten Entscheidungen voraus. Auf die Notwendigkeit einer Uminterpretation solcher Entscheidungen gegenüber der Änderung einer äußeren Situation oder wegen Undurchführbarkeit ist weiter unten noch einzugehen.

Daß ein Vorsatz, ein Versprechen oder ein Vertrag verpflichtenden Charakter hat, ist von der Intention dieser Akte her leicht zu verstehen. Es stellt sich nun aber die Frage, ob in jeder freien Entscheidung des Menschen wenigstens keimhaft ein Anspruch enthalten ist, der in ähnlicher Weise wie die genannten Vollzüge eine Verpflichtung darstellt, und es scheint uns, daß dies tatsächlich der Fall ist. Zunächst einmal scheint eine solche Verpflichtung gegenüber dem eigenen handelnden Subjekt zu bestehen. Eine freie Entscheidung bedeutet ja immer eine Stellungnahme zur Zukunft und letztlich gegenüber Gott. Insofern ist jeder solche Akt entweder gut oder böse. Wenn wir von der sittlich schlechten Entscheidung einmal absehen und uns auf die gute beschränken, so kann die Person ihr nicht gleichgültig gegenüberstehen, denn eine gute Entscheidung betrifft nicht nur das äußere Objekt, sondern auch die eigene subjektive Zukunft. In der guten Entscheidung öffnet sich der Mensch der Hoffnung. Würde er im nächsten Augenblick eine entgegengesetzte Entscheidung treffen, dann würde er dadurch dem vorherigen Akt seine Zukunftsbedeutung nehmen. Dadurch würde sich der Mensch wieder der Möglichkeit verschließen, auf die Dauer Akte echter Hoffnung zu setzen, d.h. in schöpferischer Freiheit gegenüber der Zukunft das Gute zu wählen.

Wo sich der Mensch ernsthaft zum Guten entscheidet, verpflichtet er sich also selber, diese Entscheidung auch im nachhinein als richtig anzuerkennen und nicht durch entgegengesetzte Entscheidungen zu relativieren und für sich als nicht maßgeblich zu erklären. Eine sittlich positive Entscheidung enthält also in sich wesentlich den Vorsatz, diese Entscheidung auch im nachhinein anzuerkennen. Die betreffende Person bleibt gegenüber der Entscheidung, auch wenn diese der Vergangenheit angehört, verpflichtet. Wenn man nach den Bedingungen fragt, unter denen einer Entscheidung verpflichtender Charakter zukommt, so müssen vor allem die Freiheit der Entscheidung, die sittliche Gutheit und die Notwendigkeit der Mitwirkung anderer genannt werden.

Eine Sache als solche kann nicht verpflichten. Wohl aber müssen objektive Gegebenheiten berücksichtigt werden, wenn man ein bestimmtes Ziel erreichen will. Der verpflichtende Charakter geht aber dann vom Ziel und nicht von diesen objektiven Gegebenheiten aus. Die Fakten haben ihre Bedeutung als Mittel und nicht in sich selber.

a) Insofern nun eine Handlung frei ist, ist sie auf ein Ziel ausgerichtet, das noch nicht erreicht ist. Genaugenommen hat eine freie Entscheidung immer ein doppeltes Ziel, nämlich zuerst ein konkretes, innerweltliches, darüber hinaus aber eine absolute Zukunft, denn gegenüber dem konkreten Gegenstand ist der Mensch nur frei, weil sein Akt über diesen Gegenstand hinausgreift. Die einzelne Entscheidung zielt also nicht nur auf die Verwirklichung eines innerweltlich kategorialen Aktes ab, sondern sucht die Kommunikation mit einem absoluten Du. Diese Kommunikation ist aber nur durch die Vermittlung zwischenmenschlicher Beziehungen zu verwirklichen. Da nun diese Beziehungen zweiseitig sind, also nicht vom handelnden Subjekt allein verwirklicht werden können, ergeht hier ein Anspruch an die Mitmenschen, sich dem Verlangen nach Begegnung und interpersonaler Einswerdung zu öffnen. Das geschieht dadurch, daß die freie Entscheidung des Handelnden als gut anerkannt und bestätigt wird. Diese Anerkennung verlangt aber vielfach nicht nur einen theoretischen Akt distanzierter Billigung, sondern auch das Eingehen auf die konkreten Ziele, also auf die konkrete Gestalt der freien Entscheidung.

b) An sich scheint auch das Böse einen Anspruch auf Anerkennung und gegebenenfalls auf Mitwirkung zu erheben. Tatsächlich stellt jede böse Handlung auch einen Verstoß gegen das personale Wohl der Mitmenschen, also eine Verführung wenigstens der Intention nach, dar. Wie der gute Akt darauf abzielt, den Mitmenschen zur Liebe zu führen, so hat die böse Entscheidung eine Finalität in sich, den anderen zum Bösen zu verleiten. Aber hier liegt keine sittliche Verpflichtung vor, denn das Böse ist ja gerade dadurch gekennzeichnet, daß es sich dem Anspruch der Zukunft verweigert. Wer Böses tut, kann im andern Sinnerfahrung und Hoffnung zerstören. Aber er kann keinen verpflichtenden Anspruch erheben, weil seine Entscheidung nicht zu einer Sinnerfüllung menschlichen Lebens hinführt.

c) Für die Planung der Zukunft muß in vielfacher Weise die Mitwirkung anderer Menschen vorausgesetzt werden. Nun sind aber innerweltliche Ziele und die Möglichkeit, sie zu planen, ein Symbol für das Verhältnis des Menschen zur absoluten Zukunft. Deshalb bleibt Glaube immer auf Gemeinschaft bezogen, und Gemeinschaft besteht nur da, wo ihre Einheit auch im gemeinsamen Erstreben innerweltlicher Ziele zum Ausdruck kommt. Wenn der Mensch also zur absoluten Zukunft positiv Stellung nehmen will, dann braucht er dazu die Hilfe der Gemeinschaft. Das gilt nicht notwendig für den Einzelfall, und es besagt nicht, daß der einzelne über jenes Maß an Glaube und Hoffnung nicht hinauskann, das bei anderen Gliedern der Gemeinschaft gegeben ist, aber es besagt, daß man ohne Erfahrung solcher Gemeinschaft ohnmächtig wäre, sich in Freiheit zu seiner absoluten Zukunft zu entscheiden.

Die menschliche Entscheidung bedarf also grundsätzlich der Anerkennung und Gutheißung in sittlicher Hinsicht. Damit ist aber auch die Berechtigung jenes Anspruches anerkannt, der sich auf eine Mitwirkung und Ermöglichung des angestrebten Zieles durch andere bezieht. So ergibt sich grundsätzlich aus einer guten sittlichen Entscheidung ein Anspruch auf Unterstützung des betreffenden Entschlusses auch hinsichtlich der äußeren Verwirklichung. Das bedeutet freilich noch nicht, daß sich jeder dieser Verpflichtung stellen und zur Verwirklichung jener Entscheidung beitragen müßte, denn es richten sich so verschiedenartige Ansprüche an einen Menschen, daß er nie alles tun kann, was andere von ihm wünschen. Es sollte hier nur gesagt werden, daß prinzipiell von einer guten Entscheidung ein sittlicher Anspruch ausgeht.

Die Verpflichtung einer Entscheidung kann auch über das Leben eines einzelnen und einer Generation hinaus auf die Nachwelt übergreifen. Man könnte das zunächst leugnen wollen. Man könnte einwenden, es habe ein Mensch nicht das Recht, eine Forderung zu stellen, deren Erfüllung für sein eigenes Wohl bedeutungslos ist. Aber dieser Einwand macht eine falsche Voraussetzung, denn die Reichweite einer menschlichen Existenz läßt sich nicht einfach durch den Tod des einzelnen begrenzen. Man kennt aus der Geschichte Fälle, wo etwa ein Dorf zum Dank für das Überstehen der Pest oder einer Kriegsgefahr eine Verpflichtung auf sich nahm, die auch für die zukünftigen Generationen gelten sollte und tatsächlich jahrhundertelang als gültig betrachtet wurde. Es handelt sich hier nicht bloß um einen Akt der Pietät, zu dem im übrigen keinerlei Verpflichtung besteht, sondern um den Gehorsam gegenüber einem echten Anspruch. Es wird hier einfach anerkannt, daß einerseits die Errettung aus einer großen Gefahr für alle kommenden Generationen von Bedeutung bleibt, und daß anderseits der Akt der Dankbarkeit, der hier durch das Ablegen eines Gelöbnisses vollzogen wurde, so sehr der Bedeutung eines vorausgegangenen Ereignisses entsprach, daß man auch in späteren Generationen diesem Gelöbnis gemäß zu handeln hatte. Natürlich wird eine solche Verpflichtung nicht notwendig ewig bestehen bleiben. Einerseits wird ja die Kontinuität mit den früheren Generationen im Lauf der Zeit immer mehr abnehmen. Die Bewohner eines Dorfes werden sich immer weniger als unmittelbare Nachkommen der früheren Bewohner betrachten. Anderseits wird auch das Bewußtsein von der Bedeutung jenes früheren Ereignisses immer mehr schwinden, so daß die Erfüllung eines Gelübdes als Akt der Dankbarkeit immer weniger deutlich vollzogen wird. Aber es ist anthropologisch nicht unwichtig, zu erkennen, daß tatsächlich eine solche Verpflichtung über Generationen hinweg bestehen bleiben kann.

Sehr viel wichtiger ist dagegen die Frage nach der Verbindlichkeit einer theologischen Überlieferung. Denken wir etwa an die Tradition der verschiedenen christlichen Konfessionen. Auch hier gilt prinzipiell jene Überlegung, die wir über die Verpflichtung des einzelnen gegenüber seiner eigenen Vergangenheit angestellt haben. Die Entscheidung zur Glaubenslehre einer bestimmten Konfession ist für den Menschen von solcher Bedeutung, daß sich damit auch sein existentieller Glaube und seine Hoffnung eng verbinden. Er sieht in dieser Glaubenslehre den Weg, den er in der Richtung auf Gott als die absolute Zukunft zu gehen hat. Würde er dieses Glaubenserbe öfter wechseln, dann müßte er sich damit selber die Fähigkeit nehmen, seine Hoffnung auf eine solche Weltdeutung zu begründen, und er würde damit seiner Hoffnung überhaupt ein entscheidendes Maß an Kraft nehmen.

Was ein Mensch für sich selber um des Heiles willen für so wichtig hält, das wird er auch anderen Menschen vermitteln wollen, für deren Heil er sich mitverantwortlich weiß. Er wird es insbesondere auch an seine Nachkommenschaft weitergeben wollen. Hätte er diesen Willen nicht, dann würde sich darin entweder der eigene Unglaube oder ein Mangel an Verantwortungsbewußtsein für die Nachkommenschaft zum Ausdruck bringen. Der Verpflichtung, den eigenen Glauben weiterzugeben, entspricht nun auch eine Verpflichtung der Nachkommenschaft gegenüber dem Glauben ihrer Vorfahren. Würden sie dieser Tradition gleichgültig gegenüberstehen und sich einer anderen Tradition anschließen oder eine neue Ausdeutung des Glaubens entwickeln, dann würden sie damit den Anspruch ihrer Vorfahren auf Weitergabe des traditionellen Glaubensgutes zurückweisen. Wo für eine solche Stellungnahme keine ganz besonderen Gründe vorliegen, würde sich aber daraus ergeben, daß sie auch selber nicht erwarten können, daß ihre Glaubensüberzeugung zukünftig festgehalten würde, denn diese Erwartung muß ja wieder in der eigenen Treue begründet sein. Insofern sich also der einzelne Mensch oder eine Generation der Tatsache bewußt ist, daß die Bedeutung eines bestimmten Wertes über diese Generation hinausgeht und auch für die späteren Gültigkeit hat, ergibt sich einerseits die Verpflichtung, diesen Wert weiterzugeben, und anderseits die Verpflichtung der Nachkommenschaft, sich dieses Erbe anzueignen.

Hier sind allerdings wieder ähnliche Einschränkungen anzubringen, wie wir sie bereits bei der Betrachtung der einzelnen Person und ihrer Geschichte gemacht haben. Echte Geschichte bedeutet nicht nur Kontinuität, sondern auch Wandel. Die Zukunft bringt immer Neues und verlangt deshalb eine Umdeutung früherer Entschlüsse und eine gewisse Elastizität im Eingehen auf neue Entwicklungen und Einsichten.

2. *Grenzen des Anspruchs*

Der Anspruch, der durch eine sittliche Entscheidung gestellt wird, ist zunächst ethischer Art. Durch die Entscheidung stellt man die Forderung, daß die Umwelt die ethische Richtigkeit dieser Entscheidung anerkennt. Wie weit darüber hinaus ein Anspruch auf äußeres Handeln erhoben wird, hängt davon ab, inwieweit die ethische Billigung nur auf diese Weise glaubwürdig sein kann.

Wenn sich jemand z.B. in freier Wahl entschließt, einen bestimmten Beruf zu ergreifen, dann setzt er sich damit ein Ziel, das er im wesentlichen durch seine eigene Anstrengung zu erreichen hat. Allerdings wird hier bereits die Forderung erhoben, daß etwa die Eltern oder sonstige zuständige Personen die Verwirklichung eines solchen Entschlusses, wenn nicht schwerwiegende Gründe dagegenstehen, auch möglich machen. Wo das nicht geschieht, wäre eine Einschränkung der persönlichen Freiheit gegeben. – Ein Anspruch, den die Gemeinschaft an den einzelnen richtet, ist etwa die Beobachtung bestimmter Höflichkeitsformen. Diese Sitten dienen dazu, das Zusammenleben in der Gemeinschaft zu erleichtern. Hält sich jemand nicht an diese Formen, dann setzt er sich dadurch von der Gemeinschaft ab und gerät folglich in eine gewisse Isolation.

Von besonderer Bedeutung ist aber jener Anspruch, den eine Autorität durch ihre Weisungen an die Glieder einer Gemeinschaft richtet. Dieser Anspruch hat seinen Grund im Wohl jener Gemeinschaft, um derentwillen die Autorität besteht. Die Gemeinschaft als ganze kann nur in wenigen Fällen Entscheidungen treffen. Gerade eine größere Gemeinschaft, etwa ein Staat, ist nur dann handlungsfähig, wenn seine Entscheidungen von einzelnen Vertretern der Gesamtheit getroffen werden. Insofern man solche Entscheidungen als ethisch richtig anerkennt, ist man als Mitglied dieser Gemeinschaft, d.h. als Untergebener der betreffenden Autorität, auch gehalten, diesen Weisungen zu gehorchen. Würde man das nicht tun, dann würde man dadurch die Richtigkeit der Weisungen wenigstens für sich in Frage stellen und würde dem Wohl der Gemeinschaft einen Schaden zufügen.

Prinzipiell ist der Anspruch der Autorität nicht anders begründet als der Anspruch, der in jeder sittlichen Entscheidung gegeben ist. Nur verlangt die Art der Zielsetzung, die hier vorgenommen wird, in besonderer Weise ein äußeres Mitwirken, das wir als Gehorsam bezeichnen. Die Frage, ob der Gehorsam nicht die Würde der Freiheit des Untergebenen beeinträchtige, kann deshalb nicht Autorität und Gehorsam überhaupt in Frage stellen, sondern höchstens die Art des geforderten Gehorsams. Die Interessen der Gemeinschaft stehen nicht so hoch über denen des einzelnen, daß man von diesem ohne weiteres jeden Verzicht verlangen kann, denn der einzelne ist nicht nur für die Gemeinschaft, sondern diese ist auch für den einzelnen da. Aber soweit man das Gemeinwohl als einen eigenen Wert neben dem der privaten Interessen anerkennt, ist auch die grundsätzliche Berechtigung der Autorität und ihre Forderung nach Gehorsam anzuerkennen.

3. Der Zielcharakter des Anspruchs

Eine sittliche Verpflichtung gründet nicht unmittelbar in der Natur objektiver Gegenstände, sondern zunächst in der Person und ihrer Freiheit. Daraus ergibt sich, daß diese Verpflichtung verschieden sein kann, je nachdem, in welcher Entscheidung sie gründet. Es geht dabei nicht bloß um äußere konkrete Unterschiede, die sich etwa aus der Wahl eines von mehreren gleichwertigen Zielen ergeben. Eine Verpflichtung hängt auch im Maß ihrer Verbindlichkeit von der Entscheidung ab, in der sie gründet. Eine kompromißlose ethische Entscheidung, in der sich die Person mit ihrer ganzen Kraft engagiert, stellt einen höheren Anspruch auf Anerkennung als eine mit halbem Herzen vollzogene, mehr von außen nahegelegte Wahl. Daraus ergeben sich dann jeweils auch entsprechende Folgerungen für ein eventuell gefordertes äußeres Tun.

So hängt etwa die unmittelbare Verpflichtung gegenüber dem Gemeinwohl nicht ausschließlich davon ab, was dieses Wohl tatsächlich erfordert und wodurch es gefördert werden könnte, sondern auch davon, was die Autorität als Sprecherin der Gemeinschaft verlangt. Stellt sie hohe Forderungen, so ist ihnen zu gehorchen, soweit sie tatsächlich gerechtfertigt sind. Verlangt die Autorität bei sonst gleichen Umständen aber weniger, dann ist der einzelne nicht unmittelbar verpflichtet, über das Verlangte hinauszugehen und das zu tun, was er selber vielleicht als zuständige Autorität fordern würde.

Allerdings ist hier immer eine gewisse Einschränkung zu machen, denn die Autorität ist nicht der ausschließliche Verwalter des Gemeinwohls. Der einzelne hat auch eine unmittelbare Verpflichtung gegenüber dem Wohl des Ganzen. Aber bestimmte Formen des Einsatzes für das Gemeinwohl würden weitgehend wirkungslos und deshalb auch sinnlos sein, wenn sie ohne Koordination mit den übrigen Gliedern der Gemeinschaft erfolgen würden. Wenn jemand z. B. glaubte, der Staat müsse höhere Steuern fordern, um bestimmte Probleme des sozialen Lebens oder des Umweltschutzes bewältigen zu können, dann hätte es praktisch keine Auswirkung auf die Lösung dieser Fragen, wenn er als einzelner freiwillig höhere Steuern zahlen würde. Die Autorität hat ja wesentlich die Aufgabe, die Kräfte der einzelnen zu koordinieren und dadurch Leistungen zu ermöglichen, zu denen der einzelne von vorneherein nicht imstande ist. Deshalb ist dieser auch unfähig, Entscheidungen der Autorität von sich allein aus durch sein Verhalten zu korrigieren.

Entsprechendes gilt auch in anderen zwischenmenschlichen Beziehungen. Die Verpflichtung, die man gegenüber einem einzelnen Mitmenschen hat, hängt nicht allein von der äußeren Situation des Betreffenden ab. Hier spielt auch das Maß der Dringlichkeit, mit der der andere eine Bitte stellt, das Maß des Vertrauens, mit dem er diese Bitte vorträgt, seine innere Haltung, mit der er mehr oder weniger in der Lage ist, eine Enttäuschung hinzunehmen, oder manches Ähnliche eine Rolle.

Dabei handelt es sich nicht einfach bloß um beliebige Entscheidungen, an denen sich der andere zu orientieren hat. Auch eine Entscheidung oder eine Haltung, durch die jemand hinter dem Gesollten zurückbleibt, ist in ihrer Qualität nicht schlechthin unverbindlich. An sich sollte der Mensch z. B. in seiner Hoffnung und in seinem Glauben bereit sein, sich mit einem bald bevorstehenden Tod abzufinden.

Wenn er dazu tatsächlich bereit wäre, dann könnte der Arzt in einem solchen Fall dem Patienten auch offen sagen, wie es gesundheitlich um ihn steht. Ist dieser aber aus einer unzulänglichen Einstellung heraus nicht in der Lage, eine solche Tatsache anzunehmen, besteht etwa die Gefahr der Niedergeschlagenheit oder gar der Verzweiflung, dann kann der Arzt verpflichtet sein, die Wahrheit zu verschweigen oder sie gar durch eine dem Wortlaut nach falsche Aussage zu verschleiern. Gewiß wäre es idealer, wenn man klar und deutlich die Wahrheit sagen könnte, aber ein ideales Verhalten muß eben auch durch die äußere Situation bzw. durch die Haltung der Mitmenschen möglich gemacht werden.

Die Höhe einer sittlichen Forderung hängt schließlich auch von der Haltung des handelnden Subjektes selber ab. Sich Ziele zu setzen in dem Wissen, daß man nicht die Kraft hat, sie zu erreichen, wäre sinnlos.[52] Das bedeutet nicht einfach, daß man keine Verpflichtung hat, nach hohen Idealen zu streben,[53] aber im Konkreten muß eben ein Schritt nach dem anderen gesetzt werden. Es ist also jeweils das zu tun, was in der konkreten einzelnen Situation in Richtung auf das Ideal hin möglich erscheint. Sowohl sich selber als auch dem Mitmenschen oder der Gemeinschaft gegenüber besteht die Verpflichtung, das jeweils höhere Ziel anzustreben. Aber es muß von der einzelnen Situation her entschieden werden, in welchem Maß und in welcher Form eine solche Verpflichtung verwirklicht werden kann.

Die innere personale Haltung des Glaubens, der Hoffnung und der Liebe entwickelt sich nicht sprunghaft. Die Person kann nur in einer durchgehenden Kontinuität zu ihrer Entfaltung kommen. Überforderung durch eine äußere Zielsetzung, die den inneren Möglichkeiten nicht gemäß ist, würde nicht zu einem Wachstum der Liebe und der Hoffnung, sondern im Gegenteil zu deren Erlahmen führen. Was aber sittlich eigentlich gefordert ist, das ist zunächst immer dieses Wachsen der inneren personalen Haltung, nicht aber das unmittel-

[52] Dieser Sachverhalt wird vielfach mit dem Begriff Zielgebot anvisiert. Dazu B. Häring, Zielethik, in: LThK ²10, 1369; ders., Das Gesetz Christi II, ⁸1966 144; III, 101f; ders., Zusage an die Welt, Bergen-Enkheim 1968, 64–70; ders., Theologie im Protest 1971, 18f, 162f; J. G. Ziegler, in: H. Vorgrimler, R. Van der Gucht (Hrsg.), Bilanz der Theologie im 20. Jahrhundert III, 351; Kl. Demmer, Sein und Gebot 88–91; vgl. auch Lk 14,25–33.

[53] Mt 5,48.

bare äußere Verwirklichen eines Ideals. Es ist kein Einwand gegen diese Auffassung, daß man gelegentlich von einer einschneidenden Bekehrung hört. Auch dabei geschieht kein Sprung, sondern ein solches Ereignis ist innerlich vorbereitet, und sei es auch nur durch eine wachsende Unzufriedenheit mit der eigenen Haltung, und es wird vielfach ermöglicht durch besondere äußere Umstände, etwa durch die Begegnung mit einer außergewöhnlichen Persönlichkeit. Solche Umstände stellen eine besondere Herausforderung dar und vermitteln gleichzeitig eine besondere Kraft, durch die dann eine Revolution im eigenen Leben möglich wird.

An sich hat jede sittliche Verpflichtung die Form einer Zielforderung, denn der eigentliche Anspruch, der in jeder Weisung und in jedem Gebot enthalten ist, ist der Anspruch auf Liebe, Hoffnung und Glaube. In dieser Hinsicht wird aber der Mensch nie eine unüberschreitbare Vollkommenheit erlangen. Der zielhafte Charakter der Forderung wird dagegen nicht immer in gleichem Maße deutlich. Wenn eine Weisung eine einzelne konkrete Handlung betrifft, wie das etwa in einem allgemeingültigen Befehl geschieht, oder wenn es in einem allgemeingültigen Gebot um die Unterlassung bestimmter Handlungen geht – etwa um das Verbot, zu stehlen –, dann kann man solche Forderungen erfüllen, ohne daß vielleicht eine Steigerung der äußeren Gehorsamsleistung möglich wäre. Wenn es sich aber um Forderungen handelt, in denen die personale Entscheidung auf längere Zeit von Bedeutung ist, dann ist offensichtlich, daß solche Forderungen immer nur annäherungsweise erfüllt werden und einen ständigen Fortschritt des Bemühens verlangen. Als Beispiele seien Haltungen der Treue, der Güte, der Barmherzigkeit genannt.

Da aber auch Weisungen, die eine konkrete äußere Handlung bzw. Unterlassung fordern, offenbar sittliche Weisungen sind und deshalb mit den personalen Grundhaltungen in Beziehung stehen müssen, können auch sie nicht völlig unabhängig von ihrem personalen Grund verstanden werden. Sie können zwar äußerlich perfekt erfüllt werden, aber die sittliche Lauterkeit, mit der das geschieht, wird immer Steigerungen zulassen. Von dieser Reinigung und Reifung der inneren Motivationen wird es aber auch abhängen, wieweit es jemandem möglich ist, auf die Dauer und zuverlässig äußerlich richtig zu handeln.

Im Zusammenhang mit dem Begriff der Zielforderung sei auch auf jenen Fall hingewiesen, wo durch eine sittlich falsche Entscheidung ein Zustand herbeigeführt wird, in dem ein Wert geopfert werden muß, um einen größeren nicht zu gefährden. In einem solchen Fall ist die Entscheidung nach dem Güterabwägungsprinzip, d.h. die Entscheidung für das geringere Übel, zwar das Richtigere, aber nicht einfach sittlich korrekt, sondern noch einmal ein Ausdruck jener Verantwortungslosigkeit, mit der man es bis zu jener Situation hat kommen lassen. Ein solcher Fall ist etwa gegeben, wenn man in einen Krieg eintritt – auch wenn es ein reiner Verteidigungskrieg wäre –, der sich als Folge einer falschen und verantwortungslosen Außenpolitik schließlich ergibt. Es mag sein, daß hier der Krieg unausweichlich geworden ist und daß er sich in solchen Grenzen hält, daß man ihn von der gegebenen Situation her als die einzig mögliche Lösung betrachtet. Dennoch wäre er dann sittlich gesehen insofern zu mißbilligen, als man es eben nicht zu einer solchen Verschärfung der Lage hätte kommen lassen dürfen. – Ein anderes Beispiel könnte etwa der Fall einer medizinischen Indikation sein, wenn ein Kind gezeugt wird, obwohl man weiß, daß eine Schwangerschaft aus medizinischen Gründen nicht mehr verantwortet werden kann. Ist sie dennoch eingetreten, dann kann es so weit kommen, daß eine Interruptio vorgenommen werden muß, um ein größeres Übel zu verhüten. Das bedeutet aber nicht, daß dieser Eingriff sittlich schlechthin gut ist, denn es wäre eben die Pflicht der Eltern gewesen, die Schwangerschaft erst gar nicht eintreten zu lassen.

Die sittliche Qualität einer Handlung wird nicht bloß durch die augenblickliche Entscheidung und die gegenwärtige Situation bestimmt, sondern sie ist mitbedingt durch frühere Entscheidungen, die zu der gegenwärtigen Situation geführt haben. Es wurde bereits darauf hingewiesen, daß es sich dabei nicht ausschließlich um die eigene Entscheidung dreht, sondern daß auch die Handlungen anderer, ja sogar die Gesellschaft mit ihren Institutionen, eine Bedeutung für die sittliche Qualität im Handeln des einzelnen haben.

Der Begriff des Zielgebotes ist in der moraltheologischen Literatur nicht ohne Bedenken aufgenommen worden, besonders wenn es sich darum handelte, eine konkrete Norm als Zielforderung zu interpretieren. Besonders sind Bedenken geäußert worden im Zusammenhang mit der Problematik der Unauflöslichkeit der Ehe.[54] Nun kann aber niemand bestreiten, daß es sich bei dieser Norm letztlich nicht nur um ein Verbot handelt, sondern um einen positiven Wert, nämlich um die eheliche Gemeinschaft als Abbild der Liebe Christi zur Kirche. Wenn man diesen positiven Aspekt betrachtet, dann ist es selbstverständlich, daß hier eine Weisung vorliegt, deren Befolgung immer weitere Steigerungen zuläßt.[55] Und kein Mensch wird sagen können, daß er das von der Schrift gemeinte Ideal bereits voll erreicht habe. Insofern ist also der Charakter einer Zielforderung unverkennbar. Auf der anderen Seite ist diese Forderung nicht schon dadurch erfüllt, daß die äußere rechtliche Einheit der Ehe gewahrt bleibt. Man handelt also mindestens gegen den Geist dieses Gebotes, wenn es zwar nicht zur Scheidung kommt, wenn aber der Friede und die gegenseitige Liebe der Gatten zerstört sind.

Wenn sich nun manche Autoren dennoch sträuben, hier von einem Zielgebot zu sprechen und wenn sie als Gegensatz dazu den Begriff eines Erfüllungsgebotes[56] verwenden, dann sollen dadurch offenbar nicht die vorhin angestellten Überlegungen zurückgewiesen werden, sondern es geht um einen anderen Aspekt an der ganzen Problematik.

[54] F. Böckle, Die Forderung ehelicher Treuebindung in moraltheologischer Sicht, in: Beiträge zur Theologie der Ehe (Familie in der Diskussion Bd. 4, hrsg. v. G. Struck), Kevelaer 1971, 39; M. Kaiser, Die Ehe als personale Lebensgemeinschaft. Kirchenrechtliche Aspekte zur Theologie der Ehe, in: Beiträge zur Theologie der Ehe 64–66; R. Gall, Fragwürdige Unauflöslichkeit der Ehe? Zürich 1970, 169f. 173.

[55] Den Begriff Zielgebot verwenden wir in diesem Zusammenhang: B. Häring, Zusage an die Welt (Theologische Brennpunkte 14), Bergen-Enkheim 1968, 59–70; bes. 69f; V. Steininger, Auflösbarkeit unauflöslicher Ehen, Graz 1968, 65f; G. Teichtweier, Theologie der Gegenwart 12 (1969), 128. 135; N. Wetzel, Bemerkungen zur Unauflöslichkeit der Ehe, in: Diakonia 3 (1968) 278–280; B. Primetshofer, Zerbrochene Ehen und Ehescheidung, in: ThPQ 119 (1971) 121f; zu dieser Frage vgl. weiter: R. Gall, Fragwürdige Unauflöslichkeit der Ehe? 168–171; Die Kirche vor dem Problem geschiedener Ehen, in: Herder Korrespondenz 24 (1970) 384–388; H. B. Meyer, Können wiederverheiratete Geschiedene zu den Sakramenten zugelassen werden? in: J. David u. F. Schmalz (Hrsg.), Wie unauflöslich ist die Ehe? Eine Dokumentation, Aschaffenburg 1969, 280f.

[56] Die Begriffe Ziel- und Erfüllungsgebot sind in mehrfacher Hinsicht problematisch und unglücklich. Aber es geht dabei doch um ein gültiges Anliegen, nämlich einerseits um sittliche Ziele, zu deren Erreichung der Mensch immer unterwegs ist, ohne sie je ganz zu erreichen, und um andere, besonders negative Normen, die durchaus auch dem Buchstaben nach beobachtet werden können. Ohne uns hier auf das präzise Verständnis dieser Begriffe bei den einzelnen Autoren einzulassen, versuchen wir, das gemeinte Anliegen von anthropologischen Überlegungen her zu verdeutlichen.

Eine sittliche Forderung darf eben nicht bloß als Anspruch an den einzelnen gesehen werden, sondern sie hat auch eine soziale Dimension. Wichtige Forderungen, die nicht bloß in einzelnen Situationen, sondern allgemein gelten, werden zu sozialen Normen und bekommen durch positive bzw. negative Sanktionen der Gesellschaft erst ihre volle Wirksamkeit. Die Gesellschaft verlangt vom einzelnen, daß er die betreffende Norm respektiert, und reagiert auf das individuelle Verhalten mit einer mehr oder weniger nachdrücklichen Zustimmung bzw. Ablehnung. Die Gesellschaft übt also auf den einzelnen einen bestimmten Einfluß oder auch einen Druck aus. Diese Tatsache ist nicht nur faktisch unbestreitbar, sondern sie ist auch legitim. Anders kämen Normen nicht zustande und würden nicht funktionieren. Wenn man nun eine Verpflichtung wie die Unauflöslichkeit der Ehe als Zielforderung bezeichnet, wenn man also zugibt, daß niemand sie ganz erfüllt und jeder sich hier so zu verhalten hat, wie es seine moralischen Kräfte erlauben, dann glaubt man vielleicht, die Folgerung ziehen zu müssen, daß Sanktionen der Gesellschaft gegenüber dem einzelnen keine Berechtigung mehr hätten. Damit wäre zwar der einzelne freier, aber die betreffende Norm würde in der Gesellschaft ihre Wirksamkeit verlieren und es wären entsprechend negative Auswirkungen zu befürchten.

Fragwürdig scheint uns an einer solchen Argumentation die stillschweigende Voraussetzung zu sein, daß die Gesellschaft nicht das Recht habe, im Interesse der Wirksamkeit sozialer Normen auch dann gegen den einzelnen Sanktionen zu ergreifen, wenn sein Versagen in einem Mangel an moralischer Kraft, also in einer gewissen Unfähigkeit zur Erfüllung der Norm begründet ist. Denn zunächst gibt es viele Fälle, wo der einzelne erst aufgrund des Druckes der Gesellschaft die Kraft bekommt, im Interesse der Gesellschaft oder auch seiner selbst zu handeln. Die Norm und ihre Sanktionen entlasten also die Freiheit des einzelnen zu seinen eigenen Gunsten. Sodann ist aber auch zu sehen, daß das Verhalten des einzelnen und das der Gemeinschaft in einem Wechselverhältnis zueinander stehen und daß die Mißachtung einer sittlichen Verpflichtung durch einen einzelnen nicht bloß ihn selber, sondern auch die Gemeinschaft angeht. Wenn man sehen muß, daß einzelne eine Norm ungestraft übertreten können, dann verletzt das bei den anderen das Gefühl der Billigkeit und sie werden in der Folge davon vielleicht auch selber versagen, wenn es ihnen einmal schwer wird, die gleiche Norm zu beobachten. Eine Norm ist nur dann Entlastung für die Freiheit des einzelnen, wenn sie innerhalb einer bestimmten Gesellschaft tatsächlich beobachtet wird. Der einzelne muß deshalb auch sein Recht gegenüber einem anderen geltend machen können, der vielleicht für sich keinen Grund mehr sieht, eine Norm äußerlich zu befolgen, deren begründenden Wert er nicht mehr verwirklichen kann. Wenn man also Zielgebot und Erfüllungsgebot unterscheidet, dann bezieht sich der erste Begriff mehr auf den eigentlich sittlichen Anspruch an die einzelne Person, während der Begriff des Erfüllungsgebotes jene Forderung umschreibt, die die Gemeinschaft in ihrem eigenen Interesse und mit gutem Recht beim einzelnen durchzusetzen sucht.

4. Die Sünde

Der Mensch kann hinter dem sittlichen Anspruch nicht nur zurückbleiben, sondern er kann ihn auch verneinen. Dieses Nein darf freilich nicht immer als reiner Widerspruch zu einem sittlich guten Verhalten betrachtet werden. Es läßt durchaus Steigerungen zu. Aber immer dreht es sich dabei um eine Stellungnahme des Menschen zur transzendenten Wirklichkeit Gottes und nicht bloß um ein Versagen in einer rein innerweltlichen Beziehung. Wenn der Mensch in jedem seiner Akte auf Transzendenz bezogen ist, dann wendet sich auch jede negative freie Entscheidung gegen Gott. Sie ist nicht bloß ein Fehler, sondern Sünde.

Das Problem der Sünde ist heute in ganz besonderem Maße aktuell. Der Grund dafür liegt vor allem in der Tatsache, daß das Sündenbewußtsein offenbar im Schwinden begriffen ist. Das soll nicht heißen, daß der Unterschied zwischen Gut und Böse nicht mehr verstanden wird, wohl aber, daß das Sündenbewußtsein, insbesondere was seine affektive, gefühlsmäßige Seite angeht, einer mehr rationalen Einsicht Platz zu machen scheint. Dazu kommt, daß gerade in rationaler Hinsicht vielfach Zweifel und Ungewißheit darüber herrschen, ob etwas nun gut oder böse ist. Für die Theologie stellt sich damit nicht nur die Aufgabe, das Wesen der Sünde immer neu zu bedenken, sondern auch die Aufgabe, den Wandel im Sündenverständnis und in der Schulderfahrung zu klären.

Im heutigen Begriff der Sünde ist in mehrfacher Richtung die Gefahr einer Verkürzung gegeben. Wenn viele Autoren die Sittlichkeit überwiegend vom Gedanken der Selbstverwirklichung her begreifen, so neigen sie dazu, die Sünde auf ein Übel zu reduzieren. Die Sünde erscheint dann als ein Mangel an Selbstverwirklichung. Der Ethiker wird zwar sofort hinzufügen, daß es sich dabei um einen Mangel an geschuldeter Vervollkommnung handelt. Aber es bleibt dann mehr oder weniger unklar, woher diese Verpflichtung kommt und inwiefern man ihr gegenüber schuldig werden kann. Denn wenn eine solche Verpflichtung zur Selbstvervollkommnung nur aus der eigenen Person entsteht, und wenn die höchste Würde der Person doch in der Freiheit liegt, dann ist nicht mehr recht einzusehen, inwiefern eine freie Entscheidung gegen eine weitere Vervollkommnung eine Schuld oder gar eine Sünde im Sinne des absolut Bösen sein kann. Wo das Thema der Sünde nicht von vorneherein in den Rahmen einer interpersonal-sozialen Beziehung gestellt wird, ist ein zureichendes Verständnis unmöglich, was sich in der ethischen Literatur oft in der Vermeidung dieses Themas oder in einer sehr abstrakten Behandlung ausdrückt.

Das moderne Verständnis von Gewissen legt nahe, Schulderfahrung und Schuld von der sozialen Dimension her zu begreifen. Nach Sigmund Freud ist die Schulderfahrung nichts anderes als die im Gewissen empfundene Angst vor sozialer Strafe. Im ethischen Bereich entspricht dem ein Verständnis von Schuld bzw. Sünde als Verfehlung gegenüber den Mitmenschen und der Gesellschaft. Sittliche Normen werden von der Struktur des Menschen, von der Gesellschaft und von der Geschichte her verstanden: Ethik wird rein innerweltlich begründet, und entsprechend bleibt auch ein Verstoß gegen sittliche Verpflichtungen im weltimmanenten Bereich.

Dieses Verständnis kann dem Phänomen der Schuld erheblich näherkommen als ein rein individualistischer Ansatz beim Selbstvollzug des Menschen. Schuld erscheint hier als Konflikt zwischen dem einzelnen und seinen Mitmenschen bzw. der Gesellschaft. Sie besteht darin, daß man sich einem Anspruch versagt, der von einer fremden Freiheit ausgeht. Dadurch beeinträchtigt man nicht nur jene

Kommunikation, deren man um der eigenen Selbstverwirklichung willen bedarf, sondern gleichzeitig das Wohl der Mitmenschen. Schuld ist also nicht nur ein Zurückbleiben hinter den eigenen Möglichkeiten, sondern auch ein Zerstören der Möglichkeiten anderer Personen. Sie greift in einen Bereich ein, der der eigenen Verfügung nicht mehr voll unterliegt.

Wie Schuld nicht ohne interpersonale Beziehung entstehen kann, so kann sie auch nicht mehr ohne weiteres durch eigene Anstrengung allein bewältigt und wiedergutgemacht werden. Dazu bedarf der Mensch eines geeigneten Partners, der ihm Schuld vergeben und eine Versöhnung möglich machen kann. Hier ergibt sich aber ein Problem. Was ist mit jener Schuld, die vom Mitmenschen nicht vergeben wird? Wenn es eine Möglichkeit gibt, sie dennoch zu bewältigen und anzunehmen, würde das dann nicht bedeuten, daß man sich von der Freiheit des Mitmenschen unabhängig macht und damit jene Kommunikation abbricht, an die doch der Sinn menschlichen Daseins gebunden ist? Oder ist Schuld etwas, das letztlich einer Vergebung nicht bedarf? Hier tun sich Fragen auf, die auf der Ebene der Mitmenschlichkeit offenbar nicht mehr zu beantworten sind. Das Phänomen der menschlichen Schuld und ihrer Vergebung bedarf deshalb noch einer anderen Betrachtungsweise, die offensichtlich auch die theologische Dimension einbeziehen muß.

Der Begriff der Sünde zielt in besonderer Weise die Beziehung des Menschen zu Gott an. Diese Beziehung ist in zweifacher Weise zu betrachten. Zunächst bedeutet Sünde eine Handlung, die in ihrer vollen Form, der Todsünde, das Heil des Menschen in Frage stellt, da ja dieses Heil nur in der Begegnung mit Gott zu finden ist. Insofern richtet sich Sünde zwar gegen die Selbstverwirklichung der menschlichen Person, aber nicht unvermittelt, sondern insofern die Beziehung zu Gott berührt ist. Die Einengung des Sündenverständnisses auf den Begriff der Selbstverwirklichung schaltet gerade jenes personale Du aus, durch das die Sünde erst ihre volle Bedeutung bekommt.

Anderseits muß Sünde aber auch als Beleidigung Gottes gesehen werden. Indem sie die Kommunikation des Menschen mit Gott stört, betrifft sie Gott selber. Voraussetzung für ein solches Verständnis ist allerdings, daß man Gott als eine Wirklichkeit sieht, die zwar in sich unwandelbar und leidensunfähig ist, die aber am Geschöpf eine Geschichte haben kann.[57] Gott ist wandelbar und leidensfähig, insofern er sich mit dem Geschöpf identifiziert und das Schicksal des Geschöpfes zu seinem eigenen macht. Es gibt eine Geschichte der Gnade, also auch des göttlichen Lebens, die von der freien Entscheidung des Menschen betroffen wird. Insofern gehört auch die Ablehnung Gottes durch den Menschen zum Schicksal Gottes selber und bleibt für ihn nicht schlechthin gleichgültig. Wäre das der Fall, dann könnte die Sünde Gott eben nicht treffen, sie würde damit auch seine Ehre nicht beeinträchtigen und hätte letztlich keine eigentlich theologische Bedeutung.

Wie der Mensch nicht einfach für sich allein da ist, sondern sich gerade dadurch findet, daß er den Mitmenschen liebt, d.h. für ihn da ist, so ist in analoger Weise auch das Verhältnis des Menschen zu Gott zu denken. Auch Gott gegenüber ist der Mensch nicht bloß für sich und sein Heil da, sondern er findet beides nur in der Hingabe an Gott, d.h. wenn er für Gott, für seine Ehre lebt. Diese Aussage ist aber nur sinnvoll, wenn das Leben des Menschen Gott letztlich nicht gleichgültig ist, denn sonst könnte der Mensch auch nicht für Gott leben wollen, sobald er die Tatsache einmal durchschaut hätte, daß Gott von menschlicher Freiheit nicht berührt wird.

Der Grund, warum Gott für den Menschen berührbar und verwundbar geworden ist, liegt in der Selbstidentifikation Gottes mit dem Geschöpf, die sich in der Geschichte des Heiles und besonders in Jesus Christus ereignet hat. Würde Gott den Menschen nicht lieben, dann hätte er auch mit dem Bösen im Menschen nichts zu tun. In Jesus Christus aber hat Gott zum Menschen ja gesagt (2 Kor 1, 19f), und weil er gekommen ist und die Werke seines Lebens getan hat, deshalb haben die Menschen Sünde (Joh 15, 22–24). Die Sünde hat also eine christologische Dimension, insofern Gott gerade in Jesus Christus seine Liebe zum Menschen und damit seine Verwundbarkeit durch den Menschen offenbart hat.

Die Sünde ist eine Verfehlung gegen Gott. Aber Gott ist nicht unvermittelter Gegenstand menschlichen Handelns, sondern der Mensch kann sich nur im Glauben (oder Unglauben) auf Gott bezie-

[57] Vgl. K. Rahner, Zur Theologie der Menschwerdung, in: Schriften IV, Zürich [5]1967, 137–155.

hen. Somit richtet sich auch die Sünde zunächst gegen die «geglaubte» Wirklichkeit Gottes. Sünde ist nicht bloß das Fehlen oder die Zurücknahme eines Glaubensaktes, sondern die Zerstörung einer interpersonalen Beziehung. Sünde ist Widerspruch zu einem real erfahrenen Anspruch. Sie steht also nicht bloß im Gegensatz zur eigenen Glaubensaktivität, sondern in erster Linie zur Erfahrung des Anspruches an die Glaubensbereitschaft. Allerdings muß dieser Anspruch immer als ein intersubjektives Phänomen begriffen werden, das durch die Liebe Gottes und den Glauben des Menschen konstituiert wird. Besonders ist dabei zu beachten, daß der Ewigkeit Gottes die geschichtliche Erstreckung der menschlichen Person gegenübersteht. Sünde besagt nicht notwendig das totale, die ganze Lebensgeschichte umfassende Nein des Menschen zu Gott, sondern sie kann auch eine einzelne Entscheidung innerhalb des Lebens sein, die dann zur übrigen Geschichte dieses Menschen in Widerspruch steht. Sünde ist dann nicht bloß ein Treuebruch gegenüber Gott, sondern auch gegenüber der eigenen Vergangenheit.

Zu beachten ist weiter die Vermittlung der Gottesbeziehung durch Mitmenschlichkeit. Der Mitmensch repräsentiert Gott nicht einfach gleichsam automatisch, sondern er repräsentiert das Ja Gottes durch seine eigene Freiheitsentscheidung. Damit ist aber gegeben, daß auch der Anspruch Gottes mitmenschlich vermittelt wird. Dieser Anspruch ist nicht einfach objektiv bestimmbar, sondern wird durch die größere oder geringere Dringlichkeit im Anspruch eines Mitmenschen konkretisiert. Allerdings ist dem Mißverständnis vorzubeugen, als ob die Intensität eines solchen Anspruches mit dem bewußten, im gegenwärtigen Augenblick gegebenen, subjektiven Appell des Mitmenschen identisch wäre. Auch hier ist die geschichtliche Dimension, insbesondere die Zukunft, zu berücksichtigen. Es geht nicht nur darum, was der andere im Augenblick begehrt, sondern auch darum, wessen er um seiner Zukunft willen bedarf. Aber immerhin ergibt sich auch diese Zukunft aus der Vergangenheit und ihrer Freiheitsgeschichte, so daß der Anspruch des Mitmenschen nicht unabhängig von dessen Freiheitsvollzug gedacht werden kann. Weil also der Anspruch Gottes an den Menschen sozial vermittelt ist und weil diese Vermittlung den Anruf Gottes innerlich mitbestimmt, ist Sünde, oder besser: sind Sünden in ihrer Qualität und

Schwere nicht überzeitlich objektiv bestimmbar, sondern unterliegen selber einem gewissen geschichtlichen Wandel.

Die Erfahrung der Sünde steht in einem notwendigen Zusammenhang mit der Erfahrung der absoluten Wirklichkeit Gottes. Die Transzendenz ist für den Menschen immer nur durch die Vermittlung konkreter Wirklichkeiten erfahrbar. Diese Erfahrung ist aber entsprechend dem Weltverhältnis des Menschen selber einem geschichtlichen Wandel unterworfen.[58]

Charakteristisch für alte, primitive Religionen ist das Tabudenken. Man glaubt, eine göttliche Macht unmittelbar in einem äußeren Gegenstand anzutreffen. Sünde besteht einfach darin, daß man sich an einem solchen Gegenstand vergeht. Noch im AT finden sich deutliche Spuren eines solchen Verständnisses, etwa in der Erzählung von der Rückführung der Bundeslade nach Jerusalem (2 Sam 6,6f). Ein Mann muß sterben, weil er – wenn auch in bester Absicht – die Lade mit der Hand berührt hat.

In einer weiteren Phase der Entwicklung werden die Götter zwar nicht mehr durch sachliche Gegenstände, durch Tiere o. ä., wohl aber durch die Gesellschaft, ihre Autoritäten und Normen repräsentiert. Auch der alttestamentliche Dekalog zeigt noch deutlich Spuren eines solchen Verständnisses.[59] Eine Sünde ist demnach gegeben, wenn man eine gesellschaftliche Norm oder eine autoritative Verfügung übertritt, unabhängig davon, was der Grund dieser Übertretung ist. Dieses Verständnis kann zur Folge haben, daß der Missetäter ohne Rücksicht auf die Schuldfrage bestraft wird oder daß man Strafen nach dem Tod annimmt, deren Höhe nicht so sehr im Zusammenhang mit der subjektiven Intention, sondern mehr oder weniger ausschließlich mit dem äußeren Tatbestand zusammenhängt. Man denke an manche Darstellungen der traditionellen Moraltheologie, nach

[58] Zum Wandel des Sündenbewußtseins vgl. J. Gründel, Überlegungen zum Wesen und zur Eigenart der Sünde, in: Teichtweier/Dreier, Herausforderung, 131–148, bes. 139–147; hier sei auch verwiesen auf die wertvolle Dissertation von W. Lauer, Schuld – das komplexe Phänomen. Ein Vergleich zwischen schicksals- und daseinsanalytischem Schuldverständnis im Lichte christlicher Ethik (Eichstätter Studien NF VI), Kevelaer 1972.

[59] Das zeigt sich etwa, wenn bei Verstößen, die uns weniger schwerwiegend erscheinen (z. B. Widerspenstigkeit und Ungehorsam eines Sohnes: Dt 21,18–21) die Todesstrafe verhängt wird. Sie ist nur verständlich, wenn man in der Übertretung ein Sakrileg sieht. – Tabuistisch ist übrigens auch das Schuldverständnis des kindlichen Gewissens.

denen es eine läßliche Sünde war, auf den Empfang der Firmung zu verzichten, hingegen eine Todsünde, eine Hore im Brevier unentschuldigt auszulassen oder den Namen eines einzigen Heiligen im Kanon der Messe bewußt zu übergehen. Auch wenn hier Freiheit und Bewußtsein als Bedingungen für das Eintreten einer Todsünde genannt werden, steht doch die Strafe der ewigen Verdammnis in keinem Verhältnis zu der personalen Bedeutung einer solchen Handlung.

Das Sündenverständnis, das sich heute mehr und mehr herauszubilden scheint, kann einerseits durch den Begriff der Entsakralisierung und anderseits durch den Begriff der Geschichtlichkeit bzw. der eschatologischen Sicht gekennzeichnet werden. Eine Entsakralisierung ist insofern gegeben, als konkrete innerweltliche Gegebenheiten wie natürliche Objekte oder soziale Ansprüche immer weniger sakral verstanden oder mit dem Willen Gottes identifiziert werden. Besonders deutlich ist das natürlich in den anthropologischen Wissenschaften. Die Vergleichende Verhaltensforschung[60] spricht von einer biologisch sinnvollen und auch für den Menschen notwendigen Aggression, die Psychologie ist gegenüber einem rein gesellschaftskonformen Verhalten kritisch und spricht von pathologischen Schuldgefühlen, die nicht als Hinweis auf sittliche Schuld verstanden, sondern überwunden werden müssen. Es wird sogar die Forderung vertreten, der Mensch müsse das Böse in sich annehmen und bejahen.[61] Solche Aussagen schließen von vorneherein ein sakrales Verständnis von Obrigkeit und Gehorsam aus.

Was den zweiten Aspekt an diesem Entwicklungsprozeß im ethischen Bewußtsein angeht, so scheint an die Stelle sakraler Objektivationen immer mehr die rationale Einsicht und die Zukunft zu treten. Gut ist, was der Zukunft dient. Der Mensch hat ein Recht, sich über Normen und Befehle hinwegzusetzen, wo er glaubt, von der zu erwartenden Zukunft her einen buchstäblichen Gehorsam ablehnen zu müssen. Das Gute ist also nicht etwas, das adäquat durch bestimmte Normen umschreibbar ist, sondern etwas, das im Blick auf die kon-

60 N. Schiffers, Der theologische Begriff der Schuld und die Deutung des sittlich Bösen im Lichte der Verhaltensforschung, in: Concilium 6 (1970) 406–413. K. Lorenz bezeichnet die Aggression als «das sogenannte Böse»!

61 Z. B. E. Neumann, Tiefenpsychologie und neue Ethik, München 1964, 74f. und passim.

krete Situation und auf die zu erwartenden Folgen jeweils neu angezielt werden muß. Traditionen und Normen verlieren dadurch nicht ihre soziale und ethische Funktion, aber sie werden relativiert und einer umfassenderen und konkreteren Verantwortung des Menschen untergeordnet.

In diesem Wandel des Sündenverständnisses muß sich auch die konkrete Schulderfahrung im Gewissen wandeln. Wenn man Sündenerfahrung in einer Tabuverletzung macht, oder wenn man sich schuldig fühlt, weil man eine gesellschaftliche Norm verletzt hat, dann kann es sich dabei um ein sehr spontanes, affektives Erlebnis des Ausgeschlossenseins, des Verurteiltseins und der Angst vor Sanktionen handeln. Weil das Vergehen äußerlich ganz konkret und objektiv faßbar ist, ist auch die Angst vor der Sanktion rein gefühlsmäßig stark und sucht eine Befreiung etwa im Sakrament der Buße. – Wenn man die Sünde dagegen danach bemißt, wieweit eine Handlung positive Zukunft eröffnet, dann wird Sündenerfahrung mehr rational und weniger affektiv sein. Man erfährt nicht mehr so stark den «Gewissensbiß», sondern die sittliche Schuld wird mehr in einer verfehlten Zukunftsorientierung gesehen, die freilich eine Berichtigung fordert. – Damit hängt natürlich zusammen, daß die Normen und Gebote nicht mehr so problemlos respektiert werden, sondern daß man ihre sachliche Begründung verstehen möchte und dazu neigt, Normen nur so weit zu beachten, wie das in der konkreten Situation einen Sinn zu haben scheint.

Es ist offensichtlich, daß der Wandel in der Sündenerfahrung nicht bloß die Erkenntnis der Sünde betrifft, sondern die Sünde selber, denn die Art der Erkenntnis betrifft den Glauben und das Gottesverhältnis des Menschen unmittelbar. Wenn man Sünden personal versteht, wenn man sie also in ihrer Beziehung zu Liebe, Hoffnung und Glaube betrachtet, dann scheint es nicht mehr sinnvoll, von objektiven Sünden zu sprechen, die man unabhängig von der konkreten geschichtlichen Gestalt der Gotteserfahrung und des Verständnisses der Sittlichkeit definieren könnte.

Wenn wir in der geschichtlichen Entwicklung des Sündenverständnisses verschiedene Phasen unterschieden haben, die durch Naturtabu, tabuistisches Verständnis sozialer Normen und eschatologisches Verständnis der Sittlichkeit gekennzeichnet werden können, dann ist allerdings zu berücksichtigen, daß diese Phasen nicht sauber voneinander abgegrenzt werden können, sondern ineinander fließen, ja wohl überhaupt nur Akzentverschiebungen im sittlichen Bewußtsein darstellen. So weisen z.B. Religionen mit Naturtabus vielfach Komponenten auf, die einem tabuistischen Sozialdenken zugeordnet werden können. Aber auch das moderne Verständnis der Welt fällt immer wieder in gewisse Sakralisierungen zurück, nämlich dann, wenn der Mensch sein Heil nicht mehr in einer geschichtstranszendenten Begegnung erhofft, sondern innerweltliche Objekte zu seinen letzten Zielen macht und so verabsolutiert. Die Entsakralisierung der Welt und das entsprechende Sündenverständnis sind Leistungen des Glaubens und sie werden auf die Dauer da zurückgenommen, wo dieser Glaube nicht mehr wirksam genug ist.

Die Änderungen im Verständnis von Sünde, die wir heute feststellen, verweisen auf einen Wandel im Verständnis und in der Erfahrung von Sittlichkeit überhaupt. Wenn man sich dem Strom eines solchen Wandels nicht einfach hilflos überlassen will, dann braucht man eine tiefere Einsicht in die Faktoren, die hier am Werke sind. Unsere Überlegungen zur Anthropologie und Hermeneutik des Sittlichen wollten etwas von dieser Aufgabe in Angriff nehmen, um die Voraussetzungen für einige speziellere Fragestellungen der Moraltheologie in einer Zeit des Umbruchs zu schaffen.

5. Die Vergebung

Dem Wandel im Sündenverständnis geht ein entsprechender Wandel im Verständnis von Vergebung parallel.[62] Wenn in primitiven Religionen die Sünde nach dem Modell einer Tabuverletzung verstanden wird, dann muß auch die Vergebung in einem ähnlichen Sinn gedacht werden. Sie kann von der Willkür der Götter abhängen. Dem Menschen wird dann entweder überhaupt nicht vergeben, so daß er ein-

[62] Der Begriff der Vergebung, abgesehen von der sakramentalen Lossprechung, scheint sich in der theologischen Literatur keiner großen Beachtung zu erfreuen. Es findet sich zwar einiges in exegetischen Untersuchungen, aber in Lexika und moraltheologischen Lehrbüchern gibt es kaum ein eigenes Stichwort. Vgl. jedoch H.-M. Barth, Vergeltung und Vergebung, in: E. Fahlenbusch, Taschenlexikon Religion und Theologie, Göttingen 1971, 226–228.

fach seiner Strafe überlassen bleibt, oder die Vergebung hat eine rein äußere objektivistische Form, etwa die einer religiösen Waschung oder einer magischen priesterlichen Praktik. Jedenfalls hängt Sündenvergebung hier nicht oder nicht im entscheidenden Sinn von der inneren Bekehrung des Herzens ab.

Wo an die Stelle des Naturtabus ein tabuistisches Verständnis sozialer Normen getreten ist, wird die Funktion der Gesellschaft wichtiger. Die Aussöhnung mit ihr verschafft dann unmittelbar die Aussöhnung mit Gott. Hier kann Vergebung erwirkt werden, wenn man das begangene Unrecht durch entsprechende Ersatzleistungen wiedergutmacht. Vergebung kann aber auch gewährt werden in Form eines Gnadenaktes, durch den dem einzelnen die Wiedergutmachung erlassen wird. Jedenfalls kommt auch hier die entscheidende Initiative für die Vergebung eindeutig von außen. Es mag sein, daß man vom einzelnen noch eine gewisse Disposition verlangt, d.h. eine Bereitschaft, den Gnadenakt entgegenzunehmen, aber der Vorgang der Begegnung wird nicht im vollen Sinn durch eine subjektive Bekehrung vermittelt.

Wo nun die sittliche Verpflichtung nicht mehr unmittelbar mit einem Naturobjekt oder einer sozialen Norm identifiziert wird, sondern mit dem Anspruch der Zukunft und der Transzendenz zusammenfällt, da muß auch der Freiheit und der Subjektivität im Verständnis der Vergebung eine größere Bedeutung zukommen. Wenn die Sündhaftigkeit einer Handlung nicht in einer äußeren Berührung oder in der Verletzung eines Buchstabens liegt, sondern in einer Fehlhaltung gegenüber der noch ausstehenden Zukunft, dann kann Vergebung nur geschehen, wenn diese Haltung korrigiert wird, denn sonst würden ja trotz einer vielleicht von außen angebotenen Vergebung die innere Fehlhaltung und damit auch die sittliche Schuld festgehalten. Wo Sittlichkeit von Freiheit und Zukunft her gedacht wird, sind Vergebung und Bekehrung unlösbar verbunden. Sie vermitteln sich gegenseitig.

Allerdings ist hier eine Fehldeutung insofern möglich, als die Einstellung zur Zukunft, genauer gesagt zur innerweltlichen Zukunft, eine rein aktivistische Form haben kann. Der Mensch glaubt dabei, daß es in seiner Kraft liege, die Zukunft zu gestalten und sein Leben mit Sinn zu erfüllen. Entsprechend ist es dann seine eigene Sache, eine Fehlentscheidung gegenüber der Zukunft zu korrigieren und damit sittliche Schuld zu überwinden. Man glaubt also hier, Schuld selber bewältigen zu können, ohne einer Vergebung zu bedürfen.

Wenn man dagegen den Sinn des Lebens nicht in einem innerweltlichen, vom Menschen selber machbaren Wert sieht, sondern in einer personalen Kommunikation mit einem welttranszendierenden Gott, dann ist die Überwindung von Schuld nur in einer gegenseitigen Vermittlung von Bekehrung und Vergebung möglich. Schuld bedeutet dann nämlich nicht nur eine Fehlorientierung des Subjekts, sondern ein Nein im Kommunikationsvorgang zwischen Mensch und Gott, das beide Partner betrifft, den Menschen, insofern er sein Heil gefährdet, Gott, insofern dessen Anspruch auf Anbetung und Ehre abgewiesen wird. Sünde ist deshalb auch nur von beiden Seiten her zu überwinden.[63] Der Mensch muß sich bewußt sein, daß er sich sein Heil nicht einfach selber schafft, sondern schenken lassen muß. Und er muß sich bewußt sein, daß dieses Geschenk wesentlich in einer gegenseitigen personalen Selbsthingabe besteht.

Natürlich bedarf es auch in einem solchen Verständnis einer innerweltlichen Vermittlung. Diese besteht nicht nur im Akt des Glaubens als solchem, den der Sünder nun wieder leistet, sondern es muß auch in der sozialen Dimension zu einer Bekehrung kommen. Der Glaube muß durch die Liebe tätig werden, d.h. die Bekehrung zu Gott muß sich in einer Umkehr gegenüber den Mitmenschen darzustellen suchen. Ebenso braucht auch die Vergebung von seiten Gottes eine Vermittlung und Darstellung von seiten der menschlichen Gemeinschaft. Aber bei dieser sozialen Vermittlung geht es um symbolhafte Vorgänge und nicht um volle Identität zwischen der Gottesbeziehung und der mitmenschlichen Beziehung. Sündenvergebung geschieht nicht erst dann, wenn die Gemeinschaft eine Sünde wahrgenommen und einen Gnadenakt gesetzt hat. Vergebung geschieht auch nicht erst dann, wenn der einzelne vor der Gemeinschaft oder ihrem Vertreter seine Schuld bekannt und eine Sühne geleistet hat. Sündenvergebung vermittelt sich primär durch den Akt des Glaubens, der

[63] Der Theologe wird H. Arendt zustimmen, wenn sie schreibt, Jesus von Nazareth habe zuerst gesehen und entdeckt, was das Verzeihen innerhalb des Bereiches menschlicher Angelegenheiten vermag. Man wird ihr aber widersprechen müssen, wenn sie glaubt, daß diese Entdeckung unbeschadet aus ihrem religiösen Zusammenhang gelöst werden könne (H. Arendt, Vita activa 234).

Hoffnung und der Liebe, bzw. der darin gründenden Reue und Buße, und erst in zweiter Linie durch jenen Ausdruck, den dieser personale Akt dann im sozialen Bereich anzustreben hat.

Die Priorität des Glaubens vor dem «Werk» muß freilich nicht notwendig zeitlich sein. Der personale Vollzug kann dem äußeren Tun vorausgehen, er kann aber auch durch das äußere Tun und durch soziale Einflüsse erst ermöglicht werden. Im strengen Sinn gilt diese Priorität aber «sachlich» für das Verhältnis zwischen Mensch und Gott und damit auch für den Begriff der Sündenvergebung.

Zusammenfassung

Aus einer geschichtlichen Sicht von Freiheit und Sittlichkeit ergeben sich wichtige Aspekte für das Verständnis des sittlichen Sollens. Ein Anspruch gründet als solcher nicht in einer unterpersonalen Wirklichkeit, sondern in der freien Entscheidung einer Person. Jede Entscheidung hat, insofern sie auf Zukunft gerichtet ist, den Charakter eines Vorsatzes, durch den das Subjekt sich zunächst selber festlegt, aber auch einen Anspruch auf Anerkennung, Ermöglichung und Ratifikation an die Umgebung stellt. Auch ein soziales Gebilde in seiner Ganzheit muß Entscheidungen treffen, die dann für die Mitglieder verbindlich sind. Nur so können die einzelne Person und die Gesellschaft auf Zukunft hin leben und planen.

Von besonderer Wichtigkeit ist der Zielcharakter des sittlichen Anspruches. Der Mensch untersteht dem Anspruch, zeit seines Lebens in Glaube, Hoffnung und Liebe zu wachsen. Erfüllungsgebote, meist in Form negativer Normen, sind primär als Forderungen der Gesellschaft an den einzelnen zu verstehen, die nur insofern den Charakter einer sittlichen Verpflichtung haben, als sie Verwirklichung und Ausdruck des personalen Grundvollzuges in der konkreten Situation fordern. Sittliche Verpflichtungen können also nicht in Erfüllungs- und Zielgebote eingeteilt werden, sondern insofern es sich um eine sittliche Forderung handelt, ist immer der Charakter einer Zielforderung, insofern es sich um eine soziale Norm handelt, ist immer der Charakter eines Erfüllungsgebotes gegeben, wobei einmal der eine, einmal der andere Aspekt in den Vordergrund treten kann.

Die Verschiedenheit der Gesichtspunkte ist auch für ein angemessenes Verständnis von Sünde entscheidend. Sünde ist nicht bloß ein Mangel an Selbstverwirklichung oder mitmenschlicher Kommunikation, sondern es geht hier wesentlich um die Beziehung zwischen Mensch und Gott. Gott ist für den Menschen nicht einfach unberührbar, sondern er hat sich in Christus mit der menschlichen Natur identifiziert und ist damit verwundbar geworden. Das Verständnis und das Wesen von Sünde ist aber einem geschichtlichen Wandel ausgesetzt, der parallel zum Wandel des Verständnisses von Sittlichkeit verläuft.

Im gleichen Zusammenhang ist auch die Überwindung von Schuld zu sehen. Je nach der Gottesvorstellung ist Schuld unauslöschbar, die Vergebung ist ein willkürlich von außen ergehender Gnadenakt, oder sie vermittelt sich in einem personalen Vollzug von Reue, Umkehr und Glaube.

Schon hier zeigt sich, daß zentrale Grundbegriffe der Ethik nicht allgemeinverbindlich interpretiert werden können, sondern jeweils eine bestimmte Sinndeutung des Lebens, bzw. ein bestimmtes Gottesbild voraussetzen. Damit ist das Problem einer spezifisch christlichen Ethik angeschnitten, das noch genauer zu behandeln ist, wenn es um die Hermeneutik der christlichen Offenbarung geht.

ZWEITER HAUPTTEIL

EINZELFRAGEN EINER MORALTHEOLOGISCHEN HERMENEUTIK

Erst von einer genaueren Reflexion ethischer Grundbegriffe her wird es möglich, jene theologischen Einzelfragen systematisch zu bearbeiten, die sich bei der Behandlung der Quellen der Moraltheologie immer wieder ergeben. Insbesondere geht es hier um die Interpretation der Bibel, der Tradition und des kirchlichen Lehramtes. Diese Aufgabe setzt unvermeidlich ganz bestimmte philosophische Systeme voraus, die selber reflektiert, hinterfragt und hermeneutisch überprüft werden müssen. Wenn man z. B. die Aufgaben einer biblischen Hermeneutik nur darin sieht, den genauen Sinn einer ethischen Aussage, etwa der Bergpredigt, mit literarischen Mitteln zu untersuchen, dann ist damit weder die Frage beantwortet, ob eine solche Aussage heute noch gilt, noch ist die Frage beantwortet, ob eine solche Stelle einfach ihrem Wortlaut nach verpflichtet und deshalb wie die Paragraphen eines Strafrechtes auszulegen ist. Solche Gesichtspunkte können nur dann befriedigend behandelt werden, wenn die entsprechende Stelle auf ihren ethischen Gehalt und auf den Grund ihrer Geltung hin hinterfragt wird. Das ist aber nur möglich, wenn man erst auf die anthropologische Struktur der Sittlichkeit und auf die Begründung einer sittlichen Aussage reflektiert.

1. Die Eigenart biblischer Weisungen

Das Alte und das Neue Testament enthalten viele ethische Aussagen. Diese haben als Bestandteil der Wortoffenbarung eine ganz besondere Bedeutung für die Moraltheologie. Aber in welcher Weise sind sie zu interpretieren und auf das konkrete Handeln des Menschen von heute anzuwenden?[1] Die offensichtliche Zeitbedingtheit und Situationsbezogenheit solcher Aussagen läßt die Notwendigkeit einer Hermeneutik ganz klar zutage treten. Es legt sich nahe, zunächst an die Gesetzeshermeneutik der Juristen zu denken. Auch in den Rechtswissenschaften und in der konkreten Praxis des Richters ist ja ständig das Problem gegeben, daß Gesetze aus einer früheren Zeit auf die veränderte Situation von heute angewendet werden müssen. Man hat dann zu fragen, was die ursprüngliche Absicht des Gesetzgebers war und in welchem Sinn die Formulierung der Gesetze heute verstanden und angewendet werden kann. Demnach ginge es auch in der biblischen Ethik darum, daß die einzelnen Weisungen, soweit nötig, den veränderten Umständen unserer Welt angepaßt und dann verwirklicht werden.

Hier ist aber ein fundamentaler Unterschied zu beachten. Staatliche Gesetze zielen darauf ab, dem innerweltlichen Gemeinwohl zu dienen, wobei dieses Gemeinwohl vor allem den Bereich des äußeren Zusammenwirkens, also den Bereich des Sozialen, betrifft. In der Bibel geht es dagegen in erster Linie um das transzendente Heil des Menschen. Dieses Heil ist durch Glaube, Hoffnung und Liebe zu verwirklichen. Wenn dazu auch Taten der Nächstenliebe erforderlich sind, dann nicht in dem Sinn, als ob das äußere Handeln als solches das Heil bringen könnte. Das Handeln des Menschen hat seine sittliche Bedeutung vielmehr insofern, als es Glaube und Liebe zum Ausdruck bringt.

Die ethischen Weisungen der Bibel, auch da, wo sie ein konkretes Handeln fordern, wollen also nicht in erster Linie der sozialen Orga-

[1] J. Blank, Zum Problem ethischer Normen im Neuen Testament, in: Teichtweier/Dreier, Herausforderung 172–183; E. Hamel, L'usage de l'Ecriture sainte en théologie morale, in: Greg 47 (1966) 53–85.

nisation dienen, sondern sie zielen primär auf den personalen Akt des Glaubens ab.

Im Bereich des staatlichen Rechtes ist ein Gesetz sinnlos geworden, wenn es wegen der Veränderung der äußeren Umstände nicht mehr anwendbar ist, denn der Sinn eines solchen Gesetzes ist ja mit diesen äußeren Umständen unlösbar verbunden. In den biblischen Weisungen geht es dagegen in vielen Variationen um einen Inhalt, der für alle Zeiten seine Aktualität behält, nämlich um die personale Beziehung des Menschen zu Gott und zum Nächsten. So gesehen können die Weisungen der Bibel ihre Bedeutung nie verlieren. Insofern sie dagegen ihre konkrete Form in einer bestimmten äußeren Situation gefunden haben, insofern sie gesellschaftliche Konventionen, staatliche Ordnungen usw. als prägende Elemente aufgenommen haben, sind sie in dieser konkreten Form zeitgebunden und bedürfen der Uminterpretation. Dabei kann diese Uminterpretation in einem viel radikaleren Ausmaß vor sich gehen, als das etwa beim staatlichen Recht der Fall ist, denn dort gilt ein Gesetz entweder dem unmittelbaren Wortlaut nach oder es ist faktisch hinfällig. Bei den biblischen Weisungen dagegen gilt der Glaubenssinn, und die konkrete äußere Form hat von vorneherein nur eine zweitrangige Bedeutung.

Natürlich mag es sein, daß besonders im Alten Testament Weisungen enthalten sind, die unmittelbar auf die äußere soziale Ordnung abzielen. Hier sind die sittlichen Aussagen der Offenbarung und das staatliche Gesetz bzw. die gesellschaftliche Konvention noch nicht so deutlich getrennt. Insofern hatte hier auch die konkrete Formulierung ursprünglich eine große Bedeutung. Aber diese bezog dann ihre Begründung und ihre Geltung eben nicht aus der Offenbarung als solcher, sondern aus den Notwendigkeiten des sozialen Lebens. Im Neuen Testament ist dagegen deutlich, daß sich Jesus für die Ausgestaltung sozialpolitischer Ordnungen nicht zuständig betrachtet hat.[2] Das heißt nicht, daß die biblische Ethik nicht auch Konsequenzen für den sozialpolitischen Bereich haben müsse. Aber diese Konsequenzen sind eben gegenüber dem Glaubensanspruch sekundär.

Die Besonderheit der biblischen Ethik gegenüber einer staatlichen Gesetzessammlung wird insbesondere auch darin deutlich, daß weder das Alte noch das Neue Testament eine einheitliche Systematik auf-

[2] A. Auer, Autonome Moral und christlicher Glaube, Düsseldorf 1971, 83.

weisen. Allein wenn wir uns auf das Neue Testament beschränken, finden wir eine echte Pluralität von Theologen auch im ethischen Bereich. Während Paulus betont, daß die Rechtfertigung aus dem Glauben kommt und somit der Glaube deutlich als Grundlage christlicher Sittlichkeit aufscheint, steht im Johannes-Evangelium und in den Johannes-Briefen eindeutig die Liebe im Vordergrund. Im Lukas-Evangelium hat der Begriff der Nachfolge Jesu eine zentrale Funktion; bei Matthäus geht es um das alte und das neue Gesetz, im Jakobus-Brief um die Werke usw. Die Verschiedenheit dieser ethischen Konzeptionen läßt sich nicht einfach harmonisieren.[3] Nun kann sich zwar der Exeget relativ leicht mit der Tatsache einer solchen Pluralität abfinden; der Moraltheologe jedoch, der nach dem Anspruch der Offenbarung für die heutige Welt und das konkrete menschliche Leben fragt, kann weder eine beliebige Auswahl aus dem ethischen Denken der Bibel treffen, noch kann er die Verschiedenheit biblischer Ansätze dadurch wiedergeben, daß auch er dem Menschen von heute verschiedene Modelle anbietet. Es bleibt ihm nichts anderes übrig, als den Versuch zu machen, die Vielfältigkeit biblischer Ethiken zu hinterfragen und nach einem gemeinsamen Sinn zu suchen.

Im staatlichen Recht könnte man nicht so verfahren. Zwar gibt es auch hier in den verschiedensten Staaten und sozialen Gebilden verschiedene Rechtsnormen, aber diese haben dann eben in ihrer konkreten Form für eine bestimmte Gruppe von Menschen Geltung. Würden verschiedene rechtliche Systeme gleichzeitig und für die gleiche Gemeinschaft gelten, dann würden sie sich jedenfalls in ihrer konkreten Form relativieren oder aufheben. In der Bibel können wir jedoch von einer gegenseitigen Relativierung ethischer Systeme sprechen; aber das bedeutet hier eben keine Aufhebung, weil es ja primär nicht auf die konkrete äußere Form der Weisungen ankommt, sondern auf einen letzten gemeinsamen Sinn, den Paulus mit dem Begriff des Glaubens ebenso anzielt, wie Johannes mit Liebe und die übrigen biblischen Autoren mit weiteren Begriffen. Die einzelnen Schriften weisen gerade durch ihre Verschiedenartigkeit auf die eine «Mitte des Evangeliums» hin, die selber nicht mehr adäquat in Begriffe zu fassen ist.

[3] J Blank, aaO. .175.

Wenn wir versuchen wollen, diese Mitte der neutestamentlichen Ethik etwas deutlicher zu erfassen, dann ist zunächst die Frage zu stellen, worin denn die Verpflichtung biblischer Weisungen begründet sein muß. Es geht in diesen Weisungen um das Heil des Menschen, das im Glauben gefunden wird. Der Mensch öffnet sich im Glauben für die transzendente Wirklichkeit Gottes. Er erhebt sich in seiner Hoffnung über den bloßen Augenblick der Gegenwart und läßt sich von der absoluten Zukunft bewegen. Die Verpflichtung zu diesem personalen Vollzug ist von der Seite des Menschen darin begründet, daß der Mensch nur in Gott sich selber und die Erfüllung seiner Wirklichkeit finden kann. Von seiten Gottes liegt die Begründung darin, daß Gott den Menschen bejaht und sich ihm mitteilen will.

Die Beziehung zwischen Mensch und Gott ist geschichtlich vermittelt. Nur in der Geschichte findet der Mensch seine Freiheit und die Kraft zum Wagnis des Glaubens. Nur in der Geschichte findet der Mensch das Ja Gottes, das in Jesus Christus verwirklicht wurde (2 Kor 1, 19). In Jesus Christus vermitteln sich also Gnade und Glaube, das Angebot Gottes und die Antwort des Menschen. Deshalb teilt sich in der Geschichte Jesu Christi, in seinem Leben, seinem Sterben und seiner Auferstehung der Anspruch Gottes an den Glauben des Menschen mit.[4] Hier ist die Forderung auf Hoffnung und Liebe, die Forderung, menschliches Leben in den Dienst der Zukunft und des Mitmenschen zu stellen, begründet.

Sicher gibt es auch außerhalb des Christentums echte Sittlichkeit. Gewissensurteil und Nächstenliebe sind nicht erst mit dem Neuen Testament in die Welt gekommen. Aber in Jesus Christus hat die Selbstmitteilung Gottes an die Welt und damit auch die Forderung an die Menschen nach einer Antwort im Glauben ihre vollste Gestalt und ihren Höhepunkt gefunden. Grundsätzlich weist außerchristliche Sittlichkeit eine ähnliche Struktur auf wie die christliche. Auch nichtchristliche Ethik hat ihren letzten ontologischen Grund in der Existenz Gottes und in seiner Liebe zum Menschen. Anders wäre die Absolutheit des sittlichen Anspruchs weder zu erklären noch zu erfahren. Aber diese Grundstruktur der Sittlichkeit kann in sehr verschiedener Weise ausdrücklich bewußt oder unausdrücklich wirksam sein.

[4] Dazu Kl. Demmer, Sein und Gebot 199–211.

2. *Der Tod Jesu*

Der Anspruch Gottes vermittelt sich dem Menschen am deutlichsten und radikalsten durch die Person Jesu Christi. Weil aber die menschliche Person wesentlich als Geschichte existiert und sich nur in der Geschichte darstellen kann, deshalb ergeht auch der Anspruch Gottes an den Menschen durch die Kontinuität der Geschichte Jesu Christi. Gottes Ja zum Menschen und gleichzeitig seine Anforderung an ihn ist also nicht in erster Linie an den einzelnen Taten oder Worten Jesu für sich abzulesen, sondern an der ganzen Geschichte seines Lebens. Die einzelnen Handlungen und Aussagen stellen das Ganze jeweils nur fragmentarisch dar.

In besonderer Weise aber müssen sich Personalität und Freiheit bewähren in der Stellungnahme zum Tod, denn dieser stellt das Leben und seinen Sinn am stärksten in Frage und ist deshalb auch die radikalste Herausforderung an den personalen Vollzug von Glaube und Hoffnung. Dabei darf der Tod allerdings nicht bloß als Beendigung des biologischen Lebens gesehen werden. Die personale Stellungnahme zum Tod und zur Vergänglichkeit überhaupt ist ein unaufhebbares Moment des ganzen menschlichen Lebens. Auch wenn man den ausdrücklichen Gedanken daran zu verdrängen sucht, gehört doch das Erlebnis der Vergänglichkeit der Zeit und der Unausweichlichkeit des Todes zur Struktur jeder menschlichen Erfahrung.

Die Heilsbedeutung des Sterbens Jesu darf nicht mit dem biologischen Ende am Kreuz identifiziert werden, auch nicht mit den Qualen und Schmerzen als solchen, die Jesus erlitten hat. Entscheidend ist vielmehr seine personale Stellungnahme zu Leid und Tod. Diese fällt aber zeitlich nicht einfach mit dem Ereignis der Kreuzigung zusammen. Vielmehr wird das ganze Leben Jesu ein Leben in Hoffnung und in der Bereitschaft zum Tod. Es war ein Leben im Dienst der Mitmenschen, für die er Verzicht und Leid auf sich zu nehmen bereit war. Die soteriologische Aussage, daß Jesus die Welt durch seinen Tod erlöst hat, schließt also eine Heilsbedeutung seines Lebens nicht aus, sondern ein. Allerdings kam im äußeren Ereignis seines Sterbens erst voll zum Ausdruck, wie radikal sein Ja zum Willen des Vaters gemeint war. Insofern ist das Kreuz Jesu das unüberbietbare und wirksamste Symbol seiner Verbundenheit mit dem Vater, seiner Hoffnung und Hingabe für den Menschen.

Das Kreuz Jesu ist aber nicht bloß ein Heilsereignis im Sinne eines Angebotes an die Menschheit, sondern auch ein Ereignis, das verpflichtet.[5] Jede Liebe hat verpflichtenden Charakter für den Geliebten. Sie verlangt Annahme, Erwiderung, Gemeinschaft. Sie verlangt das nicht um des Liebenden allein willen, sondern gerade auch um des Geliebten willen. Insofern also das Leben und Sterben Christi die höchste Aufgipfelung der Liebe Gottes zur Menschheit überhaupt ist, ergeht von hier aus auch der Anspruch Gottes an den Menschen in unüberbietbarer Weise, der Anspruch auf Glaube, auf Hoffnung und Liebe, der Anspruch, den Tod anzunehmen, das Kreuz zu tragen und sich für den Mitmenschen hinzugeben. Nachfolge Jesu ist vor allem Nachfolge des Gekreuzigten, Bereitschaft, mit Jesus den Tod anzunehmen, mit ihm zu sterben. Auch bei diesen Aussagen ist wieder zu bedenken, daß Kreuz und Tod nicht die rein äußere Beendigung des menschlichen Lebens meinen, sondern die innere Bedrohung des Sinnes jedes menschlichen Lebens.

Der Tod in diesem Sinn kann aber nicht das Letzte für den Menschen sein, denn der Mensch besteht ja den Tod gerade durch seine Hoffnung. Diese Hoffnung findet ihre Berechtigung im Glauben an die Auferstehung. Die Auferstehung Jesu Christi ist also gleichsam die andere Seite seines Sterbens, die Bestätigung des Rechtes seiner Hoffnung. Sie löscht die Realität des Sterbens nicht aus, sondern gibt ihr ihren vollen, bleibenden Sinn. Dieser Sinn ist eine Wirklichkeit, die sich auch jenem Gläubigen mitteilt, der bereit ist, Jesus in den Tod zu folgen.

[5] Wir halten die Beziehung zu Christus und zur Heilsgeschichte für das Verständnis moraltheologischer Grundbegriffe (Hoffnung, Freiheit, Schuldvergebung usw.) für so grundlegend, daß wir in diesem Punkt nicht ganz folgen können, wenn J.F. Groner, Das Aufbauprinzip der Moraltheologie 39 schreibt: «Eine systematische Darstellung der übernatürlichen Moralität in ihren wesenhaften Voraussetzungen und ihren artgemäßen ‹Vollzugsorganen› (Tugenden und Gaben des Hl. Geistes), wie sie bei Thomas vorliegt, konnte und mußte sich den Blick auf die historische Kontingenz und somit auch auf Christus als menschgewordenen Erlöser sparen. Wie bedeutsam die Gestalt Christi in der pastoralen Verkündigung und als Vorbild für das konkrete christliche Leben ist, wird von niemandem, auch nicht von *Thomas* bezweifelt...» – Vgl. ebd. 94–96.

Jesus Christus ist Vermittler des Heiles nicht einfach durch eine bloß statisch gedachte, hypostatische Union, sondern durch sein Wirken. Er hat in Hoffnung und Liebe den Tod überwunden und dadurch nicht nur seinem eigenen Leben einen Sinn zugesprochen, sondern auch dem Leben derjenigen, die sich seinem Anspruch stellen. Der Sinn des Lebens ist ja nicht etwas, das unabhängig von aller subjektiven Entscheidung besteht und dann nur noch gefunden und ergriffen werden muß, sondern etwas, was durch dieses Ergreifen selber erst Wirklichkeit wird. Die Liebe Gottes hat sich in Christus nicht bloß gezeigt, sondern sie hat sich in ihm verwirklicht und damit dem Menschen das Heil ermöglicht, denn Liebe ist nur real, wenn sie versucht, das Wohl des Geliebten zu wirken, wenn sie sich also mitteilt. Wenn die Liebe Gottes in der Menschwerdung Christi ihren höchsten Ausdruck gefunden hat, dann hat sie damit auch erst ihre volle Realität erreicht. Mag sie auch sonst überall in der menschlichen Geschichte am Werk gewesen sein, hier hat sie ihre tiefste Wirksamkeit gefunden. Auf dieser Tatsache des Lebens, Sterbens und Auferstehens Jesu Christi gründet die christliche Hoffnung. Sie erwartet das Heil im Bestehen des Todes und besteht diesen Tod, indem sie das Heil erwartet.

Der zentrale Gehalt des christlichen Glaubens betrifft die Beziehung des Menschen zu Gott und zum Heil. Nur mittelbar, aber doch unlösbar damit verknüpft, ist dann auch die Beziehung zum Mitmenschen und zur Welt betroffen. Die Eschatologie ist der Sinnhorizont, der das konkrete Handeln des Menschen mitbestimmt, aber aus diesem Sinnhorizont lassen sich keine konkreten Modelle gesellschaftlichen Lebens und überhaupt konkreten Handelns ableiten. Dazu sind auch noch objektive materiale Komponenten erforderlich, die nicht unmittelbar Gegenstand göttlicher Offenbarung sein können. Es ist also dem Christentum nicht möglich, eine überzeitliche, ideale christliche Gesellschaftsordnung aufzuzeigen.

4. Folgerungen für die biblisch-moraltheologische Hermeneutik

Der zentrale Kern der biblischen Botschaft ist die Kunde vom Leben, vom Sterben und von der Auferstehung Jesu Christi. Es gäbe keine christliche Ethik, wenn dieses Evangelium nicht weitergegeben würde, wohl aber, wenn etwa die Bergpredigt oder andere Sammlungen von biblischen Weisungen verlorengegangen wären.

Die bleibende Bedeutung biblischer Weisungen liegt in dem Sinnhorizont, den sie ausdrücken, nicht aber in den konkreten äußeren Verhältnissen, denen sie Rechnung tragen. Demnach kann es auch nicht der Sinn einer biblisch orientierten Moraltheologie sein, mit einer Fülle von Bibelzitaten aufzuwarten, sondern die erste Forderung an eine solche Moraltheologie muß wohl die Gesamtstruktur betreffen. Der Aufbau muß christozentrisch und im Sinne einer christlichen Eschatologie strukturiert sein. Erst in der Konkretion von Sinnhorizont und der Analyse äußerer Gegebenheiten ergeben sich dann die konkreten sittlichen Urteile, die nicht unbedingt mit entsprechenden biblischen Aussagen übereinstimmen müssen.

Hier liegt ein mehrfacher hermeneutischer Prozeß vor. Auf der einen Seite muß die Bibel auf ihre letzte Mitte und ihren verpflichtenden Sinn hin interpretiert werden, auf der anderen Seite muß die Moraltheologie versuchen, diesen biblischen Sinn in die Verhältnisse der heutigen Welt zu transponieren, was wieder nur aufgrund einer bestimmten Deutung dieser Welt möglich ist. Erst in der Verschmelzung beider Sinnhorizonte können sich konkrete christliche Gewissensurteile ergeben.

Auch wenn der Heiligen Schrift als Begründung christlichen Glaubens und christlicher Ethik die zentrale Stellung zugehört, darf doch die Bedeutung der christlichen Tradition nicht zu sehr abgewertet werden. Diese Bedeutung ist in verschiedener Hinsicht zu würdigen.

Zunächst einmal kommt der Überlieferung die Aufgabe zu, das Erbe der Heiligen Schrift im Leben der Kirche weiterzugeben. Es geht dabei nicht nur um die Konservierung der heiligen Bücher, sondern mindestens ebensosehr um den existentiellen Vollzug des Glaubens und der Liebe. Denn was den heutigen Glauben begründet, ist ja nicht einfach der Buchstabe der Schrift, sondern mindestens ebenso wesentlich das kirchliche Leben, der kirchliche Glaube und die gelebte Sittlichkeit.

Diese existentielle Funktion der Glaubensweitergabe spiegelt sich nun aber in der jeweiligen theoretischen Reflexion. Hier zeigt sich, daß die Übernahme des Christentums, besonders im außerjüdischen Raum, nicht einfach zu einem augenblicklichen Umdenken und zu einer Ablösung außerbiblischen Denkens durch christliches Denken und christliche Werthaltung geführt hat. Bereits in der Patristik zeigt sich deutlich, wie griechische Ethik in breitem Strom in die christliche Überlieferung eindringt und sich mit ihr verbindet. Ein bezeichnendes Beispiel dafür ist das Werk des Ambrosius «De officiis ministrorum», das offensichtlich eine Paraphrase des stoischen Werkes «De officiis» von Cicero darstellt, das aber gleichzeitig als erste systematische Moraltheologie der christlichen Tradition bezeichnet werden kann. Die Übernahme stoischen, platonischen, aristotelischen oder anderen griechischen Gedankengutes ist an sich durchaus positiv zu werten. Die Tradition des Naturrechtsdenkens und einer rationalen, systematischen Ethik war für das Christentum sicher ein großer Gewinn. Bedenklich war nicht die Aufnahme dieser Tradition, sondern die mangelnde Auseinandersetzung mit ihr. Dadurch kam der Geist biblischer Ethik vielfach nicht mehr genügend zum Tragen. Das zeigt sich insbesondere im Zurücktreten von Christozentrik und christlicher Eschatologie.

So ist z.B. die Moraltheologie des Thomas von Aquin in seiner «Summa theologiae» bereits nach der Lehre von Gott und der

Schöpfung eingefügt, noch bevor von Christus, der Kirche und den Sakramenten gehandelt wird. Natürlich kann das, was Thomas erst nachher zur Sprache bringt, noch nicht in genügendem Ausmaß in der Moraltheologie selber zur Geltung gebracht werden. Die stoisch-aristotelische Tradition, die sich dann etwa auch im Gliederungsprinzip der Tugenden zeigt, ist offensichtlich nicht genügend in den Sinnhorizont der christlichen Offenbarung integriert. Sosehr sich die griechische Tradition in der Analyse der Einzelinhalte bewährt, so wenig kann sie für den Christen genügen, wenn es um die Begründung des Glaubens und der Hoffnung geht. Erst von diesen Vollzügen her bekommt aber auch die Nächstenliebe und damit der Humanismus die volle Tiefe. Man könnte zwar darauf hinweisen, daß ja diese Momente bei Thomas von Aquin und in der übrigen Tradition in den verschiedenen dogmatischen Traktaten stark zur Geltung kommen. Sie sind deshalb im Gesamtsystem nicht einfach inexistent oder unbewußt. Aber für die moraltheologische Systematik scheint uns dieser Hinweis keine ausreichende Rechtfertigung zu sein.

Hier bahnt sich bereits jene Entwicklung an, die dann in der neueren Moraltheologie, besonders seit dem 17. Jahrhundert, zu einer völligen Trennung von der Dogmatik geführt und damit den theologischen Charakter der Moraltheologie weitgehend verdunkelt hat. Mit der zunehmenden Trennung von Glaube und Ethik wird aber schließlich die Verbindlichkeit der Ethik selber in Frage gestellt.[6] Ethik gerät dann in Gefahr, zu einer bloßen Pragmatik zu werden. Durch diese Entwicklung würde gleichzeitig die Dogmatik von ethischen Inhalten entleert. Damit würde sie zu einem für das konkrete menschliche Leben fast überflüssig erscheinenden Überbau, von dem jedenfalls in der geistigen Bewältigung ethischer Probleme abgesehen werden kann. Wo Ethik und Glaube auseinanderfallen, verliert die Ethik ihre letzte Motivation und der Glaube seine lebensgestaltende Funktion. Erst in der neuesten Entwicklung der Theologie, etwa in der Natur-Gnade-Diskussion, mit der die Nouvelle

[6] Im Neuen Testament ist die Einheit des Religiösen und des Sittlichen unzerreißbar: R. Schnackenburg, Die sittliche Botschaft des Neuen Testamentes, München ²1962, V; J. Blank, aaO. 175; systematisch wird dieser Gedanke entwickelt bei: G. Ebeling, Die Evidenz die Ethischen und der Theologie, in: ZThK 57 (1960) 318–356.

Théologie begann, oder in der politischen Theologie ist diese Entwicklung einer systematischen Kritik unterzogen worden.

Neben der theoretischen Reflexion sollte aber wohl der gelebten Sittlichkeit in der christlichen Tradition mehr Aufmerksamkeit als bisher geschenkt werden, denn die Synthese zwischen griechischem Erbe und biblischem Denken, die in der Theorie wohl nicht zufriedenstellend gelungen ist, mußte ja in der Praxis des Lebens jeden Tag neu vollzogen werden. Tatsächlich durchdrangen sich im konkreten Leben die verschiedenen Ströme der Überlieferung. Das Wertbewußtsein der außerbiblischen Antike wurde im Laufe der Zeit mehr und mehr in ein biblisches Denken einbezogen und damit weiterentwickelt. Das war ein vielschichtiger und teilweise sehr lange andauernder Prozeß. Aber die Bewegungsrichtung ist unverkennbar.

Kennzeichnend ist dafür z.B. der Wandel in der Einschätzung der menschlichen Person. Man kann den Wert der Person und des menschlichen Lebens nicht dadurch ausreichend bestimmen, daß man fragt, was der Mensch im Augenblick ist, was er leistet, was er erlebt, wie glücklich er ist usw. Wert und Würde des menschlichen Lebens sind vielmehr in entscheidendem Maße durch das Ziel zu bestimmen, auf das der Mensch hofft, denn erst in diesem Ziel kann er seine volle Verwirklichung und Erfüllung finden. In einem Denken, das keine Transzendenz anerkennt, kann sich der Wert des Menschen nur aus dem ergeben, was dieser innerweltlich erfährt oder leistet. Abgesehen davon, daß auf solche Weise weder Tod noch Leid zu bestehen sind, würde damit der Mensch zu einer bloßen Funktion innerweltlicher Prozesse. Ein Beispiel liefert etwa der Marxismus, besonders in seiner modernen Form des orthodoxen Kommunismus. Wenn das letzte Ziel des Menschen eine innerweltliche, zukünftige Gesellschaftsordnung ist, dann hat die Person keinen Eigenwert, sondern sie darf zum Mittel für die Erreichung dieser zukünftigen Gesellschaft gemacht werden. Daraus ergibt sich das Recht, den Menschen zu unterdrücken und auszubeuten. Ein Gegenbeispiel dazu ist der säkularisierte Liberalismus westlicher Prägung, wo die Würde des Menschen in seiner innerweltlichen Freiheit verstanden wird. Insofern hier die individuelle Freiheit als höchster Wert erscheint, müßte sie sich entweder auch über die Rechtsansprüche der Mitmenschen hinwegsetzen dürfen oder sie muß sich einem noch höheren Prinzip unterwerfen, etwa dem Ausgleich der Rechtsansprüche innerhalb einer Gemeinschaft. In beiden Fällen müßte man von einem individualistischen Menschenbild her von einer Frustration sprechen, weil hier menschliches Leben nicht das werden kann, was es nach einem solchen Verständnis sein sollte.

Das Christentum mit seiner Botschaft von der Berufung aller Menschen zu einem ewigen Heil spricht der menschlichen Existenz eine unendlich tiefere Bedeutung zu. Dadurch erhält das menschliche Leben einen ganz anderen Wert, als wenn man diesen nur von innerweltlichen Erfahrungen und Wunschbefriedigungen her bestimmen würde. Dieses neue Menschenbild des Christentums mußte sich im Laufe der Geschichte auch im ethischen Bewußtsein auswirken. Sicher hat Paulus die Institution des Sklaventums nicht abschaffen wollen, aber der christliche Glaube an die Würde des Menschen und die christliche Idee der Freiheit mußten schließlich doch zu einer Abschaffung des Sklaventums führen. – Sicher hat sich die christliche Verkündigung besonders in der Mission oft weitgehend an das herrschende ethische Bewußtsein angepaßt. Man denke z.B. an den «Heliand». Hier scheint weder der Gedanke christlicher Demut und selbstlosen Dienens, noch gar die Idee des Kreuzes voll verstanden worden zu sein. Aber dennoch hat das Evangelium auf die Dauer die Kraft gezeigt, das herrschende Bewußtsein umzuwandeln und an einer christlichen Eschatologie zu orientieren. Die Umwertung der Werte und die Entfaltung einer genuin christlichen Sittlichkeit hat in der Geschichte oft einen langen Prozeß benötigt.

Was nun den verpflichtenden Charakter der Tradition[7] gegenüber der Gegenwart angeht, so ist auch hier zunächst darauf hinzuweisen, daß nicht der Buchstabe als solcher verpflichten kann und auch nicht die konkrete, zeitbedingte, spekulative Ausformung des Glaubensgutes. Auch die Tradition ist auf ihren eigentlichen theologischen Gehalt zu hinterfragen. Der Moraltheologe hat also die Tradition nicht einfach lexikalisch zu erheben, um dann eine statistisch überwiegende Ansicht als verpflichtend hinzustellen, sondern er hat die Einzelaussagen der Tradition jeweils im Rahmen großer theologischer Zusammenhänge zu betrachten und zu beurteilen. Wie in der Bibel

[7] Vgl. dazu R.Hofmann, Moraltheologische Erkenntnis- und Methodenlehre, 154f.

nicht einfach ein einzelnes Zitat als unwandelbares Glaubensgesetz für alle Zeiten gelten kann, sondern im Zusammenhang der Theologie eines biblischen Autors gesehen und schließlich in Konfrontation mit anderen Theologien noch auf die Begründung in der Person Jesu Christi hin hinterfragt werden muß, so auch in der Tradition.

Das soll nicht heißen, daß die Beschäftigung mit der Tradition schließlich zu rein formalen Ergebnissen kommen müßte, was ja auch in der Exegese und Bibeltheologie nicht der Fall zu sein braucht. Wohl aber ist davor zu warnen, daß Einzelzitate angesehener Autoren oder auch offizieller kirchlicher Dokumente isoliert betrachtet werden. Wo das geschieht, leistet man der Glaubwürdigkeit der kirchlichen Tradition keinen Dienst, denn es zeigt sich dann, daß eben vieles, was man auf diese Weise isoliert und vielleicht als überzeitlich gültig betrachtet hat, schließlich durch den Fortgang der Geschichte doch als wandelbar oder gar falsch erwiesen wird. Es wäre bei einer solchen Behandlung der Tradition auch unmöglich, brauchbare Kriterien zur Unterscheidung von Wandelbarem und Unwandelbarem zu finden, und es müßte schließlich das Vertrauen zur Tradition überhaupt schweren Schaden nehmen. Das ist nur dadurch zu vermeiden, daß man sich des eigentlichen Anliegens und Anspruchs der Tradition bewußt wird.

Die Tradition möchte, nicht anders als die Bibel selber, den Zugang zum Heil durch den Glauben eröffnen. Das kann aber nicht durch einzelne dogmatische oder ethische Detailaussagen geschehen, sondern nur dadurch, daß der Zugang zu Person und Werk, zu Leben, Sterben und Auferstehung Jesu Christi ermöglicht wird. In ethischer Hinsicht geschieht das dadurch, daß die Konsequenzen einer christozentrischen Weltsicht und einer christlichen Eschatologie für das menschliche Handeln aufgewiesen werden. Weil aber ethische Normierung immer auch von natürlichen und historisch gewordenen Gegebenheiten bedingt ist, deshalb zeigen auch die Konsequenzen aus der Offenbarung für das konkrete Leben stets sich wandelnde und zeitgebundene Formen. Aber diese Konkretion läßt sich nicht einfach überspringen, sondern gerade in ihr vermittelt sich christliche Haltung zur Welt und zur Geschichte.

Natürlich ist es dem modernen Menschen möglich, sich auch direkt mit der Heiligen Schrift zu beschäftigen und aus ihr zu lernen. Aber das Wertbewußtsein einer Gemeinschaft kann nicht ausschließlich aus der unmittelbaren Beschäftigung mit der Bibel leben, sondern es wird wesentlich durch den Zusammenhang mit der eigenen Tradition und durch die Auseinandersetzung mit ihr geprägt. Vergangenheit eröffnet Zukunft. Das gilt nicht nur für die Geschichte Jesu Christi selbst, sondern auch für die weitere Geschichte des Christentums. Das Angebot der Tradition verpflichtet und deren Mißachtung, soweit sie überhaupt möglich ist, brächte eine erhebliche Verarmung des Glaubenslebens mit sich.

Von großer Wichtigkeit ist auch das Bewußtsein der Kontinuität kirchlicher Tradition. Sosehr der Wandel der äußeren Lebensbedingungen und der Prozeß der Geistesgeschichte eine ständige Neuformulierung der Offenbarung erfordern, ist es doch von erheblicher anthropologischer Bedeutung, daß der Gläubige in dem Wissen leben kann, sein Glaube gelte nicht nur für ihn und seine Generation, sondern er habe auch für die Zukunft bleibende Bedeutung. Dieses Bewußtsein ist aber nur da aufrechtzuerhalten, wo man sich selber an die eigene Vergangenheit und an die eigene Tradition gebunden weiß. Die durchgehende geschichtliche Kontinuität der Glaubensüberlieferung ist ein wichtiges Symbol für die universelle Bedeutung der christlichen Heilsgeschichte.

Während auf der einen Seite die Gefahr des Traditionsverlustes steht, droht auf der anderen Seite die Gefahr der Erstarrung. Die Bindung an die Tradition engt dann ein, wenn die Dialektik zwischen konkreter Formulierung in Buchstabe und Lebensform einerseits und dem dahinterliegenden Sinn anderseits nicht mehr bedacht wird. Wo man nur den Sinn, aber nicht die konkrete traditionelle Form sucht, da wird dieser Sinn seine geschichtsformende Kraft verlieren. Wo man sich aber an die äußere Form klammert und sie nicht ständig hinterfragt und relativiert, da wird das Leben erstarren und der Glaube steril werden.

Auch das Wirken des Heiligen Geistes in der Tradition der Kirche ist in dieser Dialektik zu sehen. Der Heilige Geist garantiert weder einen bloßen Sinn der Offenbarung, den es ohne Konkretion in bestimmten Lebensformen ja nicht gibt, noch garantiert er den äußeren Buchstaben als solchen. Die kritische Stellung Jesu zum Alten Testament macht das deutlich genug. Man kann also der hermeneutischen

Methode nicht vorwerfen, daß sie eine sakral zu verstehende Tradition profaniere, sondern sie ist gerade bemüht, das Wirken Gottes in der Geschichte zu verstehen.

Zusammenfassung

Die Moraltheologie kann die Tradition heute nicht mehr bloß als Fundgrube für Autoritätsbeweise betrachten, oder besser gesagt: Es müßte ein neues Verständnis für den Autoritätsbeweis gewonnen werden. Die kirchliche Tradition kann nicht einfach als logisches Argument im gleichen Sinn wie ein Vernunftargument gelten. Es geht vielmehr darum, das existentielle Zeugnis kirchlicher Geschichte zu vernehmen und im Hinhören auf die «so große Wolke von Zeugen» (Hebr 12, 1), jenes Gespür für die biblische Botschaft zu gewinnen, das eben nicht nur in einer bloßen Vernunft, sondern in einer tieferen geistlichen Erfahrung gründet. In einem solchen Verständnis der Tradition wird man dann zu Recht unterscheiden zwischen einzelnen Irrtümern, verfehlten Systematisierungen usw. und einem tieferen theologischen Verständnis und Aussagewillen. Gerade die Ethik des Thomas v. Aquin wäre ein Musterbeispiel für diese Unterscheidung zwischen einer anfechtbaren Systematik und einem tiefen theologischen Gespür.

So gesehen müßte sich dann aber die Moraltheologie auch nicht bloß auf die systematischen Abhandlungen von Theologen beschränken, sondern könnte in größerem Maße auch andere Zeugnisse christlichen Lebens einbeziehen wie z. B. die große literarische Tradition der Spiritualität.

Allerdings ist wohl auch die christliche Tradition nicht uneingeschränkt als Ausdruck christlichen Glaubens zu verstehen. Diese Geschichte zeigt ein beständiges Ringen zwischen Christentum und nichtchristlichen Religionen, zwischen Glaube und Unglaube. Das Zeugnis der theologischen Tradition kann deshalb nicht einfach nach der Zahl der Autoren und auch nicht einfach nach der Länge der Zeit, in der eine bestimmte Lehre gegolten hat, bemessen werden. Entscheidender ist eben die Frage, wieweit diese Tradition Ausdruck des existentiellen Glaubens und des Wirkens des Geistes ist. Die

Moraltheologie hat solchen Überlegungen praktisch dadurch Rechnung getragen, daß sie bestimmte Aussagen und Auffassungen der Geschichte übernommen und andere einfach übergangen hat. Allerdings müßte ein solches Vorgehen heute kritischer gerechtfertigt werden, damit nicht der Eindruck entsteht, daß man hier ungeschichtlich und willkürlich nur heranziehen möchte, was den eigenen Standpunkt bestätigt.

Schließlich muß auch für die heutige Theologie klar sein, daß sie eine christliche Ethik nicht einfach nur durch historische Arbeit zustande bringen kann, sondern daß es auch heute dieses Ringen zwischen Glaube und Unglaube, zwischen christlichem und nichtchristlichem Verständnis geben wird, und zwar nicht nur in der Auseinandersetzung zwischen verschiedenen Autoren, sondern auch im Bemühen jedes einzelnen Theologen. Die geistliche Erfahrung läßt sich für den Theologen nicht einfach durch historisches Studium ersetzen.

Wie Schrift und Tradition hat auch das lebendige kirchliche Lehramt[8] den Auftrag, dem Heil des Menschen zu dienen. Die Kirche hat das Evangelium Jesu Christi zu verkünden und seinen Anspruch gegenüber der Welt zu vertreten. Dieser Anspruch ist nicht in erster Linie als eine Vielzahl einzelner konkreter Weisungen zu verstehen, sondern als eine Anforderung zu glauben, zu hoffen und zu lieben. – Allerdings kann dieser Auftrag der Kirche wieder nur wirksam werden, wenn er konkrete Formen annimmt. Solange die Kirche nur ganz allgemein von Glaube, Hoffnung und Liebe spricht, wird sie den Menschen in seinen konkreten Fragen kaum erreichen können. Sie muß also ihre Botschaft zu den konkreten Fragen des modernen Lebens in Beziehung setzen. Hier ergibt sich das eigentliche Problem des Auftrags der Kirche: Hat sie die Möglichkeit, als Kirche im Auftrage Jesu Christi zu den konkreten Fragestellungen des heutigen Lebens überhaupt etwas zu sagen? Worin besteht ihre Kompetenz? Wo verlaufen deren Grenzen? Das alles ist besonders im Zusammenhang mit «Humanae Vitae» (vgl. bes. Nr. 4) zur Diskussion gekommen. Aus der Vielzahl der Beiträge seien besonders zwei Positionen herausgehoben, denen sich wohl die meisten übrigen unterordnen lassen.

Jakob David geht[9] von der Unterscheidung zwischen Lehramt und Hirtenamt aus. Das Lehramt habe die Aufgabe, die Wortoffenbarung zu interpretieren. In dieser Auslegung der Bibel könne die Kirche auch unfehlbare Aussagen machen. Wo sie sich aber nicht auf

[8] Zur neueren Diskussion um Ethik und kirchliches Lehramt vgl.: Kl. Demmer, Kirchliches Lehramt und Naturrecht, in: ThGl 59 (1969) 191–213; ders., Kirchlicher Gehorsam zwischen Autorität und Gewissen, ebd. 403–421; B. Schüller, Zur theologischen Diskussion um die lex naturalis, in: ThPh 41 (1966) 481–503; ders., Bemerkungen zur authentischen Verkündigung des kirchlichen Lehramtes, in: ThPh 42 (1967) 534–551; A. Auer, Nach dem Erscheinen der Enzyklika ‹Humanae Vitae› – Zehn Thesen über die Findung sittlicher Weisungen, in: ThQ 149 (1969) 75–85; ders., Autonome Moral und christlicher Glaube 137–197; E. Schillebeeckx, Von der theologischen Tragweite lehramtlicher Verlautbarungen über gesellschaftspolitische Fragen, in: Concilium 4 (1968) 411–421; H. Rotter, Strukturen sittlichen Handelns, 75–77.

[9] Jakob David, Kirche und Naturrecht – Versuch einer neuen Grenzziehung, in: Orientierung 30 (1966) 129–133; ders., Neue Aspekte der kirchlichen Ehelehre (Theologische Brennpunkte, Bd. 6/7), Frankfurt 1966, 74–93; ders., Das Naturrecht in Krise und Läuterung – Eine kritische Neubesinnung.

die Bibel stützen könne, da handle sie nicht kraft des Lehramtes, sondern nur kraft des Hirtenamtes. Auch solche Weisungen der Kirche seien berechtigt und notwendig, aber sie seien grundsätzlich fehlbar, weil sie sich nicht auf die Autorität der Wortoffenbarung berufen könnten. – In dieser Auffassung wird offenbar zu wenig unterschieden zwischen der Offenbarung, die sich in der Geschichte Jesu Christi ereignet hat und ihrer sprachlichen Interpretation im Wortlaut der Bibel. Es wird nicht versucht, in einer reflexen Hermeneutik die christologische und eschatologische Dimension von Elementen der damaligen äußeren Situation zu unterscheiden. Damit scheidet dann auch die Möglichkeit aus, den theologischen Sinngehalt der Offenbarung auf eine veränderte kulturelle und geistesgeschichtliche Situation so zu übertragen, daß trotz einer veränderten konkreten Fragestellung noch die Zuständigkeit der Wortoffenbarung sichtbar bleibt.

Eine andere Gruppe von Autoren (Ford, Kelly, Dietrich v. Hildebrand)[10] spricht der Kirche dagegen die Möglichkeit zu, alle Fragen des Naturrechts mit dem Anspruch auf Unfehlbarkeit zu interpretieren. Eine Schwäche dieser Auffassung liegt in der Problematik der gesamten Naturrechtslehre. Eine andere Schwäche liegt darin, daß nicht klar ist, was eigentlich zum Naturrecht gehört. Wenn man der Auffassung ist, das Naturrecht sei in manchen Fällen nur mit größten Schwierigkeiten zu erkennen und man brauche dazu die Hilfe der Offenbarung und des kirchlichen Lehramtes, dann sind diesem praktisch keine Grenzen mehr gesetzt. Eine Kritik an kirchlichen Äußerungen könnte dann immer mit dem Hinweis abgewehrt werden, daß es sich hier um ein schwer erkennbares Naturrecht handle. Eine solche Auffassung ist vor allem in historischer Sicht kaum hinzunehmen, denn es ist offenkundig, daß sich das kirchliche Lehramt in sittlichen Fragen schon öfter geirrt hat. Man denke etwa an verschiedene Aussagen zur Sexualmoral im Mittelalter und an die lange Lehrtradition über das Zinsverbot.[11] – Der Gläubige, besonders aber der Theologe,

[10] John C.Ford, Gerald Kelly, Contemporary Moral Theology I, Westminster 1960, 3–32; Dietrich v.Hildebrand, Die Enzyklika «Humanae Vitae» – ein Zeichen des Widerspruchs, Regensburg 1968, 37–39.

[11] Hier wäre zu erinnern an Koitusverbote vor Kommunionempfang, an die Bewertung der weiblichen Blutungen bei Menstruation und Geburt, an Verzauberungs-Impotenz als Ehehindernis usw.: vgl. P.Browe, Beiträge zur Sexualethik des Mittelalters, Breslau 1932, bes. 1–79; 121–136. – Zum Zinsverbot siehe DS 764, 906, 2062, 2546ff.

muß das Recht behalten, lehramtliche Äußerungen der Kirche kritisch zu überprüfen und beim Vorliegen entsprechend schwerwiegender Gegenargumente auch zu kritisieren.

Theologisch scheint uns aber an dieser Position vor allem bedenklich zu sein, daß hier die Kirche ohne weiteres für die Erkenntnis der Natur als zuständig erklärt wird. Es ist dabei nicht mehr entscheidend, ob es sich um die empirische Natur handelt, die ja im Naturrecht notwendig eine Rolle spielt, oder ob es um die bloß metaphysische Natur geht, d. h. um zentralste Wesensstrukturen des Menschseins, die nur auf einem hohen Abstraktionsgrad zu formulieren sind. Im ersten Fall wäre die Kirche für einen Bereich zuständig, der unmittelbar auch den empirischen Wissenschaften angehört, so daß eine unmittelbare Konkurrenz zwischen naturwissenschaftlichen und kirchlichen Aussagen möglich wäre. Im zweiten Fall gäbe es eine entsprechende Konkurrenz zwischen dem kirchlichen Lehramt und bestimmten philosophischen Richtungen. Von Christozentrik oder Eschatologie als Grunddimensionen einer Ethik der Offenbarung wäre hier nicht die Rede.

Über die Kritik an Einzelheiten dieser Auffassungen hinaus ist aber beiden Positionen entgegenzuhalten, daß sie keine überzeugende Begründung vorbringen können, sondern eher den Charakter einer Vermutung an sich tragen. Der Hauptmangel scheint uns darin zu liegen, daß sie die sittliche Verpflichtung nicht weiter analysieren, sondern ganz pauschal zum Inhalt der Offenbarung bzw. zum Gegenstand des kirchlichen Lehramtes rechnen oder davon ausklammern möchten. Eine genauere Analyse des Sittlichen zeigt dagegen, daß eine Verpflichtung verschiedene Aspekte aufweist und daß diese Aspekte nicht in gleicher Weise Gegenstand der Offenbarung sein und den Charakter der Unveränderlichkeit tragen können. Nur wenn man die Strukturen einer sittlichen Verpflichtung näher betrachtet, lassen sich auch die Zuständigkeit und die Vollmacht der Kirche in ethischen Fragen verdeutlichen.

1. Aspekte der sittlichen Verpflichtung

Wir möchten an einer sittlichen Verpflichtung drei Aspekte unterscheiden: einen naturhaften, einen geschichtlichen und einen transzendentalen. Eine nähere Betrachtung dieser Gesichtspunkte wird dann zeigen, daß die Kompetenz der Kirche im dritten Aspekt zu suchen ist.

a) Der naturhafte Aspekt

Jede sittliche Verpflichtung hat etwas mit dem Menschen und insofern auch mit seiner Leiblichkeit zu tun. Objektive biologische Gegebenheiten[12] und psychologische Strukturen spielen in jeder sittlichen Verpflichtung eine Rolle. Auch wenn sich aus ihnen nicht unmittelbar schon ein sittliches Sollen ergibt, ist doch der Inhalt einer sittlichen Verpflichtung durch die Interpretation unterpersonaler Gegebenheiten mitbestimmt. Aus diesem Grunde sind auch die Erkenntnisse empirischer Wissenschaften ein inneres Moment der speziellen Moraltheologie, die sich mit konkreten Verpflichtungen befaßt. Wenn wir diesen Aspekt als naturhaft bezeichnen, dann meinen wir damit, daß er der Erkenntnis des Menschen vorgegeben und transzendental nicht ableitbar ist. Er weist eine Eigengesetzlichkeit auf, die der Mensch empirisch festzustellen und in seinem Handeln zu berücksichtigen hat. Obwohl nun aber die Kirche über konkretes sittliches Verhalten spricht, betrifft ihre spezielle Kompetenz nicht den unmittelbar empirischen Aspekt an einer sittlichen Verpflichtung, sondern muß diesen voraussetzen.

Das wird natürlich noch wichtiger, wenn es sich nicht um rein äußere oder biologische Gegebenheiten, sondern um psychologische Strukturen handelt. Die Bedeutung psychologischer Gegebenheiten ist etwa im Bereich der Sexualethik offensichtlich. Nun kann es aber

[12] Es ist einer der Vorzüge biologischer und ethologischer Untersuchungen, daß sie diese Faktoren deutlich machen und dadurch ein undifferenziertes Verständnis der sittlichen Verpflichtung als eines schlechthin personalen Anspruches überwinden. Vgl. P. Chauchard, Untugend der Tugenden – Tugend der Untugenden, Düsseldorf 1967; W. Wickler, Die Biologie der zehn Gebote, München 1971; I. Eibl-Eibesfeldt, Liebe und Haß. Zur Naturgeschichte elementarer Verhaltensweisen, München 1970; Johannes Gründel, Ethik und Moraltheologie im Dialog mit der Ethologie, in: M. Seckler u. a. (Hrsg.), Begegnung. Beiträge zu einer Hermeneutik des theologischen Gesprächs, Graz 1972, 633–642.

auch hier nicht unmittelbar zu einer Konkurrenz zwischen der Zuständigkeit der Kirche und der Zuständigkeit der Psychologie kommen. Die psychologischen Gesetzmäßigkeiten zu erforschen ist Sache der Psychologie, und soweit diese Gesetzmäßigkeiten eine Voraussetzung für die sexualethischen Normen sind, ist es auch Sache der Psychologie, zur Begründung und Kritik solcher Normen beizutragen. Sache der Theologie und der Kirche ist es hingegen, den Sinnhorizont sittlichen Handelns auch in den Fragen der Sexualethik aufzuzeigen. Erst wo das geschieht, wird aus Bedingungszusammenhängen ein sittliches Sollen. Psychologische Erkenntnisse sind zwar ein inneres Moment konkreten moraltheologischen Denkens, aber die Moraltheologie muß solche Einsichten übernehmen und voraussetzen, während ihre eigentliche Kompetenz darin liegt, die Beziehung zum letzten Sinn menschlicher Existenz herzustellen.

Wissenschaftstheoretisch ist hier vielleicht eines zu beachten. Die empirischen Anthropologien entwickeln aus sich heraus in immer größerem Maße ethische Vorstellungen und Systeme. Was dabei neben dem kritischen philosophischen und theologischen Denken fehlt, das ist vielfach die Zusammenschau der verschiedenen Anthropologien. Der Psychologe betreibt nur Psychologie, der Biologe nur Biologie usw. Ein Verständnis der konkreten sittlichen Normen verlangt aber eine Synthese der verschiedenen empirischen Aspekte. Diese Synthese wird bis heute am ehesten in der Moraltheologie angestrebt. Es ist natürlich durchaus denkbar, daß solche Versuche auch außerhalb der Theologie angestellt werden. In steigendem Maße geschieht das heute in der Pädagogik und auch in den Rechtswissenschaften. Die Theologie kann eine solche Entwicklung nur begrüßen, denn bei dem ständigen Anwachsen und der fortschreitenden Spezialisierung empirischer Forschung wird es immer schwieriger, die für das Verständnis menschlichen Handelns wichtigen Daten der empirischen Anthropologie in einer heute verantwortbaren Weise zu übernehmen.

b) Der geschichtliche Aspekt

Neben dem sachlichen Moment weist jede konkrete sittliche Verpflichtung auch eine geschichtliche Dimension auf. Dabei ist zunächst an eine kultur- und geistesgeschichtliche Bestimmtheit zu denken.

Dieser Gesichtspunkt tritt dann wenig in Erscheinung, wenn man in abstrakter Weise von zentralen sittlichen Verpflichtungen spricht, z.B. vom Verbot zu lügen, zu töten usw. Versucht man aber, diese Verpflichtungen konkreter zu sehen und vor allem gegenüber anderen Verpflichtungen genau abzugrenzen, dann zeigt sich bald, daß solche Abgrenzungen in verschiedenen geschichtlichen und kulturellen Situationen sehr verschieden verlaufen. Man denke z.B. an die Grenze zwischen Höflichkeit und Heuchelei, an die Abgrenzung des Eigentumsrechtes, an die genauere Bestimmung der Schamhaftigkeit oder – ein besonders auffälliges Beispiel – an die Grenze zwischen Tötungsverbot und der Zulässigkeit der Todesstrafe. Diese Abgrenzungen haben sich im Laufe der Geschichte – innerhalb des Christentums – nach der einen oder anderen Seite oft sehr weit verschoben. Selbst wenn man in einzelnen extremen Fällen von historischen Irrtümern sprechen will, ist es unmöglich, auch nur theoretisch eine genaue Abgrenzung vorzunehmen, ganz zu schweigen von der Praxis bzw. von der sich immer wieder ändernden öffentlichen Meinung.

Zur geschichtlichen Dimension einer sittlichen Verpflichtung ist aber auch die Geschichte der einzelnen Person zu zählen. Jede freie Entscheidung trägt den Charakter eines Vorsatzes. Sie kann aber auch die ausdrückliche Form eines Versprechens, eines Vertrages oder einer ähnlichen Bindung gegenüber dem Mitmenschen annehmen. Wir haben weiter zu denken an die Erwartungen, die man durch sein Verhalten in den Mitmenschen weckt und die man oft nur zu deren Schaden wieder enttäuschen kann. Sicher ist der Mensch auch in sittlicher Hinsicht durch seine Vergangenheit nicht festgelegt, aber bis zu einem gewissen Grad ist er doch durch sie gebunden.

Wie verhält sich nun das kirchliche Lehramt zu diesem Aspekt der sittlichen Verpflichtung? Hinsichtlich der Kultur- und Geistesgeschichte fühlt sich die Kirche nicht unmittelbar zuständig. Sie läßt verschiedene kulturelle Ausformungen zu und anerkennt sogar deren je eigenen Wert.[13] Insofern nun die Eigenart einer bestimmten Kultur auch auf die sittlichen Normen einwirkt, können entsprechende Unterschiede von der Kirche nicht konkretisiert werden. Wenn das Eigentumsverständnis eines Nomadenvolkes anders ist als in einer Acker-

[13] Vat. II, Die pastorale Konstitution über die Kirche in der Welt von heute «Gaudium et Spes» Nr. 53–62, bes. 59.

baukultur oder in unserer heutigen hochtechnisierten westlichen Welt, dann sind diese Unterschiede von der Kirche zunächst einfach hinzunehmen.

Eine Kritik kann die Kirche nur dann anbringen, wenn das Verhältnis zwischen den äußeren Gegebenheiten und dem allgemeinen Bewußtsein einerseits und der geübten Praxis anderseits nicht in Ordnung ist. Ein solcher Fall könnte etwa gegeben sein, wenn eine herrschende Minorität ein Eigentumsverhältnis praktiziert, das früheren Zeiten eher entsprach, heute aber vielleicht angesichts der materiellen Not der Majorität des Volkes als verantwortungslos erscheinen muß. Die Kritik der Kirche könnte sich aber in einem solchen Fall nicht auf das Eigentumsverständnis als solches richten, sondern nur auf die Diskrepanz zwischen diesem früher vielleicht berechtigten Verständnis und der heute gegebenen konkreten Situation. Eine solche Kritik wäre dann sachlich begründet und würde keine Ablehnung einer bestimmten Kultur als solcher bedeuten.

Was die individuelle Geschichte des einzelnen angeht, so ist zu bedenken, daß die Weisungen der Kirche ja gewöhnlich nicht an den einzelnen ergehen, sondern für die ganze Kirche bzw. für einen bestimmten Teil der Kirche praktikabel sein sollen. Damit ist es unmöglich, Verpflichtungen des einzelnen, die sich aus seiner Geschichte ergeben, in Form einer allgemeinen Weisung zu verkünden.[14] Wohl aber kann die Kirche einen Rat anbieten im Sinne etwa der Evangelischen Räte. Mit dem Begriff Rat ist hier gemeint, daß man gegen keine *allgemeine* Sittennorm verstößt, wenn man ihn nicht befolgt. Es ist aber nicht unbedingt gemeint, daß man als *einzelner* gegenüber einem solchen Rat keine Verpflichtung hätte. Allerdings können sich auch solche Räte nur auf sehr wenige Situationen und bestimmte Grundlinien der Lebensgestaltung beziehen. Die Kirche wird zwar den einzelnen etwa durch den Seelsorger auch individuell begleiten können, aber die letzte Entscheidung über die Verpflichtung be-

[14] «Sosehr dem Menschen ein Raum der Freiheit von Gott eröffnet ist, innerhalb dessen er über sich selber verfügen und der Schöpfer seiner eigenen Subjektivität sein kann, so sehr ist eben dieser Raum selbst und die begrenzte endliche Zahl von Möglichkeiten unverfügbar von Gott ihm vorgegeben, und auch die richtige Entscheidung der Freiheit in ihrer Einmaligkeit und Unableitbarkeit ist in ihrem Wesen und ihrer Existenz Gabe Gottes, die sein *soll.*» – K. Rahner, Über die evangelischen Räte, in: Schriften VII, Zürich ²1971, 415 f.

stimmter Verhaltensweisen wird dann doch vom Bewußtsein des einzelnen her zu treffen sein.

Eine Kritik am einzelnen ist entsprechend nicht ausschließlich von allgemeinen Normen her möglich, sondern nur von der Konsequenz der Lebensgeschichte des einzelnen her. Selbstverständlich ist dabei vorausgesetzt, daß sich das Leben des einzelnen im Rahmen allgemeiner Normen und unter entsprechender Berücksichtigung der konkreten äußeren Situation abzuspielen hat.

Die Entscheidung des einzelnen ist noch unter einem besonderen Aspekt etwas zu beleuchten. Sie kann nämlich auch für den Mitmenschen eine Verpflichtung schaffen in der Gestalt einer autoritativen Weisung, also in der Gestalt eines Befehls, eines Gesetzes o.ä. Das bisher Gesagte findet in diesem Fall eine besonders deutliche Bestätigung. Ein Gesetz oder ein Befehl hat sich zwar im Rahmen des von der Sache her Vertretbaren zu bewegen, d.h. vor allem dessen, was mit dem sogenannten sittlichen Naturgesetz gemeint ist. Aber innerhalb dieses Rahmens wird die konkrete Verpflichtung dann durch die einzelne Entscheidung des Gesetzgebers oder einer sonstigen Autorität bestimmt. Wenn die autoritative Weisung den Rahmen ihrer Kompetenz überschreitet, wird sie damit kritisierbar auch von der Kirche. Solange sie sich aber in diesem Rahmen bewegt, entzieht sie sich einer Kritik von außen. Die Kirche hat diese Tatsache besonders dadurch anerkannt, daß sie der Autorität theologisch einen hohen Rang zugesprochen hat.

c) Der transzendentale Aspekt

Eine menschliche Handlung kann verschiedene endliche Werte anzielen, wie etwa Gesundheit, gesellschaftliche Anerkennung, Besitz, Kunstgenuß usw. Damit erweist sich eine solche Handlung als zweckmäßig, aber an sich noch nicht als sittlich. Sittlich ist der Akt erst insofern, als er in einem transzendenten Sinnhorizont steht und Ausdruck des Glaubens an diesen Sinn wird. Das kann in der Weise geschehen, daß innerweltliche Werte für den Handelnden selber oder für dessen Mitmenschen im Hinblick auf die Zukunft und in Hoffnung auf das transzendente Heil verwirklicht werden. Es kann auch in der Weise geschehen, daß der Mensch Leid und Tod bewußt annimmt, ohne daraus einen augenblicklichen Nutzen zu ziehen oder die Sinnhaftigkeit dieser Annahme noch unmittelbar erfahren zu können. Der Mensch braucht zwar auch für eine solche Tat eine Erfahrungsbasis, aber diese muß nicht im eigenen Leben zu finden sein, sondern sie kann sich auch im Rückgriff auf eine frühere Geschichte zeigen. Die letzte Erfahrungsbasis, in der sich der Sinn menschlichen Lebens und Sterbens am tiefsten erschließt, ist für den Christen das Leben, Sterben und Auferstehen Jesu. Von hierher ergibt sich die entscheidende Rechtfertigung und gleichzeitig die radikalste Aufforderung, menschliches Leben von einer zu erhoffenden Auferstehung her zu begreifen.

Hier wird nun die Zuständigkeit der Kirche deutlich. Es ist nicht die Aufgabe der Kirche, die äußere Zweckmäßigkeit menschlichen Handelns zu beurteilen; es ist auch nicht ihre Aufgabe, innerweltliche Werte als solche gegeneinander abzuwägen. Die Mitte der kirchlichen Botschaft muß vielmehr mit der Mitte des Evangeliums zusammenfallen. Die Kirche hat Jesus Christus zu verkündigen.[15] Sie hat Zeugnis zu geben von der Hoffnung auf das Heil und vom Glauben an einen letzten absoluten Sinn[16] des menschlichen Lebens. Durch die ethische Verkündigung der Kirche muß also christozentrisch und eschatologisch orientiert sein.

Allerdings bliebe eine ethische Lehre der Kirche weithin wirkungslos, wenn sie sich im rein Formalen bewegen würde. Die Transzendenz wird ja für den Menschen immer nur im Transzendieren eines Konkreten erfahrbar. Das Absolute begegnet immer nur in Vermittlung durch Relatives. Deshalb kann der transzendente Aspekt sittlichen Handelns nicht in gleichem Maße wie andere Gesichtspunkte zum unmittelbaren Gegenstand menschlicher Betrachtungsweise werden. Die Kirche muß auch dann, wenn sie von ihrem eigenen

[15] Fr. Böckle, Was ist das Proprium einer christlichen Ethik, in: ZEE 11 (1967) 148–159; ders., Theonome Autonomie. Zur Aufgabenstellung einer fundamentalen Moraltheologie, in: J. Gründel (Hrsg.), Humanum. Moraltheologie im Dienste des Menschen, Düsseldorf 1972, 17–46.

[16] J. E. Groner, Das Aufbauprinzip der Moraltheologie, zeichnet in Anlehnung an Thomas v. A. eine theologische Finalkonzeption (83–96) und deren biblischen Hintergrund (74–82); vgl. dazu R. Hofmann, Moraltheologische Erkenntnis- und Methodenlehre 222–225. – In der Exegese vertritt H.-D. Wendland, Ethik des Neuen Testamentes, 123, mit Nachdruck die Auffassung, daß sich die Eigenart christlicher Ethik von der christlichen Eschatologie ableite. – Vgl. auch R. Schnackenburg, Biblische Ethik II, in: Sacramentum Mundi I, 546.

Kompetenzbereich spricht, von konkreten objektiven Tatsachen reden, d. h. sie hat eigentlich keinen eigenen «Bereich», sondern eher einen «Aspekt».

Genaugenommen wäre Analoges auch vom Formalobjekt anderer Wissenschaften festzustellen. Auch ein Physiker oder Biologe kann keine rein objektiven Aussagen machen, sondern diese werden immer durch eine bestimmte subjektive Einstellung mitbedingt sein. Das ist ja eine ganz wesentliche Einsicht hermeneutischen Denkens. Es gibt keine empirische Wissenschaft, die nicht auch eine Philosophie enthalten würde.[17] Ein gewisser Vorzug der Naturwissenschaft besteht allerdings darin, daß sie über ihren Gegenstand relativ leicht eine intersubjektive Verständigung herbeiführen kann, weil die philosophischen, ganzheitlichen Aspekte mehr im Hintergrund bleiben. Philosophie und Theologie behandeln dagegen vorzüglich jene Gesichtspunkte, die wesentlich zur subjektiven, personalen Stellungnahme in Beziehung stehen.

Weil aber nicht jede Beziehung zu innerweltlichen Objekten in gleicher Weise eine Beziehung zur Transzendenz vermittelt, deshalb sprechen die Offenbarung und die Theologie mit Recht vom Konkreten. Sie sprechen also auch von jenem Bereich, der in die Kompetenz der empirischen Wissenschaft fällt. Trotzdem besteht hier keine Konkurrenz, denn die empirischen Wissenschaften untersuchen empirische Gesetzmäßigkeiten als solche. Sie erforschen kausale Zusammenhänge und Ordnungen. In der Offenbarung und in der Theologie geht es hingegen um die Hinordnung des Konkreten auf das Absolute oder, anders gesagt, um die Bedeutung des Gegenständlichen für die absolute Zukunft.

Die ethischen Normen sind bestimmte Verhaltensweisen, die in einer konkreten Situation unter bestimmten sachlichen und kulturellen Bedingungen als Ausdruck von Liebe und Hoffnung gelten. Ändern sich die sachlichen Bedingungen und die kulturellen Verhältnisse, dann müssen sich auch die Normen entsprechend ändern. Das Verständnis des Eigentums ist in einem Nomadenstamm notwendig anders als unter den Bedingungen der heutigen Wirtschafts- und Konsumwelt. Ebenso unterscheidet sich das Tötungsverbot, bzw.

[17] S. z. B. Carl Friedrich von Weizsäcker, Die Einheit der Natur, München 1971, 27ff.

dessen Grenze in einer Indianerkultur von den Normen eines modernen Großstaates, dem die Machtmittel der Polizei und die Erkenntnisse wissenschaftlicher Psychologie zur Verfügung stehen. – Die objektiven Änderungen als solche gehören nicht in den Kompetenzbereich der Offenbarung und der Kirche. Sie sind den empirischen Wissenschaften zuzuordnen, also etwa der Medizin, der Psychologie, der Soziologie usw. Eine moraltheologische Aussage betrifft nie unmittelbar einen empirischen Tatbestand, sondern sie spricht von diesem Tatbestand nur als Vermittlung eines Transzendenzbezuges. Deshalb kann eine theologische Aussage als solche auch nicht die Unveränderlichkeit eines empirischen Faktums behaupten. Insofern eine sittliche Norm durch eine objektive Gegebenheit bedingt ist, ist sie auch von der Wandelbarkeit dieses Objekts und von der Irrtumsmöglichkeit der gegenständlichen Erkenntnis betroffen.

Das Maß der Bedingtheit einer ethischen Norm durch die Wandelbarkeit äußerer Tatbestände kann nun sehr verschieden sein. Im Bereich der Umgangsformen und der Sitten kann z.B. sehr leicht eine Änderung eintreten, wenn etwa im Bereich eines Volkes starke Einflüsse einer anderen Kultur zur Geltung kommen. Aber auch im Bereich der objektiven Natur sind solche Änderungen denkbar. So kann z.B. durch bestimmte Änderungen der Lebensverhältnisse die Einschätzung der Autorität und der Rechte des Individuums einen Wandel erfahren. Es scheint uns nicht unmittelbar Sache der Theologie als solcher oder etwa des kirchlichen Lehramtes zu sein, diesen Wandel äußerer Umstände zu behindern, zu befördern oder wissenschaftlich darüber zu befinden. Die Aufgabe der Kirche ist es vielmehr, im Blick auf diesen Wandel und die Veränderung des allgemeinen Bewußtseins die entsprechenden ethischen und moraltheologischen Forderungen herauszustellen.

Jede theologische Aussage muß, insofern sie auf objektive Gegebenheiten bezogen ist, Voraussetzungen machen, die zunächst in den Kompetenzbereich empirischer Wissenschaften gehören. Trotzdem sollte man nicht von einem bloß hypothetischen Charakter der theologischen Aussage sprechen. Die Erkenntnisunsicherheit im empirischen Bereich bedeutet nämlich nicht eine ebensolche Unsicherheit der theologischen Aussage. Unsicher bleibt an einer konkreten theologischen Aussage zwar der empirische Aspekt. Er muß hypothetisch vorausgesetzt werden. An seiner Unsicherheit nimmt aber der eigentlich ethische Gehalt nicht einfach teil. So kann z. B. jemand einen Zweifel haben, auf welche Weise er der Not des Mitmenschen abhelfen soll. Aber daß er diesem helfen muß und daß sein Bemühen, auch wenn er sich in der Wahl des Mittels irrt, ein Ausdruck von Verantwortungsbewußtsein und Nächstenliebe ist, darüber kann er durchaus eine sichere Einsicht haben.

Entsprechendes gilt auch für die Aussagen des kirchlichen Lehramtes. Die empirischen Voraussetzungen, die dabei gemacht werden müssen, mögen in sich unsicher diskutabel, vielleicht sogar falsch sein. Das eigentlich ethische Anliegen dieser konkreten Aussagen kann aber trotzdem richtig und sicher sein. Allerdings bezieht sich dann diese Richtigkeit eben zunächst nicht auf die konkrete Voraussetzung und deren Konsequenz. Die Kirche wird also z. B. auf die Verantwortung der Ehepartner füreinander, auf ihre Verantwortung gegenüber dem Kind hinweisen können, und sie wird das tun, indem sie konkrete Aussagen über die Sexualethik macht. Aber die eigentliche Kompetenz solcher Aussagen liegt dann im Aspekt des Transzendenten und der Vermittlung der Transzendenz durch personale und naturhafte Gesetzmäßigkeiten, nicht aber im Bereich dieser Gesetzmäßigkeiten selber.

So scheint es z. B. eine Frage der empirischen Wissenschaften zu sein, welche empfängnisverhütenden Mittel in ihren biologischen, medizinischen und psychologischen Auswirkungen tragbar sind. Aufgrund der Empfehlungen und Warnungen, die hier der Naturwissenschaftler ausspricht, kann dann die Kirche an das Verantwortungsbewußtsein, die Selbstlosigkeit und die Rücksichtnahme der Eheleute appellieren. Der Theologe kann fragen, welche derartigen Mittel mit der Struktur einer christlich verstandenen ehelichen Liebe vereinbar sind. Aber jener Aspekt an einer solchen Aussage, der durch empirische Wissenschaften verifiziert oder falsifiziert werden kann, kann prinzipiell nicht dasjenige sein, was eigentlich in der Kompetenz des kirchlichen Lehramtes liegt. Wenn also die Medizin nachweist, daß etwa eine Hormonpille gesundheitsschädlich sei, dann hat sie damit noch keinen Nachweis für die Richtigkeit einer absoluten Verwerfung dieses Mittels geliefert.

Die Wahrheit eines theologischen Satzes kann durch empirische

Wissenschaften als solche grundsätzlich nie bewiesen werden; sie kann aber auf diese Weise ebensowenig widerlegt werden, weil sie einfach auf einer anderen Ebene liegt. Wenn eine empirische Erkenntnis in Widerspruch zu einer theologischen Aussage zu stehen scheint, dann kann sich der Widerspruch eben nur auf den empirischen Tatbestand beziehen, den auch die theologische Aussage voraussetzen muß, der aber als solcher nicht mit der eigentlich theologischen Aussageintention identisch ist. Das kirchliche Lehramt unterliegt also nicht unmittelbar der Kritik empirischer Wissenschaften, sondern nur insofern, als seine Aussagen empirische Voraussetzungen machen bzw. die Grenzen seiner Kompetenz überschreiten.

2. *Offenbarung und ethische Grundbegriffe*

Das Verhältnis zur Transzendenz wird durch die Stellungnahme zu innerweltlichen Werten vermittelt. Dabei ist das Verhältnis zur Transzendenz selber nicht rein formal zu verstehen, sondern es bleibt an seine Vermittlung gebunden und davon bis ins Innerste geprägt. Der Mensch ist rein geistiger Akte nicht fähig, sondern seine personalen Vollzüge sind immer nur in Verleiblichung denkbar, und ihre Bedeutung ist von diesem Medium der Leiblichkeit nicht abzulösen. Deshalb verhält sich die Stellungnahme zur Transzendenz, d. h. konkret, der Akt des Glaubens und der Hoffnung, nicht indifferent gegenüber innerweltlichen Werthaltungen. Ein christliches Gottesbild, eine christliche Eschatologie muß deshalb auch das Weltbild, das Bild vom Menschen und das Verständnis innerweltlichen ethischen Handel mitbestimmen. Während auf der einen Seite festzustellen ist, daß Offenbarung und Kirche keine unmittelbare Zuständigkeit in der Feststellung des natur- und geschichtsbedingten Inhaltes sittlicher Verpflichtungen haben, ist auf der anderen Seite noch zu klären, inwiefern der Sinnhorizont christlicher Offenbarung nicht bloß im Bereich des rein Formalen bleibt, sondern die konkrete Form einer sittlichen Verpflichtung positiv mitbedingt. Das sei noch an einigen Aspekten besonders hervorgehoben.

a) Die Säkularisierung der Welt

Der Mensch ist von seiner Anlage her auf einen absoluten Wert, auf ein letztes absolutes Ziel hin ausgerichtet.[18] Es ist aber nun von großer Bedeutung, wie diese absolute Wirklichkeit verstanden wird. Das Christentum sieht sie in Gott. Gott ist von der Welt verschieden, also kann es keinen absoluten innerweltlichen Wert geben. Von daher ist das Verhältnis des Menschen zu den irdischen Werten zu bestimmen. Sosehr man sich für deren Verwirklichung einzusetzen hat, weil sie ja das Verhältnis zu Gott vermitteln, sowenig können sie zum letzten Ziel menschlichen Strebens werden. So verbietet sich jede Form von Fanatismus. Gleichzeitig mit dem Weltengagement ergibt sich eine Distanz zur Welt. Diese Haltung wird besonders deutlich in der Einstellung zu menschlichem Versagen, zu Schuld, Leid und Tod. Wo das absolute Ziel des Menschen nicht in einer transzendenten Wirklichkeit gesehen wird, muß der Mensch zwangsläufig eine andere Wirklichkeit verabsolutieren und in ihr den letzten Sinn seines Daseins sehen oder aber auch eine absolute Sinnlosigkeit annehmen. Im letzten Fall bleibt dem Menschen nur die Resignation, sonst aber ergibt sich wieder eine Sakralisierung innerweltlicher Wirklichkeiten.

b) Das Verhältnis zum Schicksal

Die Entmythologisierung und Säkularisierung des Weltbildes verlangt auch eine Säkularisierung des Verständnisses vom menschlichen Schicksal.[19] Dieses Schicksal kann nicht im Sinne eines Fatalismus verstanden werden. Der Fatalismus geht davon aus, daß das menschliche Leben (von Gott) vorgezeichnet ist und deshalb der Verantwortung und der freien Gestaltung durch den Menschen entzogen bleibt. Ein fatalistisches Schicksalsverständnis fordert deshalb vom Menschen nichts als ergebene Unterwerfung. Die christliche Offenbarung lehnt ein solches Verständnis ab. Sie legt auch die Gestaltung des Schicksals in die Verantwortung des Menschen. Not, Leid, Unrecht sind deshalb nicht einfach Gegebenheiten, die man widerstands-

[18] Peter L. Berger, Auf den Spuren der Engel. Die moderne Gesellschaft und die Wiederentdeckung der Transzendenz, Frankfurt/M. 1970.

[19] B. Langemayer, Das Phänomen Zufall und die Frage nach der göttlichen Vorsehung, in: GuL 45 (1972) 25–41.

los hinnimmt, sondern Probleme, mit denen sich der Mensch auseinandersetzen und die er nach Möglichkeit überwinden soll. Das Christentum enthält deshalb die Grundlage zu einem dynamischen, auf Fortschritt angelegten Verständnis vom menschlichen Leben. Hier unterscheidet sich das Christentum etwa von den passiven asiatischen Religionen, die Kontemplation, Ergebenheit, Geduld und ähnliche Haltungen viel höher bewerten und bestimmte Beeinträchtigungen des menschlichen Lebens – man denke etwa an das Kastensystem in Indien – als unveränderliche Tatsachen des Schicksals hinnehmen und vielleicht bejahen.

c) Eigenverantwortlichkeit und Würde der Person

Aus der säkularisierten Sicht der Welt und des menschlichen Lebens ergibt sich eine besondere Betonung der Verantwortung des einzelnen. Das setzt aber voraus, daß sich der Mensch nicht in blindem Gehorsam äußeren Mächten zu unterwerfen hat, sondern daß er von sich aus Entscheidungen zu treffen und zu verantworten hat. Die grundsätzliche Autonomie der menschlichen Person ist also auch von den Mitmenschen und der Gesellschaft zu achten. Die verschiedensten Emanzipationsbestrebungen, die wir in der abendländischen Geschichte beobachten, haben eine wesentliche Wurzel im christlichen Glauben. Sie sind also nicht nur faktisch im christlichen Raum aufgetreten. Selbstverständlich ist aber die Achtung vor der Würde der menschlichen Person nicht nur unmittelbar im christlichen Schicksalsverständnis begründet, sondern darüber hinaus im Gesamtzusammenhang des christlichen Gottes- und Weltbildes.

d) Das christliche Freiheitsverständnis

Nach christlichem Verständnis ist die freie Entscheidung des Menschen immer auch eine Stellungnahme gegenüber Gott. Deshalb stellt der Vollzug menschlicher Freiheit nicht an sich schon einen Wert dar, sondern nur jener Vollzug, in dem der Mensch positiv zu Gott Stellung nimmt. Das geschieht in den Akten des Glaubens, der Hoffnung und der Liebe. Nur wo diese Akte bzw. diese Aspekte am personalen Vollzug gegeben sind, hat menschliche Freiheit einen Wert. Die äußere Handlungsfreiheit, Redefreiheit, Freiheit in der Wahl des Wohnsitzes usw. dürfen deshalb nicht isoliert und verabsolutiert als Höchstwerte menschlichen Daseins betrachtet, sondern nur von ihrer Funktion her bewertet werden, die sie für Mitmenschlichkeit, Hoffnung und Glaube haben. Der Christ muß auch die äußeren Formen der Freiheit fordern, weil sie zu einer Humanisierung des menschlichen Daseins notwendig sind. Aber sein Ziel kann nie in diesen Freiheitsformen an sich liegen, sondern nur in ihrem positiven Gebrauch (Gal 5,13). Zum Ideal christlicher Freiheit gehört wesentlich der Aspekt der Nächstenliebe. Hier unterscheidet sich das christliche Verständnis von der Freiheit des Liberalismus, der dazu neigt, jeden Gebrauch der Freiheit in gleicher Weise zu schützen.

e) Bereitschaft zu Vertrauen und Versöhnung

Christlicher Glaube hat die Kraft zu einer Hoffnung wider die Hoffnung. Er vertraut darauf, daß der Sinn des Lebens auch durch Schuld nicht aufgehoben wird. Der Christ hofft auf die Barmherzigkeit Gottes. Eine solche Haltung ist allerdings nicht möglich, wenn sie nicht auch im zwischenmenschlichen Bereich vermittelt und dort geübt wird. Nur wer Barmherzigkeit übt, kann an Barmherzigkeit glauben und auf sie hoffen. Deshalb schließt christlicher Glaube jedes Bestreben aus, das darauf abzielt, eine verabsolutierte Gerechtigkeit in dieser Welt zu schaffen. So notwendig das Recht auch ist, um menschliches Zusammenleben zu fördern, so sehr könnte es zur Unmenschlichkeit führen, wenn man auf der einen Seite den Buchstaben sakralisieren würde, ohne ihn in eine vernünftige Beziehung zur jeweiligen Situation zu bringen, und wenn man anderseits glauben wollte, daß das verbriefte Recht allein genügen würde, um eine humane Gesellschaft zu schaffen. Nicht das «Wie du mir, so ich dir» kann das oberste Prinzip sozialen Lebens sein, sondern es braucht immer wieder die Bereitschaft, zu verzeihen, Chancen zu geben, Vertrauen zu schenken. Das gilt für das private Leben, es gilt für die Wirtschaft, es gilt für die internationale Politik, wenn auch in jeweils verschiedenem Ausmaß und in verschiedenen Formen. Damit ist allerdings die Grenze rein rechtlicher Forderungen notwendig überschritten.

Wenn hier ein Zusammenhang zwischen christlichem Gottesbild, christlicher Eschatologie und dem Weltverhältnis behauptet wird, dann ist damit auch gesagt, daß das Weltverhältnis anderer Kulturen dem christlichen ähnlich ist, insoweit dort ein ähnliches Verhältnis zu einer göttlichen Wirklichkeit und zur Zukunft besteht. Es geht uns hier also nicht um die Frage der Überlegenheit des Christentums gegenüber anderen Kulturen, sondern um den positiven Hinweis auf den Zusammenhang zwischen christlichem Glauben und christlichem Weltverhältnis.

Außerdem ist aber sehr zu beachten, daß die Wirksamkeit des christlichen Glaubens nicht allein und nicht in erster Linie etwa in den Praktiken kirchlicher Institutionen und kirchlicher Autoritäten gesucht werden darf. Die Wirksamkeit des Glaubens muß sich vielmehr in erster Linie zeigen in einem Wandel des Bewußtseins und der Werthaltung der Gläubigen. Der Wandel des ethischen Bewußtseins ist aber notwendig so sehr in einen sozialen Zusammenhang eingebettet, daß die Dynamik des Christentums einerseits erst in einem jahrhunderte- oder gar jahrtausendelangen Prozeß immer mehr zur Auswirkung kommen kann[20] und daß sie anderseits auch da wirksam ist, wo jemand etwa aus einer christlichen Tradition lebt, sich selber aber nicht als Gläubigen betrachtet. Allerdings wird sich zeigen, daß Formen des Unglaubens, die in einer Gesellschaft größere Ausmaße annehmen, auch wieder deutlich zu einer Umorientierung des ethischen Bewußtseins führen. So wird die Ablehnung des Gottesglaubens und der Transzendenz notwendig zur Verabsolutierung innerweltlicher Werte führen, woraus sich dann Formen des Totalitarismus, des Fanatismus, des Fatalismus usw. ergeben können. Das Verhältnis zur Welt und ihren Werten ist also nicht etwas, das man philosophisch oder gar naturwissenschaftlich eindeutig normieren kann, sondern etwas, das sich in einer Weltanschauung und an einem frei zu verantwortenden Glauben orientiert.

[20] Fr. Böckle spricht in diesem Zusammenhang von der «Wirkgeschichte des Evangeliums»: Fr. Böckle/J. Köhne, Geschlechtliche Beziehungen vor der Ehe. Die Lage der studentischen Jugend, Mainz 1967, 25; vgl. auch: Theodor Tomandl, Der Einfluß des katholischen Denkens auf das positive Recht, Wien 1970.

Wenn die genauere Untersuchung der biblischen Ethik zeigt, daß weder das Alte noch das Neue Testament spezifische, nur in der Bibel vorkommende Handlungsnormen offenbart, sondern daß konkrete Normen einfach aus der Tradition, sogar aus dem außerbiblischen Raum übernommen werden, dann ist man versucht zu folgern, daß sich die Funktion der Offenbarung und damit auch des kirchlichen Lehramtes darauf beschränkt, eine neue Motivation für das sittliche Verhalten des Menschen zu geben, etwa in dem Sinn, daß sich der Gläubige in besonderem Maß verpflichtet weiß, die in einer Gesellschaft geltenden Normen zu beobachten. Glaube, Hoffnung und Liebe würden dann als rein formale Prinzipien verstanden, von denen die konkreten Inhalte der sittlichen Verpflichtungen völlig unabhängig wären. Ein solches Verständnis schien uns nicht zu genügen. Zunächst ist darauf hinzuweisen, daß einzelne Werte, wie etwa das menschliche Leben, die Freiheit usw., recht verschieden bestimmt werden können, je nachdem, ob man an ein transzendentes Heil glaubt oder das letzte Ziel menschlichen Daseins in einem innerweltlichen Wert erblickt. Aus der Verschiedenheit solcher Wertbestimmungen ergeben sich dann aber auch ganz verschiedene Handlungsnormen. Der Selbstmord eines unheilbar Kranken, die Tötung von Geiseln aus militärischen Gründen, Lüge und Verleumdung als Mittel, um einer Lebensgefahr zu entgehen, müßten von verschiedenen eschatologischen Vorstellungen her sehr verschieden bewertet werden.

Gerade in extremen Situationen wird deutlich werden, von welchem Sinnhorizont her jemand sein Leben versteht. Besonders klar wird sich das bei Pflichtenkollisionen zeigen. Gesellschaftliche Normen können ja besonders dann nicht fraglos befolgt werden, wenn eine Pflichtenkollision auftritt. Eine rationale und verantwortbare Lösung solcher Konflikte setzt konkrete Werturteile voraus, die ihrerseits wieder von einer ganz bestimmten Form des Glaubens und der Sinngebung menschlichen Lebens abhängen. Sosehr also die Kirche einerseits vorgegebene gesellschaftliche Normen übernehmen muß, so sehr kommt auch durch die Offenbarung ein dynamisches Prinzip in das Normensystem hinein, das das Verhalten im Einzelfall und auf die Dauer auch die Weiterbildung von Normen inhaltlich beeinflußt.

Die in einer Gesellschaft geltenden Normen stellen nicht bloß eine unzusammenhängende Summe verschiedener Verhaltensregeln dar, sondern sie bilden eine Ganzheit, innerhalb der eine gegenseitige Abhängigkeit besteht. Wenn etwa der christliche Glaube eine Unsterblichkeit der einzelnen Person annimmt und wenn daraus die unaufhebbare Würde des einzelnen Menschen und schließlich eine grundsätzliche Gleichberechtigung aller resultiert, dann ist von einem solchen Menschenbild her Polygamie praktisch ausgeschlossen. Denn diese Institution bedeutet auf die Dauer, daß die Frau dem Mann nicht ebenbürtig ist, sondern mehr oder weniger als sein Besitz zu gelten hat. Selbst wenn das Christentum ursprünglich eine deutliche Unterordnung der Frau unter den Mann hingenommen hat, so ist doch bereits bei Paulus deutlich, daß er diese Ungleichheit nur als äußere Lebensform, nicht aber als einen Unterschied in der Würde der menschlichen Person hinnimmt. Damit hat er bereits einen Anstoß gegeben, der im Laufe der Geschichte zu einer Umwertung führen mußte, auch wenn verschiedene Faktoren das lange hinauszögerten.

Wegen der Abhängigkeit konkreter Normen von grundlegenderen Werten und einem letzten Sinnhorizont lassen sich auch die Einzelnormen nicht beliebig von einer Kultur auf eine andere übertragen. Wenn bestimmte Regelungen und Institutionen – etwa im Bereich von Geschlechtlichkeit und Ehe – in einzelnen Kulturen möglich sind, bedeutet das noch lange nicht, daß man sie auch für die abendländische Kultur übernehmen könnte, es sei denn, daß man das Welt- und Menschenbild jener Kulturen in entscheidenden Punkten mitübernimmt. Weil es dem Menschen unmöglich ist, verschiedene Glaubenshaltungen und Weltbilder gleichzeitig zu vertreten, deshalb ist es ihm auch unmöglich, ganz verschiedenen Normensystemen zugehörige Verhaltensmuster ohne weiteres zu übernehmen. Er muß seine Verhaltensweisen jedenfalls auf die Dauer von einem bestimmten Sinnhorizont her begründen können. Sicher ist auch ein gewisser Pluralismus in kultureller und ethischer Hinsicht denkbar. Er ist besonders da zu beobachten, wo sich die Einflüsse verschiedener Kulturen treffen, sei das nun mehr zufällig aufgrund eines regen Verkehrs, sei es gezielt im Falle einer Missionierung. Aber immer wird dann ein Prozeß in Gang gebracht, der entweder zu einer Einschmelzung und Umwandlung konkreter Verhaltensmuster führt oder aber Rückwirkungen auf das gesamte Weltverständnis und vielleicht sogar auf die religiöse Sinndeutung hat.

Jede funktionsfähige Gesellschaft braucht ein gewisses Minimum an gemeinsamen Werturteilen. Diese Gemeinsamkeit ist oft größer, als man meinen möchte. Auch wenn gerade in der heutigen Gesellschaft der Pluralismus oft sehr deutlich ist und auch wenn gelegentlich die Fundamente des christlichen Weltbildes in Frage gestellt zu werden scheinen, ist man sich doch in vieler Hinsicht jedenfalls in der Praxis einig.[21] Man denke nur an unser Verständnis von der Gleichheit jedes Menschen vor dem Recht, an die Hochschätzung der Freiheit, an den Willen zum wirtschaftlichen Fortschritt usw. Auch wenn etwa die sogenannten Menschenrechte von verschiedenen Staaten verschieden interpretiert werden, zeigt sich doch bereits in der grundsätzlichen Zustimmung zu diesen Menschenrechten eine weitgehende Übereinstimmung von Werturteilen, wie das im Blick auf die Ethnologie in keiner Weise selbstverständlich ist.

Angesichts dieser Zusammenhänge ist die Kompetenz des kirchlichen Lehramtes zunächst positiv zu bestimmen. Die Kirche hat Jesus Christus als Grund christlicher Hoffnung und christlichen Glaubens zu verkünden. Insoweit dieses Evangelium angenommen wird, ergeben sich dann bei den Gläubigen Werthaltungen, die zu einer entsprechenden Weiterentwicklung oder Abänderung der Normen führen. Es ist aber immer festzuhalten, daß sich die Normen in ihrer Konkretheit nicht aus der Offenbarung ableiten lassen. Sie ergeben sich vielmehr aus den äußeren Bedingungen von Natur und Geschichte einerseits und dem Sinnhorizont, der im Glauben wirksam wird, anderseits. Deshalb liegt es nicht in der ausschließlichen Kompetenz der Kirche, konkrete Sittennormen durchzusetzen. Denn selbst wenn die Kirche die Macht hätte, die Beobachtung bestimmter Normen zu erzwingen, wäre dadurch ja nur die äußere Einhaltung, nicht aber die innere Glaubensorientierung, um die es in der Kirche gehen muß, gewährleistet. Es ist vielmehr die Aufgabe der Kirche, vom Glauben her den entsprechenden Sinnhorizont zu vermitteln, der sich dann schließlich auch auf die konkreten Normen auswirkt.

21 Das zeigen etwa die Analysen von O.F. Bollnow, Einfache Sittlichkeit. Kleine philosophische Aufsätze, Göttingen 1968.

Die Kirche hat insofern auch das Recht, konkretes menschliches Verhalten zu kritisieren, als sich darin falsche Werthaltungen zeigen. Das Kriterium für die Richtigkeit der Werturteile ist dabei freilich der gemeinsame Glaube. Es ist also nicht der Auftrag der Kirche, etwa die Ethik einer anderen Religion zu verurteilen, sondern die Kirche will in ihrer ethischen Verkündigung diejenigen ansprechen, für die sie eine ethische Autorität ist, insofern eine gewisse Gemeinsamkeit im Weltbild und in der Sinnfrage des menschlichen Lebens besteht.

Es ist selbstverständlich, daß die Zuständigkeit der Kirche nicht nur für jene Normen gilt, die den mehr privaten Bereich des Menschen betreffen, sondern auch für den Bereich der Gesellschaft. Individualethik und Sozialethik lassen sich nicht trennen. Man kann hier Unterschiede feststellen, insofern etwa im mehr privaten Bereich des Menschen der Glaube des einzelnen maßgebender ist, während im öffentlichen Bereich der Pluralismus und entsprechende Normen wie Toleranz, Kompromißbereitschaft usw. mehr zur Geltung kommen. Aber das sind graduelle und keine Wesensunterschiede. Wenn die christliche Botschaft überhaupt eine Bedeutung für konkrete Sittennormen hat, dann hat sie auch eine Bedeutung für die Sozialethik. Denn auch die Normen, die in diesem Bereich gelten, setzen Werturteile, ein bestimmtes Weltbild und einen Sinnhorizont für das menschliche Leben voraus. Freilich mögen diese Dimensionen hier gegenüber mehr sachlichen Gesetzmäßigkeiten, wie sie im Bereich der Wirtschaft, der Politik usw. herrschen, in den Hintergrund treten. Aber grundsätzlich gelten auch hier die Überlegungen, die wir bisher angestellt haben.

Zusammenfassung

Eine kritische Hermeneutik biblischer Weisungen verlangt die Unterscheidung naturhafter und geschichtlicher Gegebenheiten sowie eines eigentlich theologischen Sinnhorizontes. Nur dieser Sinnhorizont ist der eigentliche Gegenstand der Offenbarung. Er ergibt sich aus der Heilsgeschichte, insbesondere aus Tod und Auferstehung Jesu Christi einerseits und der dadurch begründeten christlichen Eschatologie anderseits. Biblische Weisungen haben insofern eine überzeitliche Bedeutung, als sie diesen Sinnhorizont zum Ausdruck bringen. Neben biblischen Ausformulierungen ist aber dabei auch die christliche Tradition von unaufgebbarem Wert, denn in ihr setzt sich eine christliche Lebensdeutung trotz eines langen theoretischen Ringens allmählich in ein entsprechendes Wertbewußtsein um. In mancher Hinsicht kommt die Dynamik christlicher Botschaft erst im Laufe von Jahrhunderten voll zur Geltung, etwa hinsichtlich der Aufhebung des Sklavenstandes und der Stellung der Frau.

Auch die Kompetenz des kirchlichen Lehramtes sehen wir nicht darin, daß die Kirche nur für jene inhaltlichen Normen zuständig wäre, die ausdrücklich in der Schrift erwähnt sind, oder daß sie unter jeder Rücksicht für das Naturrecht, nicht aber für sonstige Normen zuständig wäre. Es scheint uns vielmehr, daß sich die Kompetenz des Lehramtes in erster Linie auf den theologischen Sinnhorizont bezieht, der in jeder sittlichen Verpflichtung gegeben ist. Daneben finden sich aber in jeder Verpflichtung auch noch andere Momente, die in der Natur und in der freien menschlichen Geschichte gründen. Sie gehören in erster Linie in den Kompetenzbereich empirischer Wissenschaften, der mit der theologischen Dimension nicht in Konkurrenz treten kann.

Eine derartige Unterscheidung schafft dann auch einen Zugang zu dem Problem einer spezifisch christlichen Ethik. Die Hoffnung auf ein christlich verstandenes Heil gibt ein spezifisches Verhältnis zur Welt, zum Schicksal, zur Freiheit, zur Schuld usw. Derartige Begriffe sind in ihrem genaueren Verständnis nicht rein philosophisch zu klären, sondern sie sind jeweils von einer bestimmten Eschatologie her charakterisiert. Damit ist ein Grundverständnis von Sittlichkeit gegeben, das sich notwendig auch auf die Gestaltung konkreter Einzelnormen auswirkt. Das wird besonders bei der Abgrenzung dieser Normen, also bei einer Interessen- bzw. Pflichtenkollision deutlich. Der christliche Glaube gibt also nicht nur ein zusätzliches Motiv, um weltimmanent definierte sittliche Verpflichtungen zu beobachten, sondern er gibt dem Gesamtverständnis und der konkreten Durchformung von Sittlichkeit sein Gepräge.

SCHLUSSWORT

Viele Fragen unserer Thematik müssen offenbleiben. Es ging in dieser Arbeit nicht um eine enzyklopädisch vollständige Behandlung des Themas, sondern in erster Linie um die Frage der Methodik. In dieser Hinsicht einen Schritt voranzukommen, scheint uns im Augenblick wichtiger zu sein als die systematische Behandlung aller einschlägigen Einzelfragen. Wir hoffen, daß die vorliegende Arbeit nicht nur zu einer Vertiefung des Problembewußtseins beitragen kann, sondern daß sich der eine oder andere Gedanke doch auch als brauchbar erweist für die Lösung der heute in der Moraltheologie anstehenden Grundfragen.

Für vielfältige Hilfe bei der Fertigstellung des Manuskriptes sei den Herren Dr. Josef Engstler und Dr. Lothar Müller, sowie Frau Helene Hatheyer herzlich gedankt.

ABKÜRZUNGEN

Cath	Catholica. Jahrbuch (Vierteljahresschrift) für Kontroverstheologie, (Paderborn) Münster 1932ff.
Concilium	Concilium. Internationale Zeitschrift für Theologie. Einsiedeln-Zürich-Mainz 1965ff.
Diakonia	Internationale Zeitschrift für die Praxis der Kirche. Mainz-Wien 1966f.
EvTh	Evangelische Theologie. München 1934ff.
Greg	Gregorianum. Rom 1920ff.
HK	Herder Korrespondenz. Monatshefte für Gesellschaft und Religion. Freiburg i. Br. 1946ff.
Orientierung	Orientierung. Katholische Blätter für weltanschauliche Information. Zürich 1947ff.
RGG^3	Die Religion in Geschichte und Gegenwart. 3. Aufl. (hrsg. v. Kurt Galling), 6 Bde. und 1 Reg. Bd. Tübingen 1956 bis 1965.
StdZ	Stimmen der Zeit. Freiburg i. Br. 1871ff.
ThGl	Theologie und Glaube. Paderborn 1909ff.
ThPh	Theologie und Philosophie. Freiburg i. Br. 1926ff. (vor 1966 «Scholastik»)
ThPQ	Theologisch-praktische Quartalschrift. Linz 1848ff.
ThQ	Theologische Quartalschrift. Tübingen 1819ff., Stuttgart 1946ff.
ZEE	Zeitschrift für Evangelische Ethik. (Studien – Kommentare – Dokumente), hrsg. v. W. Schweitzer, K. v. Bismarck, F. Karrenberg, H. van Oyen, H. Thielicke, H. D. Wendland, Gütersloh 1957ff.
ZThK	Zeitschrift für Theologie und Kirche. Tübingen 1891ff.

LITERATURVERZEICHNIS

Adorno, Theodor W.: Aufsätze zur Gesellschaftstheorie und Methodologie, Frankfurt 1970

Arendt, Hannah: Vita activa oder Vom tätigen Leben, Stuttgart 1960

Auer, Alfons: Autonome Moral und christlicher Glaube, Düsseldorf 1971

Ders.: Nach dem Erscheinen der Enzyklika «Humanae Vitae». Zehn Thesen über die Findung sittlicher Weisungen, in: ThQ 149 (1969) 75–85

Barth, Hans-Martin: Vergeltung und Vergebung, in: Erwin Fahlbusch (Hrsg.), Taschenlexikon Religion und Theologie, Göttingen 1971, Bd. 4, 226–228

Baeyer, Walter von/*Baeyer-Katte*, Wanda von: Angst, Frankfurt 1971

Beemer, Theo: Von der moraltheologischen Hermeneutik, in: Concilium 5 (1969) 395–404

Behler, Wolfgang (Hrsg.): Das Kind. Eine Anthropologie des Kindes, Freiburg 1971

Behrendt, Richard F.: Der Mensch im Licht der Soziologie. Versuche einer Besinnung auf Dauerndes und Wandelbares im gesellschaftlichen Verhalten, Stuttgart ²1963

Berger, Peter L.: Auf den Spuren der Engel. Die moderne Gesellschaft und die Wiederentdeckung der Transzendenz, Frankfurt 1970

Berger, Peter L./*Luckmann*, Thomas: Die gesellschaftliche Konstruktion der Wirklichkeit. Eine Theorie der Wissenssoziologie, Frankfurt 1969

Bianchi, Herman: Ethik des Strafens, Neuwied 1966

Blank, Josef: Zum Problem ethischer Normen im Neuen Testament, in: Georg Teichtweier und Wilhelm Dreier (Hrsg.), Herausforderung und Kritik der Moraltheologie, Würzburg 1971, 172–183

Böckle, Franz: Theonome Autonomie. Zur Aufgabenstellung einer fundamentalen Moraltheologie, in: Johannes Gründel (Hrsg.), Humanum. Moraltheologie im Dienste des Menschen, Düsseldorf 1972, 17–46

Ders.: Die Forderung unauflöslicher ehelicher Treuebindung in moraltheologischer Sicht, in: Beiträge zur Theologie der Ehe, Kevelaer 1971

Ders.: Unfehlbare Normen? in: Hans Küng (Hrsg.), Fehlbar? Eine Bilanz, Zürich 1973, 280–304

Ders.: Was ist das Proprium einer christlichen Ethik? in: ZEE 11 (1967) 148–159

Böckle, Franz/*Köhne*, Josef: Geschlechtliche Beziehungen vor der Ehe. Die Lage bei der studentischen Jugend, Mainz 1967

Bollnow, Otto Friedrich: Einfache Sittlichkeit. Kleine philosophische Aufsätze, Göttingen ⁴1968

Brunner, August: Der Stufenbau der Welt. Ontologische Untersuchungen über Person, Leben, Stoff, München 1950

Bühler, Charlotte: Der menschliche Lebenslauf als psychologisches Problem, Leipzig 1933
Buytendijk, Frederik Jacobus Johannes: Über den Schmerz, Bern 1948
Caruso, Igor A.: Die Trennung der Liebenden. Eine Phänomenologie des Todes, Bern 1968
Chauchard, Paul: Untugend der Tugenden – Tugend der Untugenden, Düsseldorf 1967
Coreth, Emmerich: Grundlagen der Hermeneutik. Ein philosophischer Beitrag, Freiburg 1969
Darlap, Adolf: Fundamentale Theologie der Heilsgeschichte, in: J. Feiner/M. Löhrer (Hrsg.), Mysterium Salutis. Grundriß heilsgeschichtlicher Dogmatik 1, Zürich 1965, 3–156
David, Jakob: Neue Aspekte der kirchlichen Ehelehre, Frankfurt [4]1967
Ders.: Kirche und Naturrecht. Versuch einer neuen Grenzziehung, in: Orientierung 30 (1966) 129–133
Ders.: Das Naturrecht in Krise und Läuterung. Eine kritische Neubesinnung, Köln 1967
Demmer, Klaus: Kirchlicher Gehorsam zwischen Autorität und Gewissen, in: ThGl 59 (1969) 403–421
Ders.: Moralisches Gesetz und eschatologische Vollendung, in: Cath 16 (1962) 251–270
Ders.: Kirchliches Lehramt und Naturrecht, in: ThGl 59 (1969) 191–213
Ders.: Sein und Gebot. Die Bedeutsamkeit des transzendentalphilosophischen Denkansatzes in der Scholastik der Gegenwart für den formalen Aufriß der Fundamentalmoral, München 1971
Ebeling, Gerhard: Die Evidenz des Ethischen und die Theologie, in: ZThK 57 (1960) 318–356
Ders.: Hermeneutik, in: RGG[3] III, 242–262
Ehlen, Peter: Die philosophische Ethik in der Sowjetunion. Analyse und Diskussion, München 1972
Eibl-Eibesfeldt, Irenäus: Grundriß der vergleichenden Verhaltensforschung. Ethologie, München [2]1969
Ders.: Liebe und Haß. Zur Naturgeschichte elementarer Verhaltensweisen, München 1970
Erikson, Erik H.: Einsicht und Verantwortung. Die Rolle des Ethischen in der Psychoanalyse, Stuttgart 1966
Escribano-Alberca, Ignacio: Das vorläufige Heil. Zum christlichen Zeitbegriff, Düsseldorf 1970
Feil, Ernst: Zur hermeneutischen Diskussion in Philosophie und Theologie, in: HK 26 (1972) 293–301
Fina, Kurt: Kind und Geschichtlichkeit, in: Wolfgang Behler (Hrsg.), Das Kind. Eine Anthropologie des Kindes, Freiburg 1971, 243–258
Ders.: Das Zeiterleben des Kindes, in: Wolfgang Behler (Hrsg.), Das Kind. Eine Anthropologie des Kindes, Freiburg 1971, 229–242

Furger, Franz: Zur Begründung eines christlichen Ethos – Forschungstendenzen in der katholischen Moraltheologie, in: Theologische Berichte 4, Zürich 1974, 11–87

Gründel, Johannes: Ethik und Moraltheologie im Dialog mit der Ethologie, in: M. Seckler u. a. (Hrsg.), Begegnung. Beiträge zu einer Hermeneutik des theologischen Gesprächs, Graz 1972, 633–642

Häring, Bernhard: Das Gesetz Christi, München ^{8}1967, 3 Bde

Ders.: Theologie im Protest. Die Kirche im Konflikt, Salzburg 1971

Ders.: Zielethik, in: LThK ^{2}1965, Bd. 10, 1369

Ders.: Zusage an die Welt, Bergen-Enkheim 1968

Hartmann, Nicolai: Ethik, Berlin ^{4}1962

Heidegger, Martin: Sein und Zeit, Tübingen ^{10}1963

Heinrichs, Johannes: Dialog – dialogisch, in: Joachim Ritter (Hrsg.), Historisches Wörterbuch der Philosophie 2, Darmstadt 1972, 226–229

Ders.: Sinn und Intersubjektivität. Zur Vermittlung von transzendentalphilosophischem und dialogischem Denken in einer «transzendentalen Dialogik», in: ThPh 45 (1970) 161–191

Hengstenberg, Hans-Eduard: Philosophische Anthropologie, Stuttgart ^{3}1966

Hildebrand, Dietrich von: Die Enzyklika «Humanae Vitae» – ein Zeichen des Widerspruchs, Regensburg 1968

Hoerster, Norbert: Utilitaristische Ethik und Verallgemeinerung, Freiburg 1971

Hofmann, Rudolf: Moraltheologische Erkenntnis- und Methodenlehre, München 1963

Ders.: Humanum im staatlichen Strafrecht, in: J. Gründel u. a. (Hrsg.), Humanum, 320–339

Homans, George Caspar: Elementarformen sozialen Verhaltens. Social Behavior. Its Elementary Forms, Köln 1968

Hörmann, Karl: Lexikon der christlichen Moral, Innsbruck 1969

Jüngel, Eberhard: Tod, Stuttgart 1971

Juros, Helmut/*Styczen*, Tadeusz: Methodologische Ansätze ethischen Denkens und ihre Folgen für die theologische Ethik – Ethik in Polen, in: Theologische Berichte 4, Zürich 1974, 89–108

Käsbauer, Max: Wertphilosophie, in: RGG VI ^{3}1962, 1650–1652

Kaiser, Matthäus: Die Ehe als personale Lebensgemeinschaft. Kirchenrechtliche Aspekte zur Theologie der Ehe: in: Beiträge zur Theologie der Ehe, Kevelaer 1971, 64–66

Kamlah, Wilhelm: Philosophische Anthropologie. Sprachkritische Grundlegung und Ethik, Mannheim 1972

Kerber, Walter: Hermeneutik in der Moraltheologie, in: ThPh 44 (1969) 42–66

Die Kirche vor dem Problem geschiedener Ehen, in: HK 24 (1970) 384–388

Köhler, Oskar: Erinnerung und Erwartung, in: Heinrich Rombach (Hrsg.),

Die Frage nach dem Menschen. Aufriß einer philosophischen Anthropologie, Freiburg 1966, 105–129
Kramer, Hans: Die sittliche Vorentscheidung. Ihre Funktion und ihre Bedeutung in der Moraltheologie, Würzburg 1970
Kugler, Rolf: Philosophische Aspekte der Biologie Adolf Portmanns, Zürich 1967
Lauer, Werner: Schuld – das komplexe Phänomen. Ein Vergleich zwischen schicksals- und daseinsanalytischem Schuldverständnis im Lichte christlicher Ethik (Eichstätter Studien, Neue Folge Bd. VI), Kevelaer 1972
Lehmann, Paul L.: Ethik als Antwort. Methodik einer Koinonia-Ethik, München 1966
Lotz, Johannes B.: «Wertphilosophie», in: Walter Brugger (Hrsg.), Philosophisches Wörterbuch, Freiburg [13]1967, 442–443
Makai, Maria: The dialectics of moral consciousness, Budapest 1972
Marck, Wilhelm H.M. van der: Grundzüge einer christlichen Ethik, Düsseldorf 1967
Meyer, Hans Bernhard: Können wiederverheiratete Geschiedene zu den Sakramenten zugelassen werden? Diskussionsbeitrag zu einer drängenden Pastoralfrage, in: Jakob David und Franz Schmalz (Hrsg.), Wie unauflöslich ist die Ehe? Eine Dokumentation, Aschaffenburg 1969, 269–306
Moltmann, Jürgen: Exegese und Eschatologie der Geschichte, in: EvTh 22 (1962) 31–66
Moral und Gesellschaft, Beiträge von Karel Kosik u.a., Frankfurt 1968
Morris, Desmond: Biologie der Kunst. Ein Beitrag zur Untersuchung bildnerischer Verhaltensweisen bei Menschenaffen und zur Grundlagenforschung der Kunst, Düsseldorf 1963
Neumann, Erich: Tiefenpsychologie und neue Ethik, München 1964
Overhage, Paul: Der Affe in Dir. Vom tierischen zum menschlichen Verhalten, Frankfurt 1972
Oyen, Hendrik van: Wertethik, in: RGG[3] VI 1646–1650
Pannenberg, Wolfhart: Erscheinung als Ankunft des Zukünftigen, in: Studia Philosophica XXVI (1966) 192–207
Ders.: Geschichtstatsachen und christliche Ethik, in: Evangelische Kommentare 1 (1968) 688–694
Ders.: Grundfragen systematischer Theologie. Gesammelte Aufsätze, Göttingen 1967
Pleßner, Helmuth: Die Stufen des Organischen und der Mensch. Einleitung in die philosophische Anthropologie, Berlin [2]1965
Portmann, Adolf: Entläßt die Natur den Menschen? Gesammelte Aufsätze zur Biologie und Anthropologie, München 1970
Ders.: Biologische Fragmente zu einer Lehre vom Menschen, Basel/Stuttgart [3]1969
Ders.: Neue Wege der Biologie, München 1965

Primetshofer, Bruno: Zerbrochene Ehe und Ehescheidung. Zum gegenwärtigen Stand der Diskussion, in: ThPQ 119 (1971) 117–130
Rahner, Karl: Überlegungen zur Methode der Theologie, in: Schriften zur Theologie IX, Zürich ²1973, 79–126
Ders.: Über den Versuch eines Aufrisses einer Dogmatik, in: Schriften zur Theologie I, Zürich ⁸1967, 9–28
Ders.: Über die Einheit von Nächsten- und Gottesliebe, in: Schriften zur Theologie VI, Zürich ²1969, 277–298
Ders.: Zur Theologie der Menschwerdung, in: Schriften zur Theologie IV, Zürich ⁵1967, 137–155
Ders.: Über die evangelischen Räte, in: Schriften zur Theologie VII, Zürich ²1971, 404–434
Ders.: Zur Theologie des Todes (Quaestiones disputatae 2), Freiburg 1958
Ramsey, Ian Thomas: Werturteil, in: RGG³ VI 1652–1653
Rauh, Fritz: Das sittliche Leben des Menschen im Licht der vergleichenden Verhaltensforschung. Kevelaer 1969
Rattner, Josef: Psychologie der zwischenmenschlichen Beziehungen. Eine Einführung in die neopsychoanalytische Sozialpsychologie von H.S. Sullivan, Olten 1969
Reiners, Hermann: Grundintention und sittliches Tun, Freiburg 1966
Rensch, Bernhard: Ästhetische Grundprinzipien bei Mensch und Tier, in: Günter Altner (Hrsg.), Kreatur Mensch. Moderne Wissenschaft auf der Suche nach dem Humanum, München 1969, 134–144
Ricœur, Paul: Le volontaire et l'involontaire, Paris 1963
Risse, W. u.a.: «Dialektik», in: Joachim Ritter (Hrsg.), Historisches Wörterbuch 2, Darmstadt 1972, 164–226
Rohrer, Wolf: Leben heißt: gestört werden, in: Orientierung 34 (1970) 117–119
Roth, Heinrich: Pädagogische Anthropologie Bd.II, Hannover 1971
Rotter, Hans: Gelübde und Versprechen, in: GuL 43 (1970) 354–369
Ders.: Strukturen sittlichen Handelns. Liebe als Prinzip der Moral, Innsbruck/Mainz 1970
Sauerbruch, Ferdinand und Wenke, Hans: Wesen und Bedeutung des Schmerzes, Frankfurt ²1961
Schaefer, Hans: Der natürliche Tod, in: Was ist der Tod? Elf Beiträge und eine Diskussion zwischen Hans von Campenhausen und Hans Schaefer, München 1969
Scheler, Max: Die Stellung des Menschen im Kosmos, Bern/München ⁷1966
Schiffers, Norbert: Der theologische Begriff der Schuld und die Deutung des sittlich Bösen im Lichte der Verhaltensforschung, in: Concilium 6 (1970) 406–413
Schillebeeckx, Edward: Von der theologischen Tragweite lehramtlicher Verlautbarungen über gesellschaftspolitische Fragen, in: Concilium 4 (1968) 411–421

Schiwy, Günther: Strukturalismus und Christentum. Eine gegenseitige Herausforderung, Freiburg/Basel/Wien 1969
Schischkin, A.: Die Grundlage der kommunistischen Moral, Berlin 1958
Schmidhäuser, Eberhard: Vom Sinn der Strafe, Göttingen ²1971
Schmitz, Philipp: Die Wirklichkeit fassen. Zur «induktiven» Normenfindung einer «Neuen Moral», Frankfurt 1972
Schnackenburg, Rudolf: Die sittliche Botschaft des Neuen Testamentes, München ²1962
Ders.: Biblische Ethik II, in: Sacramentum Mundi I, Freiburg i. Br. 1967, 545–552
Scholz, Franz: Das Gewissen – Phänomen, Funktion und Entfaltung, in: Georg Teichtweier u. Wilhelm Dreier (Hrsg.), Herausforderung und Kritik der Moraltheologie, Würzburg 1971
Schüller, Bruno: Bemerkungen zur authentischen Verkündigung des kirchlichen Lehramtes, in: ThPh 42 (1967) 534–551
Ders.: Neuere Beiträge zum Thema «Begründung sittlicher Normen», in: Theologische Berichte 4, Zürich 1974, 109–181
Ders.: Zur theologischen Diskussion über die lex naturalis, in: ThPh 41 (1966) 481–503
Ders.: Zur Problematik allgemeinverbindlicher ethischer Grundsätze, in: ThPh 45 (1970) 1–3
Ders.: Zum Problem ethischer Normierung, in: Orientierung 36 (1972) 81–84
Ders.: Typen ethischer Argumentation in der katholischen Moraltheologie, in: ThPh 45 (1970) 526–550
Schunack, Gerd: Das hermeneutische Problem des Todes. Im Horizont von Römer 5 untersucht, Tübingen 1967
Schuster, Johannes/*de Vries*, Josef: «Wertethik», in: Walter Brugger (Hrsg.), Philosophisches Wörterbuch, Freiburg ¹³1967, 441–442
Seifert, Ernst: Der Wandel im menschlichen Schmerzerleben. Versuch eines Brückenschlags vom chirurgischen Alltag unseres Heute zurück zum Einst der Vorfahren, München 1960
Simons, Eberhard/*Hecker*, Konrad: Theologisches Verstehen. Philosophische Prolegomena zu einer theologischen Hermeneutik, Düsseldorf 1969
Spitz, René A.: Die Entstehung der ersten Objektbeziehungen. Direkte Beobachtungen an Säuglingen während des ersten Lebensjahres, Stuttgart 1957
Ders.: Vom Säugling zum Kleinkind. Naturgeschichte der Mutter-Kind-Beziehungen im ersten Lebensjahr, Stuttgart ³1972
Steininger, Viktor: Auflösbarkeit unauflöslicher Ehen, Graz 1968
Stoeckle, Bernhard: Verabredung mit der Zeit. Einige Überlegungen zu der Frage nach der sittlichen Bedeutsamkeit der Zeitperspektiven und des

Zeitverhaltens, in: J. Gründel u.a. (Hrsg.), Humanum. Moraltheologie im Dienst des Menschen, Düsseldorf 1972, 249–263

Teichtweier, Georg/*Dreier*, Wilhelm (Hrsg.): Herausforderung und Kritik der Moraltheologie, Würzburg 1971

Teichtweier, Georg: Unauflöslichkeit der Ehe? in: Theologie der Gegenwart 12 (1969) 125–135

Thomae, Hans (Hrsg.): Allgemeine Psychologie II. Motivation, Göttingen 1965

Tomandl, Theodor (Hrsg.): Der Einfluß des katholischen Denkens auf das positive Recht, Wien 1970

Vatikanum II: Die pastorale Konstitution über die Kirche in der Welt von heute «Gaudium et spes», in: Karl Rahner/Herbert Vorgrimler: Kleines Konzilskompendium, Freiburg 1966, 449f

Weber, Max: Die protestantische Ethik I. Eine Aufsatzsammlung, München 1969

Weizsäcker, Carl Friedrich von: Die Einheit der Natur, München 1971

Welte, Bernhard: Zum Begriff der Person, in: Heinrich Rombach (Hrsg.), Die Frage nach dem Menschen, Aufriß einer philosophischen Anthropologie, Freiburg 1966, 11–22

Wendland, Heinz-Dietrich: Ethik des Neuen Testaments. Eine Einführung, Göttingen 1970

Wetzel, Norbert: Bemerkungen zur Unauflöslichkeit der Ehe, in: Diakonia 3 (1968) 274–281

Wickler, Wolfgang: Die Biologie der Zehn Gebote, München 1971

Ziegler, Josef Georg: Die Moraltheologie, in: Herbert Vorgrimler/Robert Van der Gucht (Hrsg.), Bilanz der Theologie im 20. Jahrhundert, Freiburg 1970, Bd. III, 316–360

NAMENREGISTER

Adorno, Th. W. 10
Ambrosius 141
Arendt, H. 103, 127
Aristoteles 47
Auer, A. 134, 149
Barth, H.-M. 125
Baeyer, W. von/Baeyer-Katte, W. von 61, 67
Beemer, Th. 11
Behler, W. 173
Behrendt, R.F. 100
Berger, P. L. 71, 162
Bianchi, H. 64
Blank, J. 133, 135, 142
Böckle, F. 157, 165
Bollonow, O. F. 168
Browe, P. 150
Brunner, A. 43
Bühler, Ch. 21
Buytendijk, F. J. J. 59
Caruso, I. 61
Chauchard, P. 152
Cicero 141
Coreth, E. 174
Cox, H. 8
Dahrendorf, R. 10
Darlap, A. 174
David, J. 149
Demmer, K. 8, 78, 136, 149
Dreier, W. 179
Ebeling, G. 11, 142
Ehlen, P. 9
Eibl-Eibesfeldt, I. 20, 46, 55, 152
Erikson, E.H. 22, 76
Feil, E. 11
Fina, K. 21
Finance, J. de 43
Fletcher, J. 8
Ford, J.C. 150
Freud, S. 118
Fuchs, R. 47
Furger, F. 175
Furth, H.G. 20
Gadamer, H.G. 12
Gall, R. 115
Gehlen, A. 12, 59
Graumann, C.F. 47
Groner, J.F. 85, 138, 157
Gründel, J. 122, 152
Häring, B. 112, 115
Hamel, E. 133
Hartmann, N. 43
Hecker, K. 90
Heidegger, M. 83, 86
Heinrichs, J. 8, 39
Hengstenberg, H.-E. 12, 23
Hildebrand, D. von 150
Hoerster, N. 91
Hofmann, R. 13, 64, 144, 157
Homans, G.C. 42, 63
Hörmann, K. 175
Jüngel, E. 92
Juros, H. 175
Käsbauer, M. 42
Kaiser, M. 115
Kamlah, W. 8
Kelly, G. 150
Kerber, W. 11
Köhler, O. 28
Köhne, J. 173
Kramer, H. 80
Kugler, R. 38, 45
Langemayer, B. 162
Lauer, W. 122
Lehmann, P. L. 8
Linser, H. 82
Lorenz, K. 123
Lotz, J. B. 42
Luckmann, Th. 71
Makai, M. 9

Marck, W.H.M. van der 8
Meyer, H.B. 115
Moltmann, J. 23
Morris, D. 46
Neumann, E. 123
Overhage, P. 21, 46
Oyen, H. van 42
Pannenberg, W. 24, 78
Piaget, J. 21
Pleßner, H. 12, 28, 43
Portmann, A. 38, 45, 46
Primetshofer, B. 115
Rahner, K. 11, 13, 92f, 120, 155
Ramsey, I.Th. 42
Rauh, F. 56
Rattner, J. 20
Reiners, H. 80f
Rensch, B. 46
Ricœr, P. 9
Riemann, F. 61
Risse, W. 9
Robinson, J.T.A. 8
Rohrer, W. 45
Roth, H. 64
Rothacker, E. 12
Rotter, H. 8, 78, 149
Sauerbruch, F. 59
Schaefer, H. 82
Scheler, M. 12, 28, 86
Schiffers, N. 123
Schillebeeckx, E. 149
Schiwy, G. 9
Schischkin, A. 9
Schmidhäuser, E. 64
Schmitz, Ph. 8
Schnackenburg, R. 142, 157
Scholz, F. 81
Schüller, B. 8, 149
Schunack, G. 85
Schuster, J. 42
Seifert, E. 59
Simons, E. 90
Spitz, R.A. 20, 22
Steininger, V. 115
Stoeckle, B. 21, 64
Styczen, T. 175
Teichtweier, G. 115
Thomae, H. 179
Thomas v. Aquin 141f, 147
Tomandl, Th. 165
Vries, J. de 42
Weber, M. 73f
Weizsäcker, C.F. von 158
Welte, B. 33
Wendland, H.-D. 157
Wenke, H. 59
Wetzel, N. 115
Wickler, W. 152
Ziegler, J.G. 112

SACHREGISTER

Akt, geistiger 47
Angst 61f, 67–71
Auferstehung 90
Autonomie 41
Autorität 109f, 111, 147
Bibel 12
Dogmatik 13
Drohung 67–70
Eschatologie 139, 151, 161, 165, 169
Erfüllungsgebot 115, 117, 128
Erkenntnis
– personale 32
– sachliche 32
Ethik 133–140, 149–170
– biblische 133–140, 141, 166
– christliche 148
– griechische 141
Exzentrizität 28–30
Fehlfunktionen 56–61
Finalität 25
Freiheit 35–41, 95–99, 101f, 104, 110, 128, 163f
Freude 57, 63
Gehorsam 110ff, 123
Gemeinschaft 72, 106, 109, 127
Gemeinwohl 109ff, 133
Geschichte 19, 74–78, 109, 120f, 147, 153–156
Geschichtlichkeit 32–35
Gesellschaft 103, 118, 163, 168
Gesetz 133f
Gewissen 91, 118, 124
Glaube 37, 77, 106, 108, 111f, 120f, 142, 156, 164f, 169
Glück 56
Gott 30f, 40
Grundentscheidung 78–81
Güterabwägungsprinzip 114
Heil 39
Hermeneutik 11–14, 131–170
– biblischer Ethik 133–140
– moraltheologische 131–170
Hirtenamt 149f
Hoffnung 26–31, 77, 86f, 89f, 92, 104, 106, 108, 111f, 138f, 164
Jesus Christus 120, 136ff, 145, 150, 157
Kommunikation 105, 119, 127
Lehramt 13, 131, 149–170
Liebe 106, 112, 121, 124, 128, 133, 138, 149
Lust 54–57
Mensch 47f
Methode 7–14
– phil. und theol. 19
Mitmenschlichkeit 119
Motiv 33f, 94
Naturrecht 100, 150, 170
Normen 101, 116, 118, 158f, 167
– soziale 116f, 166ff
Normsystem 100
Objektivität
– des Erkennens 23
– des Wertes 49–51
Offenbarung 161–170
Person 32f, 143, 163, 167
personale Beziehungen
– Genese 20–22
Rat (Räte) 155
Räumlichkeit 34
Recht 65–67
Säkularisierung 162f
Schichtenmodell 43f
Schicksal 162f
Schmerz 59–61, 64
Schuld 118f
Schulderfahrung 118
Selbstentfaltung 26
Selbstverwirklichung 118f

Sittliche, das 17f
Sittlicher Akt 100–129
– Anspruch des sittlichen Aktes 100–109, 136
– Grenzen des Anspruchs 109f
Sittliche Verpflichtung 152–161
Spiritualität 147f
Sprache 72
Strafe 64–70
Strafrechtstheorien 67
Süchtigkeit 56
Sünde 117–125
Sündenbewußtsein 117f
Sündenerfahrung 122–125
Sündenverständnis 122–125
Tabudenken 122ff, 126
Tod 82, 85–94, 137ff, 156f, 162
Tradition 107ff, 131, 149, 166
– christliche 141–147, 170
Transzendenz 29, 117, 126, 143, 156–162, 165
Vergebung 125–128
Vermittlung 43, 71–74
Verpflichtung, absolute 90f
Versöhnung 164
Versprechen, Vertrag, Vorsatz 103ff, 154
Vertrauen 164
Vorverständnis 17
Wahlfreiheit 38f
Weisungen, biblische 133–136, 140
– der Kirche 155f
Wert 37f, 42–54
– ästhetischer 45f, 49f, 80
– biologischer 44f
– personaler 47f
– psychologischer 45–47
– sittlicher 75, 84f
– Deutung des Wertes 53
– Erfahrung des Wertes 53
– Wirken des Wertes 51–53
– und Gemeinschaft 72–74
– und Geschichte 74–78
Zeit 20f, 28–30, 34
Ziel 103ff, 110–117
Zielgebot 114f, 117, 128
Zukunft 26–28, 101ff, 126, 158